영한 한영
통·번역 이야기

영한 한영
통·번역 이야기

이용성 · 이주은 지음

도서출판 동인

책을 내면서

지금까지 쓴 책이 모두 그러하듯 이 책의 내용도 지난 10년 이상 나의 컴퓨터 속에 머물러 있었습니다. 학부 학생을 위한 핸드아웃을 만들어 [영어 통·번역입문] 강의를 시작한 것이 10년이 넘었다는 말이지요. 몇 년 전 이 책의 또 다른 저자인 이주은 교수가 내가 사용하는 강의록을 책으로 편찬해 보자는 제안을 하였고 저는 그 제안에 대하여 별 생각 없이 한 번 써 보라고 그리고 내용을 보완하여 공저로 만들어 보자고 답을 했습니다. 그렇게 시작되었습니다. 물론 초안을 만들어 지난 3년간 사용해 보았고 또 책으로서의 면모를 갖추기 위해 강의에 직접 사용하지 않은 자료도 소개할 필요가 있었고, 또 2015년 한 해 동안 원고를 몇 번이고 수정하는 시간이 있었습니다만, 이 힘든 부분은 대부분 이주은 교수의 몫이 되었습니다. 원고 곳곳에 돌출된 나의 주관적인 생각이 이주은 교수 덕분에 많이 객관화되어 입문서의 모습을 갖추게 되었습니다.

학부생에게 통역과 번역에 대하여 이야기한다는 것은 쉽지 않은 일이며 또 심지어 무모하기까지 합니다. 통·번역은 언어능력만으로 되는 것이 아닌데 아직 언어를 배우는 분들에게 통·번역의 어떤 부분을 소개해야 할지를 결정하는 것이 쉽지 않았습니다. 결국 통·번역을 이론적으로 소개하기보다는 가장 기본적인 틀을 설명하고 이를 바탕으로 통·번역을 위한 영어 공부는 무엇이고 통·번역을 이용한 영어 학습은 어떤 것일까에 초점을 맞추어 보았습니다. 그 때문에 이 책에는 이주은 교수가 제시한 많은 참고문헌이 드러나 있지 않습니다. 최소한의 참고문헌으로, 그리고 가장 기본적인 이야기를 중심으로 해야 한다는 나의 주장으로 인해 몇 번이고 원고를 다시 써야 했습니다. 그러므로 혹여 내용상 오류가 있다면 이는 이주은 교수가 아닌 저의

탓임을 밝히며 이를 양해를 해주신 이주은 교수께 다시 감사드립니다.

이렇게 이 책이 세상에 나왔습니다. 한편으로 또 다른 활자공해를 일으키는 것이 아닌가 하는 두려움도 있지만, 그나마 강의를 들으며 통역과 번역의 세계를 맛보고 통·번역을 위한 영어 학습과 통·번역을 이용한 영어 학습이 도움이 되었다는 학생들의 증언에 힘입어, 두려운 마음을 누르고 출판을 하게 되었습니다. 아직은 신생아 수준의 책이지만 이후로는 이 책을 읽는 분들과 더불어 공동 작업으로 내용을 수정하고 보완해야 할 것이라 봅니다. 갓 태어난 아이는 그 아이가 능력이 있어서가 아니라 잠재력이 있어서 귀한 것이라는 말로 출판의 변을 대신합니다.

이 책이 나올 수 있도록 도와주신 동인 이성모 사장님께 늘 감사하는 마음입니다. 이 책의 초안을 실제 수업에 사용하고 피드백을 준 조운익 교수, 그리고 내가 쓴 모든 책을 한결같은 치밀함으로 몇 번씩 교정 작업을 해 준 김현대 교수에게 큰 빚을 지었습니다. 그뿐 아니라 원고를 읽으며 내용과 수정에 도움을 준 김나경 님, 김태현 님, 박미솔 님, 박성혜 님, 최아름 님(가나다순)께, 그리고 그동안 출력물로 강의를 받으며 제언을 해주신 수강생들에게 감사드립니다.

2015년 12월 마지막 날, 금정산 기슭에서

이용성

책을 내면서

『통·번역 이야기』는 여러 해 동안 통·번역 수업을 하면서 축적된 이용성 교수님의 강의 노트를 토대로 집필되었습니다. 필자 역시 학부 수업을 하면서 이 노트를 유용하게 활용했는데, 통·번역을 처음 접하는 학부생들이 통·번역의 세계에 입문하는 데 좋은 안내서가 되었다고 봅니다. 따라서 이 책은 통·번역의 이론과 실무에 대한 기본을 학습하고자 하는 학부생과 통·번역사라는 직업에 대해 궁금증을 가지고 있는 일반인을 생각하며 이용성 교수님과 함께 집필했습니다.

『통·번역 이야기』가 단순히 이론서로 그치는 것이 아니라 통·번역에 도전하는 분들에게 실제적인 도움이 되었으면 합니다. 그렇기에 지면마다 통·번역 실무를 하면서 체득한 지식과 경험을 최대한 담고자 노력했습니다. 물론, 이 책 한 권만으로 전문가가 되기에는 턱없이 부족하겠지만, 이 분야에 관심 있는 분들이 통·번역사의 세계에 진입할 때 작은 디딤돌이라도 되었으면 하는 바람으로 쓴 것입니다.

필자의 은사님이신 이용성 교수님께서 『통·번역 이야기』를 기획하고 이끌어주신 덕분으로 책이 드디어 세상에 나오게 되었습니다. 공동 집필을 하는 과정 내내 늘 열정적이고 성실한 모습으로 귀감이 되어주셨으며, 개인적으로는 많은 것을 배우고 성장하는 계기가 되었습니다. 부족한 점이 많지만, 『통·번역 이야기』를 통해 많은 분들이 통·번역에 관심을 가지고 이 분야에 새롭게 도전하기를 바랍니다.

2016년 새해를 맞아

이주은

Table • of • Contents

제1장

통·번역 이야기를 시작하며

원시시대를 지나 국가형성 초기, 정복전쟁과 무역교류 등을 통해 다른 언어를 사용하는 사람들이 모이게 되었다. 언어적 차이가 거대한 장벽이 되어 소통은 물론 전쟁수행이나 무역교류가 불가능하게 된 상황에서 서로 소통시켜주는 역할을 하는 사람들이 등장했다. 이들이 바로 오늘날 통역사의 전신이다. 통역사라는 직업은 생각보다 오래된 것으로 인류의 최초 직업 가운데 하나이다. 이들의 역할로 인해 언어와 문화가 다른 집단 간의 대화가 가능하게 됐고, 그것은 정복전쟁이나 무역교류 그리고 종교전파를 더욱 가속화시켰다. 이들의 역할이 없었더라면 문명의 발전은 없었을지도 모른다.

요즘과 같이 국제교류가 활발한 지구촌 시대에 국제회의나 국제 세미나가 개최되는 것은 흔한 일이 되었으며, 다양한 매체를 통해 저명인사의 강연을 듣는 것도 어렵지 않게 되었다. 그러나 예나 지금이나 바벨탑이 낳은 언어 장벽은 여전하다. 세계가 좁아지고 교류가 많아져도 여전히 언어적 차이와 문화적 차이가 엄연히 존재해 통·번역사의 활동이 요구된다. 누구나 한 번쯤은 TV를 통해 동시통역사의 목소리를 들어봤을 법하다. 어쩌면 한국 사람의 말을 영어로 통역하는 것도 들어봤을지 모른다. 통역사의 활동 모습을 보면서 한 번쯤은 동시통역사의 꿈을 꿔봤을 수도 있겠고, 멋진 문학 작품을 번역하는 번역 작가의 모습을 그려본 사람도 있을 것이다. 적어도 이 책을 손에 든 독자라면, 통역과 번역에 어느 정도 관심을 가지고 있으리라고 본다. 통·번역에 대한 이야기에 본격적으로 들어가기에 앞서, 먼저 통·번역학에서 사용하는 용어를 몇 가지 살펴보자.

(1) 통·번역학의 기본 용어
 a. Source Culture (SC, 출발 문화) - Target Culture (TC, 도착 문화)
 b. Source Language (SL, 출발어) - Target Language (TL, 도착어)
 c. Source Text (ST, 출발 텍스트) - Target Text (TT, 도착 텍스트)
 d. A Language (A언어) - B Language (B언어)

적어도 (1)에서 소개한 용어는 기억을 해두어야 이 책을 이해하는 데 도움이 될 것이다. 통·번역 행위는 출발 문화권(SC)에서 사용하는 출발어(SL)로 쓰인 출발 텍스트(ST)를 도착 문화권(TC)에서 사용하는 도착어(TL)로 쓰인 도착 텍스트(TT)로 전환하는 것으로 볼 수 있다. 여기서 출발어는 번역이나 통역의 대상이 되는 원문의 언어로, 번역사가 읽거나 통역사가 듣게 되는 언어이다. 이를 원천언어라고 말하기도 한다. 원천언어로 이루어진 텍스트는 통역이나 번역 과정을 거쳐 수용자의 언어로 전환되는데, 이를 도착어라 부른다. 즉 통역의 경우 통역사의 입에서 나오는 언어가 되고 번역의 경우 번역사가 글로 쓴 언어가 되는 것이다. 이렇게 출발어와 도착어로 표현된 문서나 발화를 각각 출발 텍스트와 도착 텍스트라 부른다. 결국 간단히 말하면 통·번역은 ST를 TT로 전환하는 과정으로 생각할 수 있다. 이에 대해 Pöchhacker(1995)

는 통역과 번역은 "이란성 쌍둥이(fraternal twins)"로, 방법은 다르지만 원문을 기초로 한 문화 간 의사소통이라는 점에서 유사한 커뮤니케이션 행위라고 설명했다. 실로 통역과 번역은 표면적인 현상에 있어서는 구어와 문어라는 차이가 있는 것은 사실이지만 그 기본적인 흐름도와 메카니즘은 유사점이 많다.

ST, TT 등의 개념과 A언어 및 B언어를 혼동하면 안 된다. A언어는 통·번역사에게 가장 으뜸이 되는 언어인 모국어를, B언어는 통·번역사에게 모국어 다음으로 능통한 언어를 말한다. 그래서 AB번역이라고 하면 모국어에서 외국어로 번역하는 것을 말하며 BA번역은 외국어에서 모국어로 번역하는 것을 뜻하게 된다. 즉 A언어가 SL이 될 수도 있고 TL이 될 수도 있다는 것이다. 일반적으로 통·번역 품질을 위해 모국어를 도착어로 하는 통·번역 행위가 권장되지만, 실무 현장에서는 양방향 전환이 빈번하게 요구되므로 통·번역사는 모국어인 A언어와 더불어 제1 외국어인 B언어 구사력 향상을 위해 부단히 노력해야 한다.

이제 통역과 번역의 차이점에 대해 알아보자. 가장 쉽게 생각해보면, 통역은 말로 이루어지는 커뮤니케이션이고, 번역은 글로 이루어지는 커뮤니케이션이다. 즉 통역의 경우에는 연사가 SL로 발화한 메시지를 청중이 이해할 수 있도록 말로써 TT를 전달하는 것이고, 번역의 경우에는 저자가 SL로 적은 메시지를 독자가 이해할 수 있도록 글로써 TT를 표현하는 것이다. 그러나 이러한 엄격한 구분이 항상 성립되는 것은 아니다. 예를 들어 영화와 같은 영상물을 번역하는 경우, 배우들의 '말'을 자막이라는 형태의 '글'로 표현하게 되는데 이는 통역과 번역의 성격을 다 지닌 일종의 '중간지대'로 볼 수 있다. 문장구역(sight translation)도 '듣고' 통역하는 것이 아니라 문서를 '보고' 통역하는 특이한 형태의 통역으로서 번역과 통역 행위의 두 가지 속성을 지닌다. 영어로 통역은 interpretation이라고 하고 번역은 translation이라고 쓰는데, 통·번역학에서는 이 둘을 아우르는 개념으로 대문자 T를 써서 Translation이라고 쓰기도 한다. 이렇듯 통역과 번역 사이에는 공통점과 차이점이 존재하며, 때로는 이 둘이 혼재한 성격의 커뮤니케이션 행위도 있다는 것을 알 수 있다. 실제로 일반인들은 통역과 번역을 모두 translation으로 생각하는 경우가 많으며, 특히 구분을 해야 할 경우에도 통역을 oral translation(구어번역), 번역을 written translation(문어번역)이라고 부르기도 한다.

1.1 통역사 · 번역사의 역할

통·번역에 대한 깊은 이야기를 시작하기에 앞서 통·번역을 담당하는 사람들은 무엇을 하며 세상은 이들을 어떻게 바라보는가에 대한 기본적인 이해가 있어야 한다. 위에서 통·번역사가 없었더라면 인류의 역사와 문명이 정체되었을 것이라는 놀라운 이야기를 들었다. 정말로 세상은 통·번역사를 어떻게 생각하며 통·번역사 자신은 스스로의 역할에 대해 어떻게 생각할까? 본격적인 논의에 들어가기에 앞서 먼저 번역사의 다양한 명칭을 정리하고 넘어가자.

(2) 번역사에 대한 다양한 명칭

a. 번역자

b. 번역사

c. 번역가

정호정(2007, 58-60)은 번역을 하는 사람을 지칭하는 용어로 번역자, 번역사, 번역가의 세 가지 명칭이 혼용되는 것을 지적하며 이를 다음과 같이 구분했다. 즉 번역자(者)는 전문적, 직업적 자격을 갖추지 않은 사람이 부수적 업무의 일부로서 혹은 외국어 학습 등의 목적을 갖고 번역을 수행하는 경우에 부르는 명칭이다. 반면 번역사(士)는 전문적 훈련과정을 거쳐 직업적으로 번역하는 사람이다. 번역가(家)는 직업적 훈련 여부에 관계없이 번역에 매우 능해 결과적으로 사회적 합의에 의해 일정 수준 이상의 번역능력을 가진 것으로 인정받는 경우에 해당된다. 이 책에서는 통역이나 번역 행위를 하는 사람을 지칭하는 경우에 한해 제한적으로 통역자, 번역자를 사용하고 그 외의 경우, 즉 직업, 직무나 기타의 자질 등을 언급하는 경우에는 통역사, 번역사로 통일해 사용하기로 한다.

(3) 야누스의 두 얼굴

a. Communication moderators

b. Language servants

통·번역사는 언어 및 문화 장벽 때문에 소통이 어려운 메시지 발신자(sender)와 메시지 수신자(receiver)를 위해 중재자 역할을 수행한다. 즉 말이 통하지 않는 두 집단 사이에 끼여 양쪽을 다 이해하고 그들이 서로를 이해할 수 있도록 도와주는 사람이다. 따라서 통·번역사는 출발어를 사용하는 사람들의 문화와 관습 및 그들이 말하고자 하는 바와 더불어 도착어를 사용하는 사람들의 문화와 관습 및 그들이 알고자 하는 바를 다 이해해야 한다. 이 같은 소통 중재자로서의 역할은 모든 중재자가 그렇듯 양측의 입장을 잘 이해하고 양측이 원하는 목적을 달성할 수 있도록 최선을 다해 도와주는 것이다. 이는 매우 중요한 역할로 통·번역사의 자질 부분에서 다시 다루게 될 것이다.

그러나 불행하게도 세상은 통·번역사를 그렇게 높이 보지만은 않는다. 특히 통·번역사를 고용한 주최 측에서는 통·번역사를 단지 언어적 장벽을 풀어주기 위한 고용인(servant) 정도로 생각한다. 생각해 보면 우리나라의 역관이 양반이 아닌 중인이었다는 것도 이러한 사회적인 통념을 잘 반영하는 것인지도 모른다. 소위 양반들은 중국어를 말로 하지 못하고 글로 쓰기만 하는데 역관은 말과 글을 다 아는 사람이다. 즉 언어적인 측면에서만 본다면 역관은 양반들이 아는 것을 다 알고 더 아는 사람이지만 그 지위는 양반보다 못한 중인이었다. 이렇듯 통·번역사는 자신을 소통의 중재자라고 생각하는 반면에 세상은 그들을 일시적인 고용인으로 생각한다. 두 언어 이상이 구사되는 대화의 장에서는 '주인공'이지만 정작 이 주인공을 필요로 하는 당사자는 통역사를 '조연'이나 '단역' 정도로 생각한다는 것이다. 그렇다고 원망하지 말아야 한다. 그것이 어쩌면 통·번역사의 운명인지도 모른다.

(4) 소통 중재자의 역할
a. Cultural mediators
b. Scapegoats

통·번역사의 역할은 서로 말이 통하지 않고 생각이 통하지 않는 두 집단의 소통 중재자(communication moderator)라는 것을 잊지 말아야 한다. 소통을 도와준다는 것은 단지 말을 바꿔 준다는 의미가 아니다. 대화란 말을 이용하지만 그 말 자체만을 옮기는 것으로는 통역도 번역도 아니다. 언어는 문화의 산물이므로 소통 중재자의 사명을 다하기 위해서는 자신이 문화 매개자(cultural mediator)가 되어야 한다. 언어 외적인 문화차이로 인해 때로는 소통이 불가능한 경우도 있기 때문이다. 진정한 소통 중재자란 언어가 다른 두 집단은 문화도 다르다는 것을 이해하고, 이러한 문화적인 차이에서 오는 오해나 소통단절을 해결해 주는 전문가들이다.

소통 중재자는 또한 희생양(scapegoat)이 되기도 한다. 합의점에 이르지 못하거나 합의 이후에 합의 내용이 마음에 들지 않을 경우, 대화 당사자는 자신이나 상대를 탓하기보다는 중재자를 탓할 수도 있다. 이때 중재자는 지혜롭게 대처해야 한다. 때로 우리는 통역이나 번역의 실수로 소통에 문제가 있었다는 후일담을 듣는다. 이 경우 실제로 실수가 개입될 여지가 있음을 인정한다. 하지만 통・번역에 실수가 없는 경우라도 결과적으로 대화가 결렬된다면 이때 양측은 통역사를 책망하며 문제의 원인을 통역의 실수로 돌릴 수가 있는데, 이때 통역사는 희생양이 되는 것이다.

그렇다고 너무 부정적으로 생각해서는 안 된다. 현실적으로 여러 문제에 부딪히는 것이 사실이지만 통・번역의 임무수행이 의미가 없거나 불가능한 일은 아니다. 사람과 사람 사이의 대화에는 오해가 있을 수 있고 그 사이에 통・번역사가 개입된 경우라면 그만큼 오해의 소지가 더 많아질 수도 있으며 책임질 일도 많아지는 것이다. 통・번역사의 직무 수행으로 양측의 대화를 가능하게 한다면 그것으로 통・번역사는 큰 보람을 느낄 수 있다.

한마디만 더 덧붙인다. 기술이 발달하면서 Trados, Google 번역기, Babel 등 우리에게 잘 알려진 번역기가 있다. 지금은 그 수준이 미약하기는 하지만 앞으로 기술이 발달하면서 통역, 번역의 품질이 높아지면 통・번역사의 역할이 사라지지 않겠느냐는 질문을 많이 받는다. 조만간에 없어질 역할이라면 관심을 가지고 평생의 경력으로 삼기에는 부적합한 것이니 조심스러운 마음에 이러한 의문이 생기는 것은 당연하다고 하겠다. 그러나 다른 분야를 보면 그 답을 예측할 수 있다.

컴퓨터가 대차대조표를 생성한다고 해서 회계학의 가치가 사라지고 회계사가 없어지는 것일까? 모든 것이 다 전산화가 되어 자료가 형성되면 문헌학은 사라질까? 구글에서 만든다는 무인 조정 승용차가 나온다면 운전면허증은 사라지게 되나? 어쩌면 독자들은 이미 이 질문의 답을 알 것이다. 컴퓨터화, 기계화는 기술의 수준을 높이고 속도를 빠르게 하는 것이지만 궁극적으로 사람을 대치할 수 없다. 전산화를 통해 문헌학은 더 풍요롭고 더 많은 일을 할 수 있다. 컴퓨터를 통해 여러 가지 회계장부를 만들 수 있다면 회계학은 더 많은 일을 할 수 있다. 컴퓨터가 운전을 대신 한다면 정해진 길을 따라 정해진 속도로 갈 뿐 운전자의 존재 자체를 대체하지는 못한다. 결론은 이렇다. 기계번역이 발달하면 할수록 통・번역사의 업무수행이 더 빨라지고 그 품질이 높아지는 것은 사실이다. 그러나 기계번역이 통・번역사를 대신하지 못한다. 그 이유는 조금 뒤에 다시 논하기로 한다. 이번에는 다른 질문을 해보자.

사진술이 발달하면 화가의 역할이 사라지는 것일까? 컴퓨터가 디자인을 할 수 있다고 해서 모든 디자이너가 사라질까? 이에 대한 답은 아마도 "아니요"일 것이다. 사진사와 화가의 역할이 다르며 컴퓨터가 디자인을 하는 것과 디자이너의 역할이 다르다. 심지어 사진은 화가의 감성을 억누르고 컴퓨터는 디자이너의 창의력을 방해할 수도 있다. 통・번역도 이와 같다. 기본적으로 기계번역은 통・번역사의 역할을 수행하는 데 있어 보조적인 도구로 활용될 수 있지만 이에 매달리게 되면 경우에 따라서는 올바른 통・번역을 더 힘들게 할 수도 있다. 기계는 어디까지나 반복적이고 자동화가 가능한 부분에서만 역할을 수행할 수 있고 창의적인 판단이 필요한 부분은 여전히 사람의 뇌를 따라올 수 없다.

따라서 기계번역의 최상의 역할은 (3b)에서 언급한 language servant(언어 봉사자)의 역할에 국한된다. 앞에서 통・번역사의 역할에 대해 언급하면서 사람과 사람이 만나는 과정에서 일어나는 모든 대화와 소통의 중재자요, 책임자로서의 역할을 이야기했고 심지어 희생양이 되기까지 한다는 것을 설명한 바 있다. 기계는 어떠한 책임도 질 수 없고, 희생양의 역할도 할 수 없다. 반복되는 전문용어, 한정된 표현 등에서는 기계가 도움이 될 수 있지만 궁극적으로 통・번역은 예・체능의 모든 행위와 같이 인간의 행위이다. 대량생산, 단순반복 등의 작업은 기계가 도움을 주지만 감성, 지성, 판단력, 조절능력, 그리고 화해능력을 기대할 수는 없다. 적어도 가까운 장래에는 …

1.2 이 책의 구성

이 책을 통해 독자들은 통・번역사의 역할과 자질에 대해 이해하고 통・번역의 기본 원리와 한국어 및 영어간의 통・번역 수행을 위한 구체적인 훈련과정을 배우게 될 것이다. 이 책은 총 10장으로 구성되어 있다. 1장은 지금 우리가 읽는 도입부로 통·번역사의 역할이 무엇인지와 이 책의 구성이 어떻게 되어 있는지를 설명한다.

2장과 3장에서는 기본적인 통·번역의 원리와 분류 그리고 통·번역사의 자질과 필요한 훈련에 대해 알아본다. 2장에서는 통역과 번역의 공통점과 차이점을 논하고 통역과 번역의 종류를 소개한다. 입력부와 출력부의 언어가 문어인가 구어인가에 따른 구분과 시간압박(time pressure)에 따른 구분을 통해 번역과 통역에 여러 형태가 있다는 것을 인지하고 동시통역, 순차통역, 문장구역, 전사번역, 문학번역, 기술번역, 영상번역 등 다양한 통·번역의 종류에 대해 개략적인 소개를 한다. 이어서 3장에서는 통·번역사의 역할을 절벽 사이에 놓인 다리의 역할에 비유한다. 이러한 통·번역사는 화자와 청자 사이에 존재하면서 화자에 대해서는 청자로 청자에 대해서는 화자로서의 역할을 맡는다는 것을 이해하고 이어서 통·번역의 기본적인 흐름도를 살펴본다. 여기서는 좋은 통·번역이란 무엇인가를 충실성(faithfulness)과 자연성(naturalness)을 중심으로 살펴보고 통·번역사는 어떠한 자질을 지녀야 하는지 그리고 통·번역사가 되기 위한 훈련에는 어떤 것이 있는지를 소개한다.

4장과 5장에서는 TT로서의 한국어와 영어의 자연성을 중심으로 논의한다. 자연성과 아울러 충실성이 중요한 역할을 하는 것이 사실이지만, 무엇보다도 TT가 자연스럽지 않으면 이를 받아들이는 수용자의 입장에서는 거북할 수밖에 없으므로 자연성 증진을 위해 한국어와 영어의 차이점이 무엇이며, 자연스러운 한국어, 자연스러운 영어가 지니는 대조적인 차이를 통해 한국어를 그대로 영어로 옮기거나 영어를 그대로 한국어로 옮기는 것은 제대로 된 통·번역이 아님을 설명할 것이다. 4장에서는 번역의 십계명을 통해 우리말로 표현하는 경우에 조심해야 할 부분을 설명하고, 5장에서는 4장의 논의를 바탕으로 한국어에서 바로 연상되는 영어가 아니라 한국어 화자가 잘 쓰지 못하는 영어표현, 그러나 영어에는 많이 발견되는 표현을 중심으로 살펴보고 한국어와 영어의 표현양상(mode of expression) 차이를 알아본다.

6장에서는 4장과 5장의 논의를 바탕으로 자연성과 충실성을 결합하여 설명한다. 통·번역의 결과물은 TT로 자연스러워야 함은 물론 ST가 지닌 의미를 충실하게 전해야 한다. 따라서 충실성과 자연성의 요소는 무엇이며, 이를 실제로 구현하는 방법에는 어떤 것이 있는가를 연습과 예문으로 설명한다. 나아가서 ST에 명시되지 않은 내용이 TT 수용자에게 필요한 경우 이를 보상(compensation)해 주는 방법에 대해 알아본다. 7장에서는 아동문학번역이나 영상번역과 같이 특수한 형태의 번역행위에 대해 논의하고 이러한 번역과정을 이해하는 데 도움이 되는 이야기를 나눈다.

8장부터 10장까지는 통역의 세계를 본격적으로 탐구해 나갈 것이다. 8장에서는 가장 기본적인 통역 형태인 순차통역에 대해 소개한다. 순차통역은 통역사가 연사의 발화를 듣고 노트를 해 두었다가 연사와 교대로 4-5분씩 메시지를 전달하는 방식이며, 이를 위해 기억을 돕는 노트테이킹이 활용된다. 9장은 연사의 발화를 헤드셋으로 들으며 거의 동시에 도착어로 내용을 전달하는 동시통역에 대해 학습한다. 동시통역은 시간압박이 극심하고 입력부가 구어인 까닭에 곧 사라지는 문제 그리고 동시통역 부스가 필요하다는 물리적인 조건 때문에 실제 훈련에 제약요인이 많다. 이를 보완하기 위해 이 책에서는 입력부를 글로 하는 문장구역, 그리고 동시통역의 기법을 그대로 운용하는 전진번역(progressive translation)이라는 훈련과정을 소개한다. 마지막으로 10장에서는 외국 이주민이나 외국 관광객을 위해 지역사회 차원에서 제공하는 법정통역, 의료통역, 비즈니스통역과 같은 지역사회통역에 대해 알아보기로 한다.

이 책을 통해 통·번역사의 세계를 이해하고 관련 기술을 체득해 실무현장에서 활용할 수 있게 되기를 바라고, 문화 중재자로서 전문 통·번역사의 소통능력에 대한 중요성을 새롭게 인식하는 계기가 되었으면 한다. 통·번역에 대한 지식과 훈련은 외국의 선진 문물을 수용하는 가교역할을 수행할 수 있는 토대가 될 뿐만 아니라 우리의 문화적 정체성을 알리고 세계문화발전에 기여할 수 있는 발판이 된다. 이 책이 세계인과 소통하는 통·번역사로 준비하는 데 도움이 되기를 바란다.

제2장

통·번역 분류 및 원리 이해

통역과 번역에는 어떤 종류가 있으며 또 어떤 원리로 이루어질까? 이 장에서는 기본적으로 구어 커뮤니케이션인 통역과 문어 커뮤니케이션인 번역의 특징을 살펴보고 입력·출력 언어의 차이와 시간압박의 차이에 따라 통역과 번역이 어떻게 나누어지는지 살펴본 뒤에 통·번역이 이루어지는 기본적인 원리와 절차에 대해 알아보기로 한다.

2.1 통·번역 분류

통역과 번역은 원문의 메시지를 도착어 문화권의 수용자에게 전달한다는 점에서 공통점을 갖지만, 통역은 말로 번역은 글로 표현된다는 점에서 차이가 있다는 것을 1장에서 언급했다. 이제 통역과 번역의 특징을 더 잘 이해하기 위해 구어로 이루어진 소통과 문어로 이루어진 소통의 세부적인 차이점을 살펴보자. 구어와 문어의 차이를 텍스트의 생성 시간대, 텍스트 수용자, 텍스트 보존성, 언어 외적 요소, 운율적 요소, 압축성, 함의성, 정보량 등 8개의 항목을 기준으로 정리하면 다음과 같다.

(1) 구어 커뮤니케이션과 문어 커뮤니케이션의 차이점

Features	Spoken Forms	Written Forms
a. Production time	On-line	Off-line
b. Target Receptors	Specified and Limited	Unspecified and General
c. Durability	Ephemeral	Everlasting
d. Extra-linguistic factors	Verbal, Visual, Acoustic	Orthography, typography, layout, image, texture, etc.
e. Prosodic characteristics	Speed, pause, tone, pitch, length, rhythm, etc.	None
f. Conciseness	Negative	Affirmative
g. Implicature	Explicit	Implicit
h. Quantity	Verbose	Concise

먼저 구어·문어 텍스트의 생성 시간대를 기준으로 비교해 보면 구어 커뮤니케이션은 사전에 녹음해서 방영을 하는 경우와 같이 특별한 경우가 아니면 대개 발화자와 청중이 만나는 동일한 장소와 시간대에 이루어진다. 따라서 실시간 커뮤니케이션이 이루어지는 반면, 문어 커뮤니케이션의 경우에는 저자와 독자가 시·공간을 공유하는 경우가 드물다. 고대에 쓰인 문서도 현대인이 읽고 즐길 수 있듯이 글로 보존된 경우의 자료는 시간에 크게 구애받지 않는다. 그런데 정보통신기술의 발달로 이제는 문어 커뮤니케이션도 모바일 채팅 형태로 실시간으로 이루어질 수 있게 되었다.

한편 구어로 이루어지는 실시간 커뮤니케이션 상황에서는 대부분의 경우 수용자, 즉 청중이 한정되어 있고 또한 화자와 같은 장소에 있어 즉각적인 반응을 확인할 수 있는 반면, 문어 커뮤니케이션 상황에서는 수용자가 불특정 다수로 이루어져 특정 범주로 한정되지 않는다. 단, 대중매체의 경우에는 구어 커뮤니케이션일지라도 불특정 다수를 대상으로 하며, 개인적인 서신의 경우에는 문어 커뮤니케이션이라 하더라도 특정인을 염두에 두고 작성하게 된다.

(2) 구어와 문어의 차이

Verba Volant, Scripta Manent

(Spoken words fly away, written words remain.)

위의 라틴어는 단적으로 구어와 문어의 차이를 보존성이라는 측면에서 잘 설명한다. 말은 한번 내뱉으면 사라져 버리지만, 글은 기록으로 남아 사라지지 않으며 심지어 추후 수정과 보완이 가능하다. 그런데 말의 장점은 면대면 소통이 이루어지는 더 직접적인 커뮤니케이션 방식이라는 점이며, 수용자에게 강한 영향력을 줄 수 있다는 점이다. 고대로부터 달변가들은 대중 앞에서 자신의 신념을 피력하고 지지를 호소하며 대중의 마음을 움직였으며 그들의 수사는 사회적으로 큰 반향을 일으켰다. 현대의 선거유세에서도 연설은 청중의 호응을 얻기 위한 필수적인 수단이 된다.

"글은 말의 불완전한 그림자에 불과하다(The written language is only the imperfect reflection of the spoken language, Lee, 2000 참고)." 즉 글에 비해 말은 언어 그 자체 외에도 다양한 언어 외적 정보와 운율적인 요소의 도움을 받을 수 있어 커뮤니케이션이 효과적으로 이루어질 수 있는 반면 글은 상대적으로 그렇지 못하다. 가령 말을 하는 경우, 제스처, 표정, 음질, 음량, 음색, 발화 속도, 고저, 강세, 억양 등이 메시지의 의미 전달에 기여한다. 한편 글은 지면이라는 비교적 정적이고 한정된 공간에서 의사소통이 이루어지기 때문에 말에 비해 제약이 따른다. 그러나 문서 제작 기술과 다양한 전자 매체의 발달로 글도 언어 외에 의미를 전달하는 데 보조적인 수단이 되는 이미지, 글자체, 글자 크기, 페이지 레이아웃, 글자 색상 등의 도움을 받아 메시지의 전달력과 설득력을 높일 수 있게 되었다. 심지어 종이의 질감도 '의미'를 담을 수 있는데, 가령 결혼 청첩장처럼 중대한 행사를 고지하는 경우는 고급스러운 지질과 색상이 활용되는 반면, 일회성 홍보물의 경우에는 저렴한 용지에 평범한 디자인이 적용되기도 한다. 글은 말에 비해 언어 외적 정보가 상대적으로 제한적이기는 하나 전혀 없다고는 볼 수 없으며, 언어와 함께 메시지를 전달하는 데 소정의 역할을 감당한다.

통역사는 번역사에 비해 정보 처리량이 10배에 이르며 그 속도는 약 30배가 빠른데(Seleskovitch, 1978, 144), 말로 이루어진 커뮤니케이션은 글로 이루어지는 커뮤니케이션에 비해 동일한 시간 내에 전달할 수 있는 정보량에 차이가 난다. 게다가 구어의 경우에는 메시지의 중복 발화, 간투사 및 감탄사 사용, 말 더듬기 등이 발생해 상대적으로 압축적이고 정돈된 표현으로 전달되는 글에 비해 길어지는 경우가 많다. 통역의 경우에는 시간적인 제약이 주어진 상황에서 많은 정보량을 처리해야하기 때문에 전환 속도도 번역에 비해 빠르다.

구어적 특징을 가진 통역과 문어적 특징을 보이는 번역을 input과 output에 따라 구분해보면 다음과 같다. 다음의 도표에서 input(입력)은 앞서 배운 source text(원천 텍스트)와 같은 의미이며 output(출력)은 target text(목표 텍스트)와 같은 의미로 사용된다.

(3) Input/Output에 의한 통·번역 구분

Input \ Output	Spoken	Written
Spoken	통역 (Interpretation)	전사번역 (Transcription translation)
Written	문장구역 (Sight translation)	번역 (Translation)

개념적으로 통역과 번역을 input/output의 형태에 따라 구분하면 간단히 이해가 된다. input과 output이 구어로 이루어지면 통역이고 문어로 이루어지면 번역이다. 그러나 위의 표에서 보듯 통역과 번역의 혼합형태가 존재한다. input이 구어이고 그 결과물이 글로 표현되는 전사번역(translated transcript)이 있고 또 반대로 글로 된 input을 말로 표현할 때에는 문장구역(sight translation)이 된다. 즉 눈으로는 원고를

읽으면서 입으로는 도착어로 내용을 전달하는 것이다. 문장구역은 시역이라 불리기도 하는데 이에 대해서는 9장에서 다시 설명하겠다.

이제 시간적인 제약이라는 측면에서 통·번역을 구분해보자. 아래 표는 동시성(simultaneity)과 비동시성(non-simultaneity)에 따라 통·번역을 구분한 것으로, 여기서 비동시성은 시간적 제약이 전혀 없다는 의미는 아니다. 즉 순차통역의 경우에는 사전에 정해진 회의 시간을 초과할 수 없고 번역 서비스인 경우에는 고객이 요구한 마감일(deadline)이 있기 마련이다. 다만, 동시통역과 문장구역과 같이 원문 이해와 도착어 발화가 적은 시차를 두고 이루어지지는 않는다는 뜻이다.

(4) 시간압박에 따른 통·번역 분류

Input \ Output	Simultaneous	Non-simultaneous
Spoken	동시통역 (Simultaneous interpretation)	전사번역/순차통역 (Transcription translation/ Consecutive interpretation)
Written	문장구역 (Sight translation)	번역 (Translation)

동시통역과 문장구역은 ST로부터 TT가 생성되어지는 시간, 즉 input과 output이 이루어지는 시간이 동시성을 가진다. 동시성을 가지고 이루어지는 행위로는 동시통역과 문장구역이 있다. 전사번역이나 순차통역 그리고 일반 번역은 동시성이 없는 것으로 분류된다. 그러나 순차통역의 경우 시간압박이 없다고 볼 수는 없다. 연사가 발화하는 동안 통역사는 계속 노트테이킹을 하며 도착어로의 발화를 준비하기 때문이다. input과 output이 동시에 일어나지는 않지만 일반적인 번역의 경우와 같이 시간적 여유를 가지고 할 수 있는 직무는 아니다.

2.2 통역의 종류

이제 위의 네 가지 통·번역 행위에 대한 각각의 특징을 살펴보자. 먼저 동시통역의 경우에는 국제회의에서 가장 많이 채택하는 방식으로 연사의 발화시간이 곧 통역사의 발화시간이기 때문에 회의시간의 활용이 효율적이고 중간에 휴지(pause) 없이 연속적으로 진행된다. 이러한 통역 방식은 6시간 내에 65페이지에 해당하는 정보량을 처리할 수 있는 것으로 알려져 있다. 그러나 동시통역으로 회의가 진행되기 위해서는 몇 가지 조건이 충족이 되어야 하기 때문에 제약이 따른다. 우선 특수 장비로는 아래와 같이 방음이 되는 부스가 필요하며, 부스 내에는 컨트롤 패널이 구비되어야하고, 청중이 통역을 들을 수 있는 리시버(receiver)가 사전에 배부되어야 한다. 부스의 경우에는 회의실에 별도의 통역실이 마련되어 있는 경우와 간이 통역부스를 설치해서 사용하는 경우가 있는데, 장시간 좁은 공간에서 활동해야 하는 통역사를 고려해 환풍장치도 잘 갖춰져야 한다. 요즈음에는 고정된 통역부스가 아니라 조립식 통역 부스를 많이 쓰기도 하는데, 동시통역의 표준적인 장비 구성은 다음과 같다.

(5) 동시통역에 필요한 장비

a. Booth (240cm×240cm×230cm)
b. Interpreter's control panels (mike, receiver, channel selectors, volume controller)
c. Receiver sets for audience (volume controller, channel selectors, receiver)

동시통역은 순차통역과는 달리 통역사 2명이 한 조를 이루어 약 15분-20분 씩 교대로 통역을 수행하기 때문에 국제 행사 주최 측 입장에서 볼 때는 통역 인건비가 두 배로 지출되며 동시통역 장비의 비용까지 고려하면 부담이 될 수 있다. 그러나 동시통역의 최대 강점은 시간 단축이다. 회의장에서 복수의 언어가 사용되는 경우 이를 몇 단계의 순차통역으로 전달하려면 회의 시간이 언어의 수만큼 길어지고 회의를 효율적으로 진행하기 어렵다. 그렇기에 여러 언어로 이루어지는 국제회의의 경우 원활한 회의 진행과 시간의 효율적인 활용을 위해 동시통역이 선호된다.

(6) 동시통역의 여러 형태

a. 위스퍼링 (Whispering)
b. 보이스오버 (Voice over, in vivo interpretation)
c. 원격 통역 (Tele-interpreting)

위스퍼링은 특수 장비 없이 귀에 속삭이는 형태로 이루어지는데 통역을 듣는 사람이 한두 명으로 한정될 때 가능하다. 청중석에 청중과 함께 앉아 연사의 발화를 들으며 작은 소리로 내용을 전달해야 하는 상황에서 외부의 잡음이나 스피커의 낮은 음량 등은 집중력에 방해가 될 수 있고 통역 품질을 떨어뜨릴 수 있어 주의가 필요하다. 통역사는 최대한 연사의 발화가 확산되는 경로에서 벗어난 자리에 앉고, 통역을 듣는 사람도 통역사 바로 옆에 앉아야 한다. 그래야 다른 청중에게 주는 피해를 최소화할 수 있다.

생방송에서 자주 접할 수 있는 보이스오버는 연사의 목소리 위에 겹쳐서 통역사의 목소리가 들린다. 전시 상황을 현장에서 긴급하게 보도하는 경우나 대통령 선거 연설을 라이브로 방영하는 경우, 음량조절을 통해 통역사의 목소리가 연사보다 조금 더 크게 들리도록 한다. 마지막으로 원격통역은 회의 참가자가 한 장소에 모이지 않고 화상회의 형태로 진행되거나 연사와 통역사가 같은 공간이 아닌 서로 다른 곳에서 중계되는 회의를 보고 통역을 하는 경우이다. 일반적인 회의에서는 통역사가 회의상황을 전체적으로 관조하면서 각종 언어 외적 정보를 활용할 수 있는데, 원격 통역은 제약이 많고 스크린을 통해 얻을 수 있는 정보가 충분하지 않아 주어진 상황적 맥락을 최대한 활용해야 한다.

다음으로 순차통역(consecutive interpretation)에 대해 알아보자. Yom(1999)은 순차통역을 크게 연속모드(continuous mode)와 불연속 모드(discontinuous mode)로 구분했다.

(7) Two modes of consecutive interpretation (Yom 1999, 406)

a. Continuous

In the continuous mode, the interpreter waits until the speaker has finished the whole sentence, and delivers the interpretation.

b. Discontinuous

In the discontinuous mode, the interpreter delivers the interpretation after pauses in the source language speaker's message.

연속모드는 문장단위로 통역이 이루어지며 대화통역이라고도 한다. 주로 수행통역이나 가이드 통역 그리고 커뮤니티통역에서 사용하는 통역 형태이다. 여기서 커뮤니티 통역이란 지역사회에 체류하는 외국인을 위해 제공하는 서비스로서 법률통역이나 의료통역과 같이 전문적인 지식이 필요한 영역과 관공서에서 업무를 원활하게 처리하기 위한 행정 영역, 그리고 잠시 체류 중인 관광객을 위한 통역 서비스 등이 포함된다.

실제 회의에서는 불연속 모드가 많이 사용되며 순차통역이라 할 때 대부분의 경우 불연속 모드를 말한다. 불연속 모드에서는 연사가 일정 시간 발화를 하고 나면 휴지를 두고 통역사가 도착어로 내용을 전달할 수 있도록 시간이 주어진다.[1] 주로 국제회의에서 사용되는 전문 순차통역이 이 경우에 해당한다. 연사가 발화한 내용은 노트테이킹(note-taking)을 통해 통역사의 노트에 기록이 되며 통역사는 이를 활용해 통역을 하게 된다.

순차통역은 국제회의에서 실무 언어(working languages)가 두세 개로 한정될 때 수행할 수 있다. 동시통역처럼 특수한 장비가 필요한 것도 아니고 통역사 한 명으로 충당할 수 있기 때문에 통역 서비스 비용이 상대적으로 저렴하다. 하지만 연사의 발화시간에 준하는 통역시간이 할애되어야 하기 때문에 회의시간은 두 배로 길어진다. 부스에서 통역하며 회의 참가자와의 접촉이 차단된 동시통역사와는 달리, 순차통역사는 연사 옆에 서서 청중을 마주해야 하기 때문에 시선, 표정, 제스처 등에도 신경써야 한다.

동시통역이든 순차통역이든, 연사가 문화적인 색채가 짙은 관용구를 사용하거나 화려한 문체나 언어유희를 구사할 경우 짧은 시간 내에 이를 적절한 도착어로 전환하는 것은 어려운 일이다. 이럴 경우 발화에 담긴 기본적인 의미를 직설적인 화법으로 전할 수밖에 없는 경우가 발생하기도 한다.

순차통역을 수행하는 통역사는 노트테이킹(note taking)을 이해해야 한다. 연사의 발언이 진행되는 동안 통역사는 그 발언의 논리구조와 필요한 세부사항을 기록해 두었다가 이를 활용해 통역을 한다. 이러한 노트는 통역사의 기억을 되살리는 단서를 제공해 보다 원활하고 효과적인 통역 서비스를 제공할 수 있게 해 준다. 이와 같이 노트는 통역사에게 유용한 보조 도구이므로 노트를 활용하는 방법을 숙지해야 한다.

---

1) 화자가 최대 4-5분 정도의 발화를 하고 그 후에 통역사는 화자의 발화시간보다 짧은 시간에 그 내용을 청중에게 전달한다. 그러나 경우에 따라서는 2-3분 정도 또는 그보다 짧은 시간이 되기도 하며 이는 연사의 생각의 흐름과 주제에 따라 달라진다.

노트테이킹은 내용적기라고도 불리는데 이 부분은 8장에서 상세히 논의할 것이다.

끝으로 출발어 텍스트를 눈으로 이해하며 도착어로 통역하는 문장구역 또는 시역에 대해 살펴보자. 번역처럼 글로 이루어진 input을 바탕으로, 통역처럼 구두로 내용을 전달하는 방식이다. 동시통역의 훈련방법으로 활용될 뿐만 아니라 실제 통역현장에서 회의 직전에 원고를 수령할 경우 연사의 발화를 들으며 원고를 참고로 하여 통역을 수행하는 경우가 있어 동시통역의 보조 수단이 되기도 한다.

문장구역을 제대로 수행하기 위해서는 먼저 눈으로 원고를 읽으며 의미를 파악하되 시각적인 정보가 구두로 발화하는 데 방해가 되지 않도록 주의해야 한다. 출발어와 도착어 간에 상이한 언어체계 때문에 때로는 품사 전환이나 문장 재구성 등의 전략적인 선택을 해야 하는 경우도 있다. 최대한 자연스러운 도착어로 구사하되 청중의 신뢰를 얻을 수 있는 자신감 있고 설득적인 어조를 유지해야 한다.

2.3 번역의 종류

이제 번역에 대해 살펴보자. 보통 문학번역(literary translation)과 비문학번역(non-literary translation)으로 구분할 수 있지만 설명의 편의상 다음 세 영역으로 나누어 설명한다.

(8) 번역의 종류
  a. 문학번역 (Literary translation)
  b. 기술번역 (Technical translation)
  c. 복합모드 텍스트 번역 (Multimodal text translation)

문학은 독특한 문화적 배경에서 펼쳐지는 삶의 이야기이다. 여기에는 시대적, 상황적 정보가 담겨 있을 뿐 아니라 독자의 마음을 움직이는 감동이 있으며 작가의 가치관과 상상력과 감성이 녹아 있다. 문학번역을 하기 위해서는 TL에 대한 수준 높은 구사력뿐만 아니라 작가와 독자가 속한 문화에 대한 충분한 이해가 수반되어야 하며 문학적인 감수성과 창의적인 표현력까지 갖추어야 한다. 즉 문학번역사는 원작의 의미와 가치가 공유되고 작가와의 소통이 이루어지게 하는 중재자이다. 한편, 문학은 내용의 중요성 못지않게 아름다운 표현도 메시지 전달에 중요한 몫을 담당하기에 작가 출신 중에 문학번역사가 되는 경우도 종종 있다. 문학적 소양과 작가적 기량을 갖춘 이들은 원문의 문학적 가치를 전수하는 데 있어 일반 번역사보다 유리할 수 있다.

Nord(1997)는 문학번역에 적용할 수 있는 skopos[2] 이론을 설명하면서 번역행위의 목적에 따라 번역전략이 달라져야 한다고 주장했다. 즉 번역 대상 독자, 수용문화권의 특수성 등에 따라 다양한 번역방법이 적용될 수 있다는 것이다. 예를 들어 외국소설을 성인을 대상으로 번역할 때와 아동을 대상으로 번역할 때, 번역 시 채택하는 어휘, 문장구성 심지어 내용까지도 달라져야 번역의 목적이 달성될 수 있다.

원문 대상 독자와 번역문 대상 독자 사이에는 문화적 거리(cultural distance)가 존재하기 마련이다. Nord(1997, 87)는 이러한 문화적 거리를 세 가지로 구분했는데, 첫째는 텍스트에서 구현된 세계가 원문 독자의 실제 세계와 부합하는 경우이다. 원문 독자에게는 친숙한 세계이지만 번역문 독자에게는 낯선 세계로 원문에 대한 충실한 번역(faithful reproduction)이 오히려 문화적 거리를 넓히는 결과를 초래할 수 있다. 그렇게 되면 문학작품을 통해 원문 독자들이 향유했던 감흥이 번역문 독자와 공유될 수 없다. 물론, 다른 세계의 문학작품이라는 것을 염두에 두고 번역 작품을 읽는 독자라면 오히려 낯설게 번역하기(foreignization)가 환영 받을 수 있겠으나, 원문과 번역문의 수용자간에 효과의 등가가 이루어지기는 어렵다.

두 번째 경우는 텍스트 세계가 원문 독자의 세계와 부합하지 않는 경우로 번역사는 이 낯선 세계를 소개하기 위해 구체적인 묘사와 부연설명을 곁들일 수 있다. 번역사는 원문의 이국적인 세계를 번역을 통해 충실하게 재현하면 되겠지만, 만약 원문에서 설정하는 세계가 공교롭게도 도착문화 그 자체일 경우에는 번역사가 각별한 노력을 기울여 상황의 특수성을 독자에게 이해시킬 수 있어야 한다.

마지막 경우는 텍스트 세계가 원문 독자의 세계와 부합하나 '탈문화화(deculturalized)'된 경우로 '아주 먼 옛날, 아주 먼 곳'의 세계를 묘사하는 설정이다. 이런 경우, 텍스트 세계가 원문 독자의 세계 및 번역문 독자의 세계와 가지는 문화적

---

2) Skopos는 그리스어로 목표(goal) 또는 목적(purpose)이라는 뜻을 갖는다. 스코포스 이론은 번역도 목적을 가진 행위로 간주하며 번역 목적에 따라 번역전략이 정해진다고 전제한다(Nord 1997).

거리가 유사하기 때문에 첫 번째와 두 번째 경우처럼 문화적 거리를 조절하기 위한 부담은 상대적으로 줄어든다.

번역사가 작품을 번역하기에 앞서 먼저 원문을 읽고 자신의 관점에서 작가의 의도를 파악하고 작품을 해석하기 마련이다. 따라서 번역을 하는 과정에서 독자에게 전달되는 것은 "작가의 의도"라기보다 엄밀히 말해 "번역사가 해석한 작가의 의도"라는 점을 부정할 수는 없다. 그렇다면 번역사에 따라 다양한 해석이 존재할 수 있고 개인적인 문체가 반영된 다채로운 번역 작품이 탄생할 수 있다.

이에 반해 기술번역(technical translation)이라고도 하는 비문학번역은 원문의 정보와 지식을 전달하는 것이 주목적이기 때문에 내용의 정확성이 강조된다. 신문이나 잡지와 같은 시사적인 기사, 학술적인 연구물, 보고서와 같은 기술적인 문서 등을 아우르며 다양한 종류의 텍스트가 번역 대상이 된다. 번역사는 관련 분야에 대한 해박한 배경지식을 이용해 독자의 이해를 돕기 위해 최대한 자연스러운 표현으로 원문의 의미를 전달하되 때로는 다시 쓰기(re-writing)의 방법을 적용해 수용 문화권의 규범에 부합하는 글쓰기를 해야 한다.

다양한 매체의 발달로 지면이라는 정적인 공간에서 벗어나 이제는 복합모드텍스트(multimodal text)를 활용한 소통이 일상이 되었다.[3] 단일모드 텍스트에 비해 복합모드 텍스트는 더 호소력 있는 메시지를 생성할 수 있는데, 이렇게 진화하는 텍스트 형태에 담긴 메시지를 효과적으로 전달하기 위해 번역사 또한 적절한 번역방법을 끊임없이 모색해야 한다. 영상번역, 광고 번역, 웹사이트 번역, 게임 번역, 공연 번역 등이 복합모드 텍스트 번역에 해당된다.

그 가운데 영상번역은 우리에게 매우 친숙하다. 영상번역(audiovisual translation, AVT)은 등장인물의 대사인 말 외에 등장인물의 동작, 표정 그리고 배경 등의 다양한 비언어적 정보가 통합된 텍스트를 대상으로 한다. 문화권에 따라 번역 방법도 다양한데, 대표적인 방식이 자막(subtitle) 번역, 더빙(dubbing), 보이스오버(voice-over)이다. 번역사는 영상물을 관람하게 될 수용자의 반응을 염두에 두고 원작

---

3) Multimodal text, 즉 복합모드텍스트란 커뮤니케이션 수단인 언어 외에 이미지, 제스처, 시선, 음향 등 다양한 자원과 이들 간의 상호작용으로 의미가 만들어지는 텍스트를 말한다. 커뮤니케이션을 구성하는 이들 자원은 사회적으로 형성된 것이며 문화적 속성을 반영한다(Jewitt, 2011; Kress, 2011).

이 원문 수용자에게 주었던 효과에 대한 등가를 실현하기 위해 노력한다. 즉 자막 생성에 급급하기보다 청중이 이해할 수 있도록 story telling을 해 주는 것이다. 효과적인 '이야기 전달'을 위해 때로는 원문 내용에 나타나지 않는 최신 유행어를 삽입해 폭소를 유도하거나, ST에 대해 자국 문화어를 대체해 사용함으로써 맥락의 이해를 향상시킬 수도 있고, 창의적인 언어 사용으로 영화 및 영상의 재미를 더하고 이해도 또는 몰입도를 높일 수도 있다. 아울러 드라마, 영화, 다큐멘터리, 애니메이션 등 다양한 장르의 특징에 대한 충분한 이해는 번역사에게 배경지식이 되어 번역 작업 시 품질 높은 결과물을 생성하는 데 도움이 될 수 있다.

2.4 통·번역 원리

위에서 통·번역의 특징에 대해 살펴보았다. 그렇다면 통·번역이 이루어지는 기본 원리는 무엇일까? 번역학의 대표적인 학자인 Nida(1964)는 번역의 과정을 다음과 같이 설명했는데, 이것은 비단 번역뿐만 아니라 통역의 과정을 설명하는 데도 유용하다.

(9) Nida의 번역과정 도식

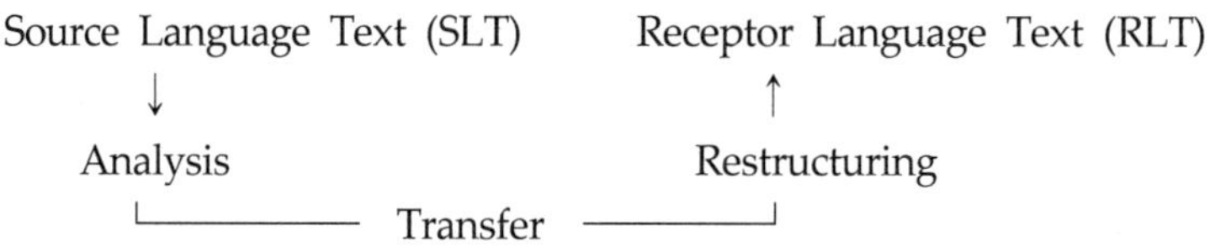

Nida의 도식을 순서대로 살펴보면 먼저, 원문을 분석하는(analysis) 단계이다. 번역사는 독자의 한 사람으로서 원문을 읽고 텍스트를 분석해 내용을 파악한다. 추출된 메시지는 전이되어 도착어 텍스트 규범에 적합한 형태로 재구성(restructuring)된다. 이렇게 하여 도착어 문화권 수용자를 위한 텍스트로 완성된다. 물론 최종본이 나오기까지 여러 차례 수정과 보완을 거쳐 완성도를 높이게 된다. 이러한 과정에서 SL의 언어 형태는 사라지고 그 의미(메시지)만 남게 되며 이를 TL로 재구성(restructure)을 하게 되므로 위의 번역과정에서 의미(메시지)는 살아남지만 SL의 표현은 사라지게 된다. 이를 보다 쉬운 말로 옮겨보면 다음의 네 단계를 뜻한다.

(10) 번역의 원리 (Translation theorem)

a. Read it.
b. Understand it.
c. Forget it.
d. Re-write it.
(e. Read it again.)

첫 번째 단계는 원문인 ST를 읽는 것이다. Read it의 it은 text(language)를 뜻한다. 이렇게 읽었으면 그 내용을 이해해야 한다. 여기서 이해한다는 것은 주어, 동사 등 출발어의 언어구조나 사전적인 의미를 파악한다는 것이 아니라 그 문장이 지닌 맥락적 의미(meaning)를 뜻한다. 그러므로 두 번째 단계 Understand it의 it은 meaning(message)을 뜻한다. 세 번째 단계는 언어를 버리는 것이다. 일단 1단계 2단계를 통해 그 의미를 파악했으면 그 의미가 담겨 있는 껍질인 ST는 그 기능을 다한 것이다. 원문의 언어적 흔적이 그대로 남아서 번역문에 반영되면 독자의 이해력을 떨어뜨릴 수 있다. 즉 3단계의 Forget it에서 it은 meaning이 아니라 language를 말하는 것이다. 이 부분이 가장 어려운 부분인지도 모른다. 이 단계에서 원문의 언어적 형태를 벗어나 그 의미만을 가지고 와서 자연스러운 TL로 옮긴다. 네 번째 단계의 it은 물론 가져온 의미(메시지)를 뜻하는 것이다. 이러한 과정을 통해 통·번역은 원문 텍스트의 의미(메시지)를 전달하는 것이다. 마지막 5단계는 사실 Nida의 번역과정에는 없는 부분이다. 하지만 실제로 번역을 가르치고 훈련시키다 보면 매우 중요한 교육적인 단계라고 할 수 있다. 1-4단계의 과정을 거쳐 TT를 생성해 냈다고 끝나는 것이 아니다. 번역을 배우는 사람이라면 이 단계를 마치고 반드시 자신의 TT를 검토해 보아야 한다. 의미를 충실하게 전했는지 그리고 TT가 TC 독자에게 자연스러운지, 문법적인 오류는 없는지, 맞춤법에는 이상이 없는지를 반드시 살펴야 한다. 사실 마지막 5단계가 '번역의 품질'을 결정하는 매우 중요한 부분이 될 수 있을 것이다.

(11) 통·번역의 메시지

a. 화자의 의도(Speaker's intention)
b. 청중의 반응(Receptor's response)

(11)은 통·번역을 처음 대하는 사람에게는 조금은 당혹스러운 내용이다. 통·번역이란 외국어를 아는 사람이 한 언어를 다른 언어로 바꾸는 것이 일반인의 상식인데 위의 Nida를 배경으로 한 설명은 통·번역은 언어를 다루는 것이 아니라 메시지를 다루는 것이라는 점을 강조한 것이다. 표현된 말이 아니라, 화자의 의도를 전달해야 한다는 것이 쉽게 이해가 되지 않을 수 있다. 더구나 아무리 화자의 의도에 충실했다고 할지라도 문화적, 사회적 차이로 인해 그 의도한 반응이 청중에게서 나타나지 않는다면 이 역시 온전한 통역이라 하기 어렵다.

물론 언어가 중요하다. 비유컨대 언어는 의미라는 집에 들어가기 위한 열쇠와 같다. 열쇠가 없이는 집에 들어갈 수 없다. 그러나 일단 열쇠를 열고 그 집에 들어가면, 즉 의미를 파악하면 그 열쇠는 기능을 다하는 것이다. 실제로 집에 들어서자마자 제일 먼저 몸에서 떼어내는 것이 열쇠가 아니던가?

(9)의 모델을 확장해 정확한 메시지 추출에 도움을 주는 언어능력과 배경지식을 도식에 포함하면 다음의 흐름도를 생각해 볼 수 있다.

(12) Nida의 모델 확장 (이용성, 2005)

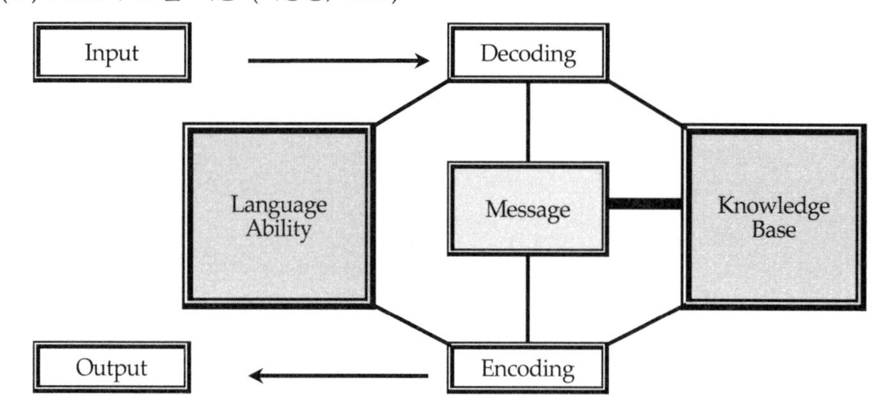

여기서 input은 ST, output은 TT에 해당하고 decoding은 분석(analysis), encoding은 재구성(restructuring)에 상응한다. 이 도식의 핵심을 이루는 메시지는 통·번역사들이 궁극적으로 전하고자 하는 내용이다. 메시지는 화자의 의도를 담으며 청중의 반응을 이끌어내는 매개체이다. 이 도식에서는 메시지를 포착하는 데 영향을 주는 배경지식과 언어능력이 포함되어 있다. 언어능력이야 그럴 것이라 예상을 했겠지만 배경지식이 중요하다는 것은 어쩌면 생소할지 모른다. 그러나 배경지식 없이는 주어진 ST의 의미를 정확하게 파악할 수 없다. 배경지식 없이 언어능력만으로 ST를 처리하려는 경향을 피상적 처리(shallow processing)라 하여 배경지식이 결합된 심층적 처리(deep processing)와 구분되며, 전자는 올바른 메시지 분석 과정을 거치지 않는다.

실제로 통·번역을 강의하면서 배경지식과 언어능력 중에 어떤 것이 더 중요한지를 물어보고 학생들의 반응을 본다. 자신의 언어능력이 부족하다는 것을 아는 사람은 언어능력이 더 중요하다고 반응을 보이며 언어가 어느 정도 되는 사람이나 통·번역에 경험이 있는 사람이라면 오히려 배경지식이 더 중요하다고 말한다. 이를 종합해 보면 통·번역에 숙달이 되면 될수록 언어능력에서 배경지식으로 학습방향이 옮겨간다는 사실을 깨닫게 된다.

배경지식의 중요성에 관해 Seleskovitch(1978)는 "… the line between comprehension and knowledge is blurred for someone who is knowledgeable about a subject"라는 말을 통해 통역 주제에 대한 통역사의 배경지식이 충분할수록 ST에 대한 이해가 용이하게 이루어져 통역이 원활하게 이루어질 수 있음을 시사했다. 사실상 이미 아는 내용은 잘 들린다. 아무리 영어를 잘해도 내용을 잘 모르는 경우는 들어서 이해하는 정도가 떨어질 수밖에 없을 것이다. (12)에서는 이러한 점을 부각하여 배경지식이 메시지와 밀접한 관계가 있다는 것을 메시지와 배경지식 사이의 굵은 연결선으로 표시해 놓았다. 언어능력과 배경지식은 통·번역 행위를 가능하게 하는 두 개의 상관소(component)로 언어능력을 linguistic component, 배경지식을 cognitive component라 부르기도 한다. 이러한 cognitive component에는 다음 세 가지의 배경지식이 포함된다.

(13) 배경지식 (Background knowledge)

a. Encyclopedic knowledge

b. Topic knowledge

c. On-site knowledge

배경지식의 바탕을 이루는 것은 시사적인 상식에서부터 과학, 역사, 문화, 예술 등을 아우르는 백과사전적 지식(encyclopedic knowledge)이다. 배경지식을 하나의 빙산으로 본다면 백과사전적인 지식은 빙산의 수면 아래에서 빙산을 버티는 거대한 부분이다. 백과사전적인 지식은 통·번역을 수행하는 사람이 밤낮으로 갈고 닦아야 하는 부분이다. 이러한 일반적인 배경지식 위에 주제지식(topic knowledge)이 존재한다. 백과사전적인 지식이 바탕이 되지 않으면 주제지식 만으로는 한계가 있을 수 있다. 국제회의의 경우 통역사는 회의 수개월 전부터 그 회의 주제가 무엇인지, 그 회의에서 어떤 내용이 다루어질 것인지, 지난 회의에서는 어떤 논의가 있었고 어떤 내용이 발표되었으며 어떤 결과를 도출해 냈는지, 그리고 그 주제가 오늘날의 정치, 경제, 사회, 문화와 어떤 관계가 있는지를 공부해야 한다. 이러한 공부가 주제지식이다. 비유컨대 주제지식은 바로 빙산의 수면 위에 올라와 있는 부분이라 할 수 있다. 이러한 비유를 통해 백과사전적 지식과 주제 지식이 어떤 관계를 형성하는 지를 이해할 수 있을 것이다. 끝으로 현장지식(on-site knowledge)을 무시할 수 없다. 즉 주어진 회의에서 회의 개최 목적이 무엇인지, 누가 발표를 하는지, 발표 내용은 무엇인지, 청중은 누구인지, 회의 장소가 어디인지 등을 사전에 파악해야 한다. 이와 같이 통·번역 행위가 이루어지는 시점에서 직간접적으로 영향을 주고 상황적 맥락을 제공하는 것이 현장 지식(on-site knowledge)이다. 앞서 말한 빙산의 비유를 이어 가자면 거대한 유빙의 위에 올라타 있는 북극 동물 정도로 비유를 할 수 있을 것이다.

국제행사의 통역을 준비하는 통역사는 축적된 경험과 폭넓은 독서를 통해 습득한 배경지식을 바탕으로 해당 주제에 관한 심도 있는 조사를 하여 전문지식을 갖추며, 통역을 수행하는 데 참고가 될 현장 정보(시간, 장소, 연사, 청중, 규모, 주관 기관, 회의 목적 등)를 취합한다. 연사를 사전에 만나 발표 내용을 간략하게 점검하는 것도 중요한 준비 중 하나인데, 연사와의 미팅을 통해 연설의 핵심을 다시 한 번 확인하고 의문이 가는 부분은 명확하게 확인함으로써 정확한 메시지 전달에 주력할 수 있다. 또한, 연사에게 통역이 이루어지는 상황임을 다시 주지시켜 최상의 파트너쉽이 이루어지도록 해야 한다.

이를 다시 위의 도표와 관련해 설명하면 언어능력/배경지식이 둘 다 필수적인 것이기는 하지만 이 둘 중에서 의미(메시지) 전달력을 높이는 데 배경지식이 중요한 역할을 한다는 것을 알 수 있다. (11)에서 언급한 바와 같이 통·번역이 메시지를 다루는 것이라면 이 메시지에 중요한 영향을 미치는 것이 배경지식임을 보인 것이다.[4]

위의 도표는 ST에서 메시지를 추출하는데 두 가지의 서로 다른 방향성을 지닌 정보가 상호작용을 하는 것을 보인다. input은 외부에서 청자에게로 들어오는 정보이며 배경지식과 언어능력은 청자의 내부에 지닌 능력이다. 이를 인지과학의 용어를 통해 구분하면 외부에서 들어오는 지식을 상향식 정보(Bottom-up information)라 하고 청자의 내부에 있어 메시지 분석에 관여하는 정보를 하향식 정보(Top-down information)라 한다. 조금 이해가 어려울 수 있지만 결국 청자의 머리가 가장 위라고 생각하면, 눈과 귀 등의 감각기관을 통해 머리로 들어가는 정보는 상향식 정보요 머리에서 나오는 정보는 하향식 정보라고 할 수 있다.[5]

(14) 상향식 정보 (Bottom-up information)
  a. 구어정보 (Spoken language information)
  b. 문어정보 (Written language information)
  c. 기타 정보 (Other physical stimuli)

구어정보는 input이 말인 경우에 귀를 통해 들어오는 정보를 말한다. 여기에는 개별발음(segmental pronunciation), 강세(stress), 억양(intonation)도 포함된다. 문어정보란 input이 글인 경우에 단어나 문장을 말하는 것이다. 이러한 언어 정보 외에도 말에는 제스처, 시선 처리 등의 정보가 수반되며, 글에는 삽화나 글자체, 글자색 등의 정보가 추가되는데 이와 같이 언어적 정보가 아닌 일체의 정보를 기타정보로 분류한 것이다. 이러한 정보가 통·번역의 일차적인 입력부이다. 이렇게 눈이나 귀를 통해 들어오는 일차적인 정보만으로는 화자의 의도를 파악할 수 없다.

따라서 머릿속에서 이러한 상향식 정보를 처리할 수 있는 하향식 정보를 제공해

---

4) 물론 통·번역이 제대로 이루어지기 위해서는 언어능력과 배경지식 외에도 문화 이해력, 텍스트 구성능력, 정보 검색 능력 그리고 메시지 전이 능력 등 다양한 능력이 요구된다. 심지어 심리적, 신체적 요인을 통제하고 적절히 활용하는 능력도 언급되었다. 이렇듯 통·번역 행위는 총체적인 지적행위로 많은 훈련과 현장 경험이 필요하다.

5) 상향식 정보는 아래에서 위로 올라오는 정보라는 의미에서 하위정보라 부르기도 하며, 하향식 정보는 상위정보라고 칭하기도 한다.

야 한다. 하향식 정보로서의 언어능력은 언어가 어떻게 흘러갈 것인가를 예견하고 들어오는 상향식 정보를 이 예견에 의거해 신속하게 처리할 수 있게 한다. Frazier(1978)의 실험이나 Warren & Warren(1980)의 실험을 통해 우리는 들어오는 정보에 의지해 언어처리를 하는 것이 아니라 우리가 아는 언어지식을 근간으로 하여 들어오는 정보를 확인하고 재가공한다는 것을 알 수 있다.

이용성(2004, 2005)은 통·번역의 원리를 설명하는 모델을 심리적 과정(psychological process), 생리적 과정(physiological process) 그리고 물리적 과정(physical process)으로 구분해 제시했다.

(15) 통·번역의 커뮤니케이션 흐름도

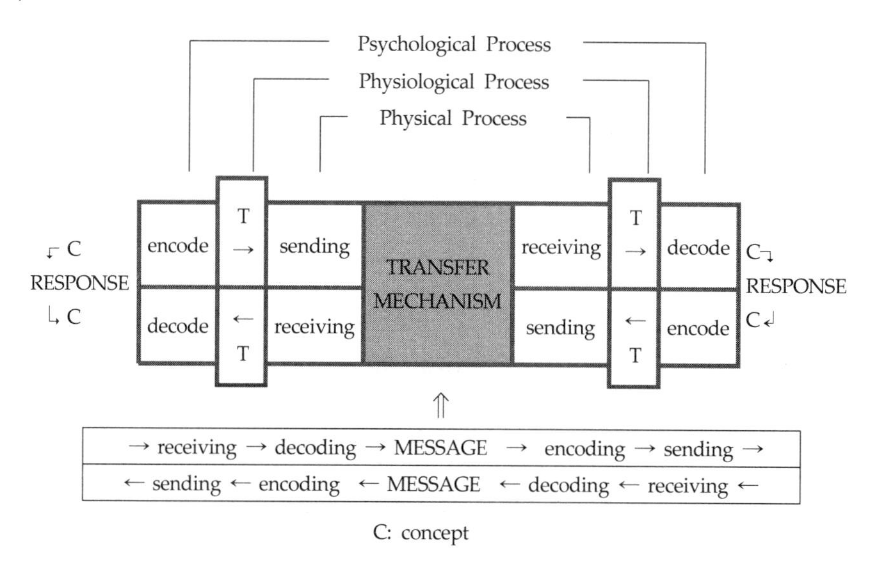

C: concept

(15)는 담화의 흐름과 그 가운데 위치한 통역사가 어떠한 역할을 담당하는지를 도식으로 보여 준다. 먼저 심리적 과정(psychological process)은 발화가 구성되고 이를 언어적 표현으로 변환시켜 문법화하는 과정이다. 다음으로 언어적 표현을 구강구조나 손끝을 통해 표현하게 되는데 이러한 대뇌와 구강(통역) 또는 대뇌와 손끝(번역)을 연결해 실제로 output을 생성하는 명령 과정을 생리적 과정(physiological process)으로 보았다. 이러한 생리적 과정은 실제로 음성기관이 움직이거나 손끝이 움직이는

과정인 물리적 과정으로 연결된다. 생리적 과정의 결과물로 만들어지는 음성이나 글 그리고 매체를 이용해 전달하는 과정 등 사람의 내적 활동을 떠난 단계를 모두 물리적 과정(physical process)이라 칭했다. 물론 이러한 단계는 화자의 입장이 아닌 청자의 입장에도 적용할 수 있다. 청자의 입장에서 보면 물리적 과정은 음파를 귀에서 인지하는 과정이며, 생리적 과정은 이를 대뇌로 전달하는 과정이고 마지막으로 심리적 과정을 거쳐 그 속에 있는 의미를 파악하게 된다.

그러나 위의 설명은 청자와 화자가 인코딩과 디코딩 방식을 공유하는 경우, 즉 같은 언어를 사용하는 경우의 상황이다. 담화자 간에 의사소통 수단으로서의 언어가 서로 다를 경우는 청자의 입장에서 보면 물리적 과정과 생리적 과정은 가능하지만, 이를 통해서 텍스트의 의미를 추출하는 심리적인 과정은 디코딩 양식이 서로 다르기 때문에 불가하게 되며 이를 담화 단절(communication rupture)이라 할 수 있다. 바로 이러한 문제를 해결하기 위해 통・번역이 필요한 것이다.

그림 아래에 있는 도표는 담화의 흐름상에 나타나는 통・번역의 원리를 보여준다. 화자가 청자에게 의사를 전달할 때 화자와 청자는 각각 자신이 맡은 역할을 하면 되지만 통・번역을 담당하는 사람은 화자와 청자의 역할을 동시에 수행한다. 메시지를 추출하는 전반부는 청자의 역할을 그리고 그 이후는 화자의 역할을 수행하는 것이다. 이런 점에서 볼 때 통・번역을 하는 사람은 두 사람의 역할을 동시에 하는 것임을 알 수 있다.

담화의 흐름에서 통・번역과 관련해 실수가 유발될 가능성이 있는데 이를 통・번역의 원리에 견주어 보면 언어능력을 제외하더라도 통・번역사가 실수할 가능성은 담화의 일반 참여자에 비해 두 배 이상 높다는 것을 알 수 있다. 통・번역을 성공적으로 수행한다는 것은 전달자의 메시지를 피전달자에게 오류 없이 전하는 것인데, 이러한 측면에서 통・번역은 화자/저자의 메시지를 청자/독자의 머릿속에 옮겨 놓는 예술이요 또한 기술이라 할 수 있다.

담화의 흐름도를 통해 알 수 있는 통역 및 번역의 오류에는 물리적 오류, 생리적 오류, 그리고 심리적 오류가 있다. 먼저 물리적 오류를 보면, 통역의 경우 외부 소음이나 화자의 실수로 인해 통역사가 청자로서 실수가 일어날 수 있는 가능성이 있는가 하면, 통역사 자신이 잘못된 발음 등 화자로서 실수를 일으킬 수도 있어 이중 부담을 안게 된다. 번역의 경우는 글자를 잘못 읽거나 잘못 써서 물리적인 오류를 범할 수 있다. 또한 컨디션에 따라서 입력된 정보를 제대로 처리하지 못하는 신경계의 오류가 나타날 수 있는데 이를 생리적인 오류라 할 수 있을 것이다. 마지막으로 통·번역사의 잘못된 배경지식으로 메시지를 추출해 내는 과정에서 실수가 유발되는 심리적 오류가 있다. 한마디로 통·번역을 수행하는 사람은 전달자의 오류와 피전달자의 오류를 범할 여지가 동시에 있는 것이다.

2.5 충실하고도 자연스러운 통·번역

그렇다면 높은 품질의 통·번역 서비스를 제공하기 위해서 어떤 원칙을 염두에 두어야 할까? 통·번역 문헌에서 자주 등장하는 용어로 등가(equivalence)라는 개념이 있는데, 이는 ST와 TT의 관계를 두고 한 말이다. Pym(2010)은 ST와 TT 간에 언어는 다르지만 가치(value)가 등가를 이룬다고 설명했다. 등가를 이루기 위해 통·번역사는 ST에 대한 충실성(faithfulness)과 TT에 대한 자연성(naturalness)을 충족시키기 위해 노력한다. 이 두 지표는 통·번역에 있어서 오랜 논쟁거리가 되어왔는데, ST를 충실히 전달하려고 하면 TT가 부자연스러워질 수 있고, TT의 자연성에 주력하다보면 ST의 의미가 왜곡될 수 있기 때문이다. Pym(2010)에 따르면 학자마다 자신의 관점에서 이를 설명하기 위해 다음과 같이 다양한 용어를 사용했다.

(16) 등가의 양극

a. Schleiermacher (1813/1963):	foreignizing vs domesticating
b. Nida (1969):	formal vs dynamic
c. Newmark (1988):	semantic vs communicative
d. House (1997):	overt vs covert
e. Nord (1997):	documentary vs instrumental
f. Toury (1995):	adequacy vs acceptability
g. Venuti (1995):	resistant vs fluent

위 용어들은 크게 직역(literal translation)과 의역(free translation)으로 대비된다. 즉 ST의 의미를 충실하게 전달하는 것에 초점이 맞추어진 직역과 TT의 자연스러운 표현과 전달에 초점이 맞추어진 의역이다. 그런데, 각 학자마다 제시한 용어에 의미상의 차이가 있으므로 여기서 간단히 살펴보자. Schleiermacher는 이를 이국화(foreignizing)와 자국화(domesticating)로 구분했다. 이국화는 독자를 저자에게 다가가도록 하는데, 가령 저자가 문화적으로 독특한 표현을 썼다면 번역사는 이를 굳이 쉽게 풀어서 쓰기보다 낯선 표현을 그대로 전달하여 TT 독자가 이국적인 것을 접하도록 한다. 반대로 자국화는 저자를 독자에게 다가가도록 하는 것인데, ST의 낯선 표현을 TT에서 친숙한 표현으로 풀어씀으로써 TT 독자의 이해를 돕는다. 예를 들어, '태권도'를 영어로 번역할 때, 이를 전혀 모르는 외국인 독자들이 있다면 이것을 'Taekwondo'로 번역하여 이국화 전략을 쓸 수도 있고, 'Korean martial arts'로 번역하여 자국화 전략을 적용할 수도 있다.

미국의 언어학자이자 성경학자인 Nida는 등가의 개념을 형식적 등가(formal equivalence)와 역동적 등가(dynamic equivalence)로 구분했다. 형식적 등가는 ST의 어휘나 텍스트의 특성을 잘 살려서 번역하는 것이고 역동적 등가는 ST의 어휘가 가지는 기능을 잘 살려서 번역하는 것이다. 예를 들어, '하나님의 어린 양'을 번역할 때 양을 키운 적이 없는 선교지에서 이를 전달하기 위해 '하나님의 물개'로 번역했다면 이는 역동적 등가를 적용한 것이 된다. 물론 이렇게 번역하는 것에 대해 반박하는 이들도 많다. 역동적 등가에서는 ST가 독자에게 준 효과와 TT가 독자에게 준 효과가 유사해야 한다고 강조한다.

Newmark는 어의적 번역(semantic translation)을 ST의 형식적인 요소를 TT에서 최대한 보존하는 방식으로 번역하는 것으로 보았고, 소통적 번역(communicative translation)은 TT 독자를 배려하고 그들의 필요에 부합하는 번역을 하는 것으로 보았다. 이는 Nida의 구분법과 유사한 면이 있다. House는 외현적 번역(overt translation)과 내재적 번역(covert translation)을 제시했는데, 전자는 TT가 번역된 텍스트임을 독자에게 드러내는 반면, 후자는 TT를 마치 처음부터 자국어로 쓰인 글인 것처럼 번역하여 자연스럽게 읽히도록 한다. Nord의 기록적(documentary) 번역과 도구적(instrumental) 번역은 TT를 ST에 대한 재현으로서의 기록물(document)로 번역하느냐, ST의 소통적 기능을 재현하는 도구(instrument)로서 번역하느냐에 따라 구분한 것이다. Toury는 ST에 부합하는 타당한 번역이냐 TT 독자에게 수용 가능한 번역이냐에 따라 타당성(adequacy)과 수용성(acceptability)으로 구분했다. 마지막으로 Venuti는 Schleiermacher와 유사하게 이국화 전략을 적용한 '저항적인(resistant)' 번역과 자국화 전략을 적용한 '유려한(fluent)' 번역으로 나누었다. 이상으로 살펴본 이분법적인 구분은 양극단으로 나뉜 것으로 보기보다 연속선상(continuum)에 있는 것으로 보아야 할 것이다. 그리고 실제로 번역을 할 때 여러 번역 전략이 혼용되어 사용될 수 있다는 점도 염두에 두자.

위에서 다양한 전략을 살펴보았는데, 통·번역이 커뮤니케이션 기능을 제대로 수행하려면 ST의 의미를 충실하게 전달하는 것과 TT에서의 자연성을 실현하는 것이 기본이다. ST의 의미를 제대로 전하기 위해서는 TC에 맞는 표현을 해야 하며 TL의 어법에 맞는 표현을 찾아야 한다. 표현의 자연스러움은 구체적으로 투명성(lucidity), 적합성(relevance), 간결성(conciseness), 가독성(readability) 등의 특징을 갖는다. 독자나 청중이 최소한의 노력으로 메시지를 최대한 정확하게 이해할 수 있도록 복잡한 구조나 가독성을 떨어뜨리는 산만한 전개, 상황이나 맥락과 충돌하는 텍스트 구성, 그리고 수용자에게 지나치게 낯선 표현은 피하는 것이 좋다. 결국 통·번역사는 수용문화권의 텍스트 규범에 부합하고 문화적 상황에 적합한 결과물을 생성해야 소기의 커뮤니케이션 목적을 달성할 수 있다. 커뮤니케이션 중재자로서 ST 메시지를 정확하게 포착하여 이해하기 쉬운 자연스러운 TT로 구현하는 것이 쉬운 일만은 아니다. 메시지에 대한 충분한 파악이 없이 표현적인 층위에서 도착어로 대응만 시도했다가는 의미의 왜곡과 커뮤니케이션 붕괴로 이어질 수 있음을 명심해야 한다.

(16)에서 소개한 용어 중에서 가장 널리 알려진 Nida의 역동적 등가(dynamic equivalence)와 형식적 등가(formal equivalence)를 구체적으로 살펴보자. 원문에 충실한 번역을 한다는 것은 메시지에 대한 충실성과 언어적 표현에 대한 충실성을 내포한다. Nida는 원문을 누락 없이 번역문으로 최대한 재현시키는 단어 대 단어(word for word) 대응을 형식적 등가로 보고, 심층적 의미인 메시지를 전달하는 데 중점을 둔 의미 대 의미(meaning for meaning) 대응을 역동적 등가로 보았다. 즉 형식적 등가는 언어적 충실성을 역동적 등가는 의미적 충실성에 초점이 맞추어져 있다. Nida

는 낯선 땅에서 선교활동을 한 성경학자로서 번역 시 수용자 반응과 자연스러운 등가의 구현을 특히 강조했다.

(17) Nida의 등가 (Equivalence)

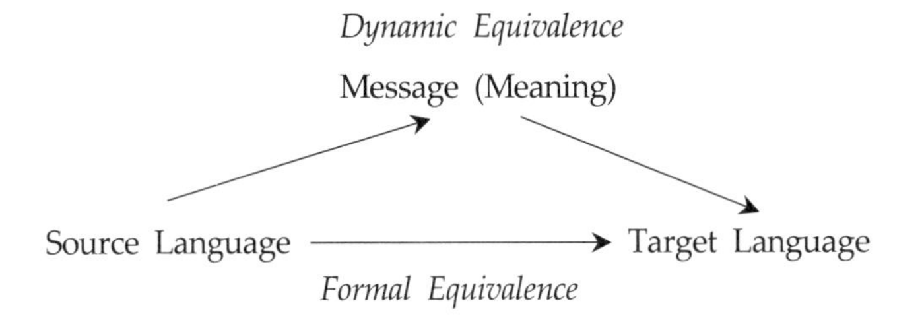

다시 말하면 ST를 바로 TT로 옮기는 것, 즉 의미를 고려하지 않은 채, 단어 대 단어를 옮기는 것을 형식적 등가라고 한 것이며 ST를 파악해 그 의미를 추출하고 이 의미를 바탕으로 TT를 생성하는 것을 역동적 등가라고 한 것이다. 그런데 (17)의 그림을 보면 ST를 TT로 옮기는 것이 직접적인 방법이고 Message를 통해 옮기는 것이 간접적인 방법인 것처럼 보인다. 이런 오해를 피하기 위해 보다 현실적인 그림을 그리면 다음과 같다.

(18) 보다 현실적인 등가 구현 도식

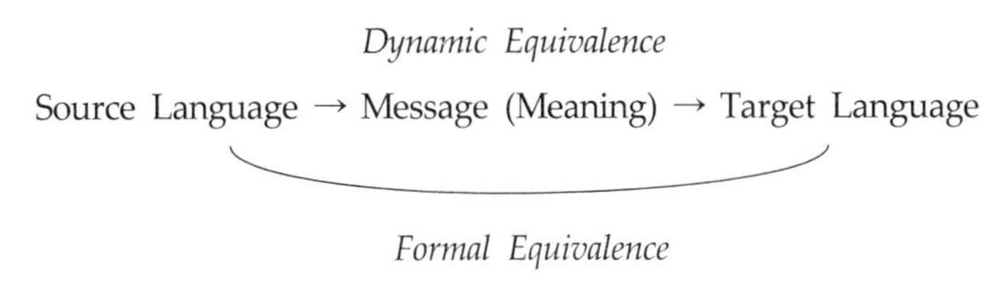

위의 그림은 (17)을 재분석하여 Message를 통한 TT 생성이 보다 직접적(직선적)인 방법이요 Message를 피해가려면 오히려 간접적(우회적)인 방법이 된다는 것을 보인다. 이를 지금의 논의에 맞추어 보면 형식적인 등가란 언어형태에 대한 충실성을 말하는 것이며 역동적인 등가는 언어 의미에 대한 충실성을 말하는 것이다. 그런데 통·번역에서 말하는 충실성이란 형태적인 충실성이 아니라 의미적인 충실성이다.

의미적인 충실성을 따라 역동적 등가를 찾는 것은 쉽지 않은 일이지만 형태적인 충실성을 따라 형식적 등가를 추구하며 단어 대 단어 또는 언어 대 언어로 일대일 대응을 시키는 것은 통・번역 행위로서는 의미가 없다.[6)]

지금까지의 논의에서 우리는 통・번역의 output은 충실하고도 자연스러워야 한다는 것을 알았다. 충실하다는 것은 의미를 올바르게 전했다는 말이요, 의미라는 것은 ST에 나와 있는 의미만을 말하는 것이 아니라 더 깊이 들어가 이 ST를 생성해 낸 화자(작가)의 의도가 무엇인가를 파악해 전달하는 것이요, ST의 청자가 듣고 느끼는 반응에 최대한 근접하게 접근해야 한다는 것이기도 하다. 또한 자연스럽다는 것은 TT 사용자가 그 내용이나 표현에 있어서 거부감을 느끼게 해서는 안 된다는 것이다.

---

6) 물론 언어적 충실성과 의미적 충실성을 동시에 충족시킬 수 있다면 이는 더할 수 없이 최상의 번역이 된다. 하지만 ST의 표현을 그대로 TT로 옮길 때 문화적 및 사회적으로 다른 언어권에서는 무의미한 말이 되거나 다른 의미의 말이 되어 의미를 전달하지 못할 수 있다. 만약 둘 중 하나를 희생해야 한다면 의미를 살리고 그 언어형태는 버려야 한다. 이것이 번역의 원리(translation theorem)의 3번째 단계인 "Forget it"이 의미하는 것이다.

통·번역사의 자질과 훈련

통・번역은 서로 다른 문화가 만날 때 그 필요성이 자연스럽게 발생한다. 그것은 고대에도 그랬고 세계화가 가속화된 현대에 와서는 더욱 그러하다. 성경 창세기 42장에 있는 이스라엘 사람 요셉의 이야기를 보면 당시 이집트의 총리였던 그는 그를 노예로 팔아버린 형들을 대면할 때 통역사를 사용했다는 기록이 있다. 요셉이 이집트의 총리가 된 때가 기원전 19세기 말로 추정되며, 이것이 최초의 통역은 아니겠지만 흔히 알고 있는 바벨탑 사건(창세기 11장) 이후로 세계 언어가 흩어지면서 의사소통을 위한 통・번역사의 필요성이 대두되었을 것이다. 그로부터 수천 년이 지난 오늘날의 지구촌 시대에 의사소통과 문화교류를 위해 없어서는 안 될 존재가 통·번역사이다. 즉 통·번역사는 다른 언어권과 다른 문화권에 소속된 사람들이 마음껏 소통할 수 있도록 중재자 역할을 하는 '소통 전문가'인 셈이다. 이 장에서는 통·번역사의 직무를 제대로 수행하려면 어떤 자질이 필요하며 어떤 훈련을 받아야 하는지를 알아보고자 한다.

3.1 통역사의 자질

통·번역사는 어떤 자질이 있어야 하는가를 논하는 이 시점에서 먼저 조금은 실망스러운 이야기를 전한다.

(1) Degueldre(1980)의 설명

An interpreter is born, not trained.

처음부터 좌절을 주는 말이 될지 모르지만 Degueldre(1980)는 통역사란 타고나는 것이지 훈련으로 될 수 있는 것이 아니라는 말을 전한다. 일리가 있는 말이다. 이는 통역사의 선천적인 자질과 재능을 강조하는 것이다. 즉 교육과 훈련을 통해 함양할 수 있는 통·번역 능력에는 한계가 있으므로 통역사는 타고난 재질이 있어야 한다는 주장이다. 그러나 너무 실망하지 마시기를… "타고나야 한다니 나는 안 되겠구나"하는 결론을 내리기는 이르다. 어떤 자질을 타고나야 하는지 혹 그 중에 내가 나도 모르게 타고난 자질은 없는지를 살펴볼 일이다. 또한 모든 예술 활동이 그러하듯 타고 났다고 해서 훈련을 게을리 하거나 훈련을 하지 않는다면 그 타고난 재질은 그냥 버려진 재능에 지나지 않는다. 실제로는 훈련이 재능만큼이나 중요한 역할을 한다는 점도 간과할 수 없다.

피아노를 예로 들어 보자. 물론 쇼팽과 같이 선천적으로 피아노에 대한 재능을 타고난 사람이 있는 것이 사실이지만 대부분의 피아니스트들은 어린 시절부터 부단히 연습하고 노력하여 상당한 수준의 피아노 전문가 대열에 오르지 않는가? 신체적이나 정신적인 결함이 없는 한 타고난 재능이 없어서 피아노를 배우지 못했다는 사람을 만나 본 적이 없다. 통·번역에 있어서도 전 세계적으로 통·번역 훈련을 담당하는 전문 교육기관이 설립되어 있어 체계적인 교육과 훈련을 거친 통·번역사들을 배출한다. 타고난 재능이 고루 갖추어졌다면 더없이 좋겠지만, 우리가 살펴볼 통·번역사의 자질 부분을 보면 알 수 있듯이 그 중 하나도 타고 나지 않은 사람은 없다. 우리로서는 무조건 실망할 일만은 아니다. 예비 통·번역사들은 교육과정을 통해 통역 실무언어의 구사능력, 문화에 대한 깊이 있는 이해력, 창의적인 커뮤니케이션 능력 등을 갖출 수 있기 때문이다.

(2) PACTE의 역량 모델(2005)

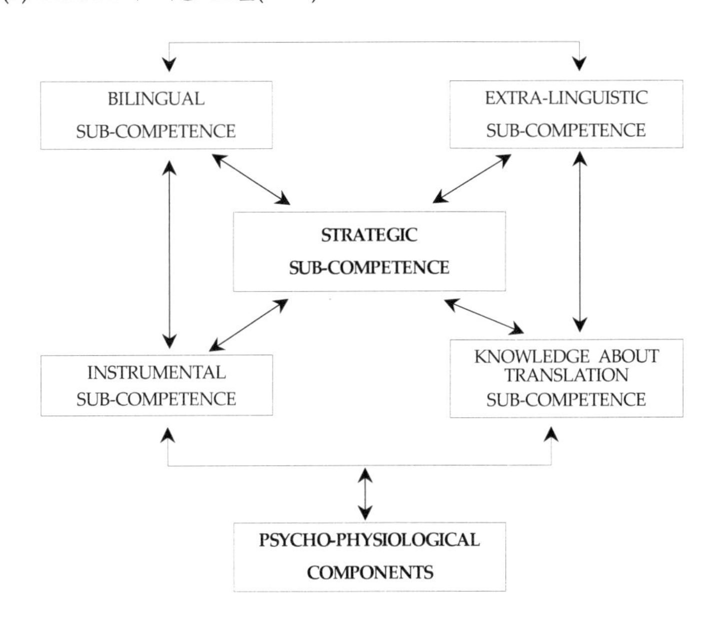

그동안 통·번역 학자들은 전문 통·번역사가 갖추어야 할 다양한 능력을 연구했는데, 대표적인 예로 (2)의 PACTE 모델(2005)과 (3)의 Schaffner(2000)가 있다. PACTE 연구팀에 의하면 번역사는 5가지 능력이 필요하다. 먼저, 가장 기본이 되는 이중 언어 사용능력으로 여기에는 두 언어에 대한 화용론적 지식, 사회언어학적 지식, 텍스트에 대한 지식, 어휘 및 문법적 층위의 지식이 포함된다. 두 번째, 언어외적 능력은 백과사전적 지식, 주제 지식, 이종 문화에 대한 지식을 토대로 한다. 셋째, 번역에 대한 지식은 번역 과정, 번역 방법, 번역 절차를 비롯하여 번역 직무에 대한 전반적인 지식을 말한다. 넷째, 도구 활용 능력은 번역을 수행하는 데 필요한 자료 및 정보 활용 능력을 포함한다. 다섯째, 전략적 사고 능력은 문제를 해결하고 절차를 효율화하는 능력이다. 즉, 기획하고 결과를 평가하고, 위의 네 능력을 활성화하여 부족한 부분을 보완하고, 번역 과정에서 발견되는 문제를 파악하고 해결하는 종합적인 능력이다. 마지막으로 심리 및 생리적 능력은 기억, 집중력, 인내력, 비판력 등의 인지적 및 행태적 능력과 관련된다. 이상으로 언급한 능력은 비단 번역사에게만 필요한 것이 아니라, 통역사에게도 필수적인 능력이다. (2) 도식에서 확인할 수 있듯이, 언어 능력만 탁월하다고 해서 통·번역이 저절로 이루어지지는 않으며, 위의 역량을 고루 갖추어야 제대로 된 결과를 기대할 수 있다. 이러한 역량은 후천적인 노력과 훈련으로 향상할 수 있다.

한편, Schaffner(2000)는 아래 여섯 가지를 번역사의 기본 능력으로 제시했다. 이것 역시 위의 경우와 마찬가지로 통역사에게도 적용할 수 있겠다. 먼저, 언어능력은 모국어와 외국어에 대한 구사능력이며, 언어의 구조와 기능에 대한 지식을 갖추는 것을 말한다. 문화 능력은 도착문화의 역사, 지리적 특성, 정치 제도, 경제적 및 사회적 발전 등에 대한 이해의 폭을 넓힐 때 갖출 수 있다. 텍스트 생성 능력은 SC와 TC의 텍스트 규범과 장르적 특성에 대한 이해를 바탕으로 한다. 가령, 뉴스를 번역할 때와 매뉴얼을 번역할 때 각기 다른 번역 양식을 적용해야 하는데, 이때 각 문화권에서 통용되는 텍스트 규범에 따라 TT를 생성할 수 있어야 한다. 주제 전문 지식은 번역의 주제에 대한 전문 용어를 이해하고 활용하는 능력으로, 필요에 따라 전문용어 데이터베이스를 구축하여 사용할 수 있어야 한다. 리서치 능력은 번역과정에서 발생하는 문제를 해결하는 능력을 말한다. 때로는 인터넷에서 상세한 검색을 통해 문제를 해결할 수도 있겠고 때로는 전문가에게 문의하여 해답을 얻을 수도 있다. 번역 능력은 말 그대로 ST에서 TT로 전환하는 능력이며, 클라이언트의 필요에 부합하는 텍스트를 생성할 수 있는 능력을 말한다. 이상으로, 역동적인 커뮤니케이션 상황에서 주도적인 역할을 수행해야 하는 통·번역사가 단순히 언어능력 외에도 다양하고 종합적인 능력이 필요하다는 것을 알 수 있다.

(3) Schaffner의 번역 능력

a. Linguistic competence
b. Cultural competence
c. Textual competence
d. Domain/Subject specific competence
e. Research competence
f. Transfer competence

위에서 살펴본 바와 같이, 통 · 번역 실무는 외국어 구사 능력만으로는 높은 품질의 서비스를 제공하는 데 한계가 있다. 이러한 내용을 전제로 통역사의 대표 격인 국제회의 통역사가 갖추어야 할 자질을 좀 더 구체적으로 살펴보자. 이용성(2004)은 아래 표에서 보는 바와 같이 크게 내적 자질과 외적 자질로 구분해 소개한다.

(4) 통역사의 자질

I. 내적 자질
  a. 언어지식 (Knowledge of language)
  b. 이해능력 (Comprehension faculty)
  c. 기억력 (Retentive memory)
  d. 지적 호기심 (Insatiable curiosity)

II. 외적 자질
  e. 외향적 성격 (Extrovert personality)
  f. 연사로서의 자질 (Good speaking manner)
  g. 책임감 (Responsibility)
  h. 체력조건 (Physical fittedness)

위에서 제시한 8가지 자질은 PACTE 모델이나 Schaffner의 자질에 있는 이야기를 구체화한 것이다. 이를 기억하기 쉽도록 내적 자질 넷과 외적 자질 넷으로 구분해 소개했다. 이러한 구분을 한 근거로는 내적 자질은 통 · 번역 수행을 하는 데 있어서 직접적으로 작용하는 언어능력과 배경지식에 관한 부분이요, 외적 자질은 이러한 내적 자질을 개발하고 뒷받침해주는 간접조건을 보이는 것이다. 먼저 통역사의 8대 자질에 대해 설명하고 뒤이어 번역사의 자질을 논의할 것이다.

언어 지식

통역사는 SL과 TL에 관한 어휘적, 의미적, 통사적, 화용론적 지식을 바탕으로 높은 수준의 구사능력을 갖춰야 한다. 두 언어를 모두 듣고 이해하는 능력이 있어야 함은 물론 속담, 관용어구 등에 관한 충분한 지식과 이들이 지니는 언어 간의 대응관계를 파악할 수 있어야 한다. 그래야만 SL로 들은 말의 뜻을 TL로 즉각적이고 능동적으로 표현할 수 있는 것이다. 출발어를 모르면 듣고도 이해하지 못하며, 통역사는 자신이 이해하지 못한 내용을 전달할 수 없다. 이는 A언어 뿐 아니라 B언어에 대한 구사 능력도 필요하다는 것을 의미한다. 출발어가 A언어가 아닐 경우 디코딩 또는 인코딩의 어느 한쪽에 심각한 영향을 미치기 때문이다.

하고자 하는 말이 있어도 이를 외국어로 표현할 수 없다면 자신의 말이 아닌 남의 말을 파악해 전달하는 것은 더욱 불가능하다. Degueldre(1980, 20)는 통역사라면 출력언어로 일 분간 적어도 120 단어를 발화할 수 있어야 한다고 했다. 이는 영어의 경우 자신의 생각이나 뜻을 거침없이 그리고 이해 가능하게 표현할 수 있는 능력으로 단지 원어민의 수준이 아니라 이를 넘어서서 원어민 가운데 말을 잘하고 조리 있게 하는 언어능력을 지닌 연사로서의 조건과도 연결되는 것이다.

그러나 사실상 더 중요한 문제는 모국어에 있다. 도착어가 모국어, 즉 A언어인 경우, 자연스러운 표현방식이 그렇게 쉽지만은 않다. 모국어에 무슨 문제가 있겠는가 하고 반문하겠지만, 실질적으로 통역수업을 하다 보면 대체로 많은 사람들이 "영어도 문제지만 한국어가 더 큰 문제다"라고 고백하는 것을 자주 접한다. 통역사는 모국어를 유창하게 구사하고 세련되고 품위 있는 표현으로 전달해야 한다. 모국어도 외국어를 대하듯이 연구하고 사전을 찾아가며 정확한 용법을 익히고 다방면의 독서를 통해 표현력을 향상해야 한다. 즉, 한국어 공부를 결코 소홀히 해서는 안 된다.

한편, Nida(1964, 150)는 번역에 있어서 상당수의 오류는 "기본적으로 수용언어에 대한 지식이 부족해(primarily from the lack of thorough knowledge of the receptor language)" 생기는 것임을 강조했다. 수용언어(도착어)가 한국어이든 외국어이든 청중이 ST의 내용을 정확하게 전달받고 제대로 이해할 수 있도록 TL 구사력이 뛰어나야 된다.

출발어를 알아야 한다는 것은 기정사실이지만 청중은 도착어를 통해 통역사의 능력을 판단하게 된다. 또한 간과할 수 없는 부분 가운데 하나는 사투리이다. 통역사의 수용언어는 표준어가 바람직하다. 사투리가 큰 문제가 될 경우는 없을 것이라 보지만, 많은 사람이 공유하는 표준어를 쓴다면 전달력이 높아질 것으로 본다.

결국 통역사에게 언어능력은 필요조건이다. 권투 선수에게 두 주먹이 필요하고 마라톤 선수에게 두 다리가 필요한 것처럼 통역사에게 두 언어가 있어야 한다는 것은 너무나 당연한 일이다. 그러나 두 언어를 사용할 수 있다고 모두가 통·번역을 할 수 있는 것은 아니다. 비유컨대 마라톤 선수는 두 다리가 있어야 하지만, 두 다리가 있다고 해서 다 마라톤 선수가 되는 것은 아니듯이, 두 언어를 알아야 하지만 두 언어를 구사한다고 해서 다 통·번역사가 되는 것은 아니다. 이런 측면에서 볼 때, 언어능력은 너무나 당연한 것이기에 통역사의 자질에 포함되지 않는다는 주장도 할 수 있을 것이다.

이해 능력

이해능력을 요구하는 것은 통역은 화자의 말을 다루는 것이 아니라 화자의 말에 담긴 의미를 다루는 것이기 때문이다. 아무리 훌륭하고 뛰어난 업적을 지닌 통역사라 해도 자신이 이해하지 못하는 말을 전달할 수는 없다. 통역사는 분석하고 이해하며 집중할 수 있어야 하고 또한 대화 감각이 있어야 한다. 통역사는 언변이 능하지 못한 연사의 말을 듣고도 분석을 통해 그 의미를 파악해야 하며 논리적이지 않은 발표를 접하게 되는 경우에도 흔들리지 말고 그 의미를 최대한 전달해야 한다. 발표자 중에는 불필요한 미사여구, 상황에 맞지 않는 비유 등을 통해 청중의 이해를 돕기보다는 외려 어렵게 만드는 사람도 있다. 어떤 상황이든, 통역사는 ST의 핵심을 빨리 포착해서 유창한 TL로 전달해야 한다.

통역은 듣고 이해하고 분석하여 전달하는 일체의 과정을 매우 제한된 시간 내에 수행해야 한다. 따라서 이해능력이란 '민첩한 사고(quickness in mind)'를 뜻한다고 보아도 될 것이다. 이 점에 있어 통역사는 두 언어를 할 수 있는 사람과 크게 구별된다. 이러한 이해능력이 없으면 결국 통역사는 출발어의 언어형식에 방해를 받게 될 것이고 그 결과 단어 대 단어를 전환하는(word-for-word conversion) 오류를 범하게 된다.

아는 것이 많으면 이해도도 그만큼 증대된다. 그러므로 이해력을 증진시키기 위해서는 배경지식을 잘 갖추어야 한다. Seleskovitch(1978, 61)는 "전문가의 경우 배경지식과 이해능력의 구분선이 때로 명확하지 않다(... for the expert, the line between knowledge and understanding often becomes quite blurred)"는 관찰을 통해 배경지식이 탄탄한 사람은 자신이 들어서 이해를 한 것인지 원래 아는 것인지를 구분해내기 쉽지 않다는 뜻을 전한다. 즉 아는 것이 많으면 그만큼 더 많은 것을 이해할 수 있다는 뜻으로 배경지식이 이해능력과 밀접한 관계가 있음을 알 수 있다.

기억력

기억력은 순차통역만을 위한 자질이 아니다. 동시통역사도 순차통역을 할 경우가 있으며 순차통역만 하겠다는 통역사는 통역시장이 매우 좁아질 것이다. 이런 이유로 순차통역과 동시통역을 따로 구별하지 않고 회의 통역사로 지칭하는 것이다(최정화 2001, 16). 따라서 통역사의 기억력은 단지 직무 차이에 따라 필요한 자질이 아님을 알 수 있다.

이때의 기억력이란 단지 회의장에서 누가 어떤 단어를 사용하여 말했는지를 기억하는 언어적 기억력만을 이야기하는 것이 아니다. 이를 넘어서는 메시지와 논리흐름에 대한 지구적인 기억력(retentive memory)을 칭하는 것이다. 우선은 연사의 말이 무슨 내용인지를 알아야 하며 이 내용을 자연스럽게 이해할 수 있도록 다른 언어로 인코딩할 수 있을 정도의 구체적인 기억력을 뜻한다. 앞서 논의한 바와 같이 이러한 기억력은 배경지식과 매우 밀접한 관계가 있다. 이미 아는 정보나 지식은 따로 기억하려 애쓰지 않아도 우리의 장기 메모리(long-term memory)에 들어와 있는 것이므로 배경지식이 많을수록 기억에 대한 부담은 줄어들게 된다.

그러나 아무리 기억력이 훌륭하다고 해도 통역사가 모든 것을 기억하고 기억한 것을 자유로이 사용할 수 있는 것은 아니다. 기억력에는 한계가 있기 마련이다. 이를 극복하기 위한 방법으로 노트테이킹이 있다. 노트테이킹은 통역사의 기억에 보조적인 역할을 하는 필수적인 기술이다. 하지만 노트테이킹이 기억을 대신해 주지는 못하며 어디까지나 보조적인 역할을 하는 것이다.

지적 호기심

내적 자질의 네 번째인 지적인 호기심이란 끊임없는 학문에 대한 호기심을 말하는 것이다. Degueldre(1980, 16)는 통역사는 "끊임없이 업데이트 되는 살아있는 완결판 백과사전(living complete encyclopedia constantly kept up-to-date)"이라고 했다. 물론 이를 그대로 다 받아들일 수는 없겠지만, 적어도 통역사는 학문에 대한 끊임없는 호기심과 또 이러한 호기심을 충족하기 위한 광범위한 전문분야의 지식습득과 독서가 습관화 되어야 한다. 지적 호기심은 배경지식의 근간이 되는 백과사전적인 지식을 흡수하는 중요한 자질이다.

통역사에게 필요 없는 지식은 없다. 결국 모든 분야에 첨예한 관심과 충분한 지식이 있어야 한다. 주변의 다른 사람들은 다 이해하지 못한다 해도 통역사만은 연사의 말을 이해하고 또 설명할 수 있어야 한다. 그러므로 일상생활에서도 늘 배우고 새로운 지식을 습득하려는 능동적인 자세가 필요하다. 통역사는 전문가 사이에서 그 전문분야를 논하는 역할을 하므로 회의 주제와 관련된 내용을 숙지해야 하고 전문용어에 능통해야 하며, 세계적인 주요 현안에 대한 통찰력 있는 지식을 지녀야 한다.

통역사에게 지적인 호기심이 없다면 매번의 통역수행이 힘겨운 도전이 될 것이다. 전문 통역사라면 늘 능동적인 자세로 다방면에 관심을 가지고 독서의 폭을 넓혀 나가야 하며, 다양한 주제의 통역 일이 맡겨질 때마다 치밀한 사전 조사와 준비로 품질 높은 통역 서비스를 제공해야 한다.

외향적 성격

다음으로 통역사의 외적자질을 살펴보자. 위에서 언급한 내적인 자질은 통역의 메카니즘과 직접적인 연관이 있는 것이며, 통역과 번역은 동일한 메커니즘을 따르므로 실질적으로 내적인 자질은 통역뿐 아니라 번역분야에 종사하는 사람에게도 요구되는 자질이라 할 수 있다. 물론 기억력 부분에 있어서는 원문을 늘 참고할 수 있기 때문에 다소 관련이 없다고 생각할 수 있으나, 원문을 참고하는 순간 원문의 언어형태가 간섭을 일으키므로 역시 통역과 같은 방법으로 메시지를 추출해 내고 이를 기억하고 도착어로 옮길 수 있는 능력이 있어야 출력물의 자연성을 얻어낼 수 있으므로 기억력을 무시할 수 없다.

통역사가 외향적인 성격을 가졌다면 활동하는 데 여러모로 유리할 것이다. 통역사는 대중 속에서 대중을 상대로 대중과 함께 그 직능을 수행한다. 따라서 사람들 앞에 나서기를 두려워하거나 마이크를 잡고 여러 사람을 상대하는 것을 두려워한다면 매우 곤란하다. Hendry(1969, 25)도 이 점을 지적한다.

(5) 외향적 성격에 대한 Hendry의 견해

> I would much rather say you need to have a broad, outgoing personality, with imagination and sympathy, to understand and share the experience of another human being whatever his language is. (Hendry 1968, 25)

이처럼 외향적인 성격이란 산만하고 정신없이 사교적인 것을 뜻하는 것이 아니다. 외향적 성격의 특성으로 Hendry는 상상력과 동정심, 이해심 그리고 나눔의 정신이 있어야 한다고 지적한다. 이처럼 자신의 입장이나 자신의 생각을 벗어나 상대를 이해하고 상대와 교감하며 나누는 성품이 있어야 통역사의 역할을 제대로 수행할 수 있다.

한편으로 통역사는 무대공포를 극복할 수 있는 긍정적이고 적극적인 자세를 취해야 하며 극도로 긴장된 통역행위에서 오는 스트레스나 실수에 대한 미련 등과 같이 통역행위에 방해가 되는 요소를 짧은 휴식시간에 털어 낼 수 있는 자질을 지녀야 한다. 이는 말처럼 쉬운 것은 아니다. 통역을 수행하는 과정에서 부득이하게 실수를 범하는 경우도 있다. 이러한 실수가 계속 간섭을 일으켜 회복력을 마비시키고 이어지는 통역수행에 방해가 된다면, 또한 그렇게 방해를 받는 성격을 지녔다면, 결국 자신의 통역수행이 더욱 어려워지게 될 것이다. 따라서 외향적 성격의 소유자일수록 그만큼 통역업무 수행을 잘 감당해 낼 수 있을 것이다.

연사로서의 자질

통역사는 연사와 청중을 연결한다. 그는 연사에게 있어서는 청중이지만 청중을 향해서는 그 자신이 연사가 된다. 이런 면에서 통역사는 전문연사이다(an interpreter is a professional public speaker (Degueldre 1980, 19)). 통역사는 담화의 흐름을 파악하고 논지의 핵심을 찾아 이를 다른 언어로 재구성하되 더듬거나 중언부언해서는 안 된다. 실제로 회의장에 나온 연사는 훈련된 전문연사가 아니라 특정분야에 지식을 지닌 전문가인 경우가 많다. 이런 이유로 대중 앞에서 연설할 기회가 많지 않은 사람도 있으며 그로 인해 더듬고 빼먹고 심지어 논리가 흐려지고 같은 말을 반복하며 말투조차 부드럽지 않은 경우가 있을 수 있다.

최정화(1998)의 통계에 의하면 동시통역에서 청중이 짜증나는 경우 11가지 가운데 실제로 전달방식에 문제가 있는 경우가 전체의 반이 넘는다. (6)은 통역의 내용과는 전혀 관계없이 전달하는 과정에 있어 전문 연사답지 못한 부분이 청중에게 매우 거슬리는 것임을 잘 보여준다.

(6) 통역사에 대한 청중의 불만 (최정화 1998)

a. Poor microphone discipline (미숙한 마이크 사용)
b. Unfinished sentences (문장을 끝맺지 않는 경우)
c. Monotonous or hesitant delivery (단조로운 톤, 머뭇거림)
d. Unpleasant voice (듣기에 좋지 않은 목소리)
e. Mistakes in terminology (전문용어 사용 오류)
f. Lack of technical knowledge (전문지식 부족)
g. Umming and aahing ('음' 또는 '아' 소리)
h. Long silence (오랜 침묵)
i. Interpreters' lagging a long way behind the speaker (뒤처짐)
j. Exaggerated intonation (과장된 억양)
k. Histrionic delivery (꾸민 말투)

순차통역을 진행할 경우 연사와 통역사는 연단에 나란히 서서 전체 청중의 시야 안에서 일하는 데 이 경우는 의상, 시선, 서 있는 자세, 노트하는 모습 등이 모두 청중에게 그대로 노출된다. 결국 통역은 도착어의 자연성과 전달의 자연성이 그 성패를 좌우한다고 할 수 있으며 이러한 점을 감안할 때 연사로서의 자질 역시 필요한 것임을 알 수 있다.

책임감

또한 통역사는 투철한 책임감이 있어야 한다. 리시버를 통해 통역을 듣는 청중, 또는 연사와 나란히 서 있는 통역사를 바라보는 청중은 오로지 통역사에게 의지한다. 통역사는 길 잃은 양의 무리를 인도하는 목자의 역할을 담당한다. 그러니 통역사는 항상 최상의 통역 서비스를 제공하기 위해 만반의 준비가 되어 있어야 한다.

통역사는 체력 관리를 잘 해서 쉽게 지치지 않도록 최상의 컨디션을 유지하고 목소리도 잘 관리해야 한다. 통역사가 몸이 조금 좋지 않다고, 또 연사가 하는 말이 마음에 들지 않는다고, 심지어는 자신이 한 실수가 너무 어처구니없어 창피하고 부끄럽다고 마이크를 끄고 연단을 떠나거나 부스에서 나가버리면 그 순간 회의는 전체적으로 마비가 되어 버린다. 외국어를 모르는 사람들은 연사보다는 통역사를 더 의지하게 되므로 통역사는 끝까지 자리를 지키고 연사와 청중의 의사소통을 위해 최선의 노력을 다해야 한다.

다소 부족한 점이 있다 해도 주어진 시간 내에 최선을 다해 준비하고 통역 당일에는 최상의 컨디션으로 통역에 임하고, 청중을 위해 높은 품질의 통역을 하겠다는 각오와 책임감으로 무장해야 한다. 통역사는 회의를 주재한다는 사명감과 의사소통의 중재자로서의 분명한 책임의식이 있어야, 자신의 능력을 십분 발휘해 직무를 수행할 수 있다. 책임감의 이면에는 자신감과 자기 확신이 있어야 한다. 무조건 책임만 지겠다는 것이 책임감이 아니라는 것이다. 청중이 자신의 역할에 의지하는 만큼 통역사는 자신이 맡은 임무를 충분히 감당할 수 있는 역량이 있어야 하며 연사가 전달하는 내용을 설득력 있게 전달해야 하는 책임이 있다.

책임을 완수하기 위해서는 평소에 언어 숙달과 배경지식을 확장하는 노력과 더불어, 통역을 앞두고 주제 지식에 대한 폭넓고 깊이 있는 사전조사를 해야 한다. 통역 전 주어진 시간 동안 통역 주제와 관련된 학술자료, 보고서, 저서, 신문 기사 등을 검색해 내용을 충분히 검토하고 전문용어도 잘 정리해두어야 한다. 아울러 각종 멀티미디어 자료를 잘 활용해 강연, 인터뷰 등의 동영상을 통해서도 주제에 친숙해질 수 있다. 준비 없이는 제대로 된 통역을 수행하기 어려우므로 통역사는 책임감을 가지고 통역 당일뿐만 아니라 통역을 준비하는 기간 내내 프로 정신을 발휘해야 한다.

체력조건

체력조건이 통역사의 자질이라는 점을 명심해야 한다. 통역은 한마디로 극도의 긴장 속에서 진행되며 체력소모가 매우 많은 일이다. 통역사는 짧은 시간에 번역사가 하는 일의 10배가 넘는 일을 번역사보다 30배 이상의 속도로 수행한다(... a quantity of work which is 10 times greater than that of a translator, at a speed which is by necessity 30 times faster. (Seleskovitch 1978, 144)). 그 과정에서 조건반사로 해결해야 하는 고도의 집중력이 요구되기 때문에 단기간에 체력이 소진될 수 있다. 동시통역의 경우에는 부스가 대체로 좁고 환기가 잘 되지 않는다. 그 작은 공간에서 통역사는 고도의 집중력을 발휘해 순간적으로 TT를 생성한다. 이러한 일은 적정수준의 체력조건이 선행되지 않으면 불가능하다.

통역사는 경우에 따라 해외 출장 통역을 하거나 타지방에 출장을 가는 경우도 있다. 게다가 대체로 회의 전날 밤늦게까지 회의 자료를 검토하고 준비하는 일을 해야 한다. 물론 회의가 개최되기 수개월 전부터 준비를 해야 하지만, 회의가 임박하거나 아니면 회의 당일 현장에서 자료를 접하게 되는 경우도 적지 않다. 이러한 일련의 상황 속에서 발생하는 스트레스를 적절히 해소하고 오랜 여행, 입에 맞지 않는 음식, 불편한 잠자리, 심지어 예측하기 어려운 날씨, 통역현장에서의 기계고장, 통역사를 염두에 두지 않은 주최 측의 일방적인 처사 등 외적인 돌발변수를 감당하려면 체력적으로 정신적으로 남다른 지구력과 저력이 있어야 한다.

여기서 외적자질 네 개를 종합해 보자. 외향적 성격, 연사로서의 자질, 책임감 그리고 체력조건은 사실상 통역사만의 고유자질은 아니다. 대인관계가 수반되는 일을 하는 사람이라면 마땅히 이러한 자질을 지녀야 한다. 판매원부터 시작해 국회의원에 이르기까지 사람과 사람이 만나서 이해하고 이해시키고 설득하고 협상해 결과를 도출하고자 하는 모든 직업에 속한 사람들이 지녀야 할 공통적인 자질이다. 통역행위도 대인관계 속에서 발생하는 것이므로 당연히 이런 자질이 필요하며, 더러 타고난 부분도 없지 않지만 훈련과 수양을 통해 이루어갈 수 있다.

3.2 번역사의 자질

통역사의 8대 자질에 대해 논의하면서 번역사는 통역사와 다른 자질이 필요할 것이라는 생각을 할 수 있을 것이다. 그러나 결론부터 이야기하면, 결국 위에서 이야기한 8대 자질 가운데 내적 자질인 기억력과 외적 자질인 연사로서의 자질 외에 나머지 여섯은 모두 번역사에게도 그대로 적용되는 자질이라는 점을 명심해야 한다. 여러 문헌을 종합해 보면 다음과 같은 번역사의 자질을 추론할 수 있다.

(7) Qualification as translators
- a. Expression in the target language (도착어 표현력)
- b. Creative imagination (창의적 상상력)
- c. Excellent writing skill (뛰어난 문장력)
- d. Sympathy for different cultures (타문화에 대한 이해)
- e. Respect for the difference of opinions (타인의 의견을 존중하는 자세)

번역의 결과물은 수용언어(도착어)로 표현된다. 그 과정이 아무리 잘 짜여 있다고 해도 최종 결과물의 품질이 떨어지면 번역물에 대한 신뢰도가 떨어지게 된다. 그러니 당연하게도 도착어에 대한 언어능력이 절대적으로 필요하다. 단지 도착어를 구사한다는 차원이 아니라 도착어를 창의적으로 온전하게 사용할 수 있는 능력(full and creative use of the target language)이 요구된다. 또한 문어는 구어와 달리 함의된 내용이 많기 때문에 글 속에 담긴 저자의 의도를 파악하기 위해서는 창의적인 상상력이 필요하다. 저자가 의미하는 바를 파악해 내고 이를 의도에 맞게 전달하되 문장의 흐름을 자연스럽게 유지하기 위해서는 세 번째, (7c)에서 언급한 뛰어난 문장력이 요구되며 이는 처음 이야기한 도착어의 표현능력과도 일치하지만 단순한 의사전달을 넘어 세련된 글쓰기가 필요하다는 점을 강조한 것이다. 네 번째, 다섯 번째 항목은 배경지식을 통해 나의 글, 나의 생각이 아닌 다른 사람의 생각을 존중해야 한다는 것이며, 심지어 그 다른 사람이 문화권을 달리한다 해도 거부감 없이 받아들일 수 있는 자질이 있어야 한다는 것이다.

일견 피상적으로 보기에는 통역사의 자질과 번역사의 자질이 다른 것 같지만, 그 의미를 잘 파악해 보면 결국 통역사와 번역사의 자질은 차이점보다는 공통점이 더 많이 눈에 띈다. 먼저 도착어 표현력은 사실상 통역사의 첫 번째 내적 자질인 언어지식에 대한 말이다. 언어지식을 설명하면서도 출발어는 물론 도착어에 대한 표현능력을 강조했다. 그리고 창조적인 상상력은 부분적으로 이해능력에 포함되지만 그 이상의 함의와 함축을 파악해 내는 것으로 실로 번역사에게 더 절실히 요구되는 자질이다. 이 부분은 통역과 번역의 차이를 보이는 것으로 번역에서는 기억력보다는 창조적인 상상력이 필요하다. 창조적인 상상력은 통역사의 기억력에 해당하는 번역사의 자질이라 할 수 있다. 세 번째 뛰어난 문장력은 다른 말로 하면 작가로서의 자질을 말한다. 이 세 번째 작가로서의 자질은 통역사에게 필요한 연사로서의 자질에 대응하는 것이다. 타문화에 대한 깊은 이해 그리고 마지막에 정리해 놓은 타인의 의견을 경청하고 깊이 생각하는 자세는 바로 통역사의 자질에서 외향적인 성격을 논하면서 정리한 부분이다. 외향적인 성격이란 단지 성격상으로 사교적이라는 의미를 넘어서 Hendry가 지적한 것처럼 자신의 입장이나 자신의 생각을 벗어나 상대를 이해하고 상대와 교감하며 나누는 성품이 있음을 말하는 것이며 바로 이 부분이 네 번째와 다섯 번째의 번역사의 자질을 수용하는 부분이다. 한 걸음 더 나아가 번역물을 수주하고 계약하고, 이를 수행하기 위해서는 클라이언트와의 신뢰가 절대적이다. 직접 대면하는 경우라면 원만한 대인관계를 유지해야 하고, 온라인상에서 거래하는 경우라면 네티켓을 철저히 지켜야 한다. 그 밖에 마감시한 등 기본적인 약속을 잘 지킬 때 전문가로서 인정받고 번역 일도 지속적으로 할 수 있다.

한편 통역사의 자질 가운데 지적호기심, 책임감, 체력조건은 위의 번역사의 자질에 보이지 않는다. 그러나 쉽게 알 수 있듯이 이 세 가지 요소 또한 번역사에게 꼭 필요한 부분이다. 통·번역 행위에 필요한 두 개의 하향식 정보인 언어능력과 배경지식을 늘리는 것은 통역과 번역이 다를 수 없으며 이에 대한 폭넓은 학습을 가능하게 하는 것이 지적인 호기심이다. 당연히 번역사에게도 필요한 자질이 아닐 수 없다. 특히 책임감은 번역사가 통역사보다 더 크게 감당해야 할 부분이다. 번역은 모든 번역의 결과가 끝난 후에 공개되며 기록으로 남는다. 텍스트를 여러 번 보면서 수정할 수 있기 때문에 오류가 없도록 철저히 점검해야 한다. 특정 용어를 한번 잘못 번역하게 되면 이어지는 내용에서도 그 오류가 그대로 적용되기 때문에 유의해야 한다. 작은 용어 하나, 표현 하나에 막혀서 번역작업이 답답해지는 순간에도 자신이 맡은 부분을 책임감 있게 감당해 내기 위해 연구하고 노력하고 검색하고 수정해 보아야 한다. 이렇게 자신의 작품에 책임을 지는 자세가 없다면 번역사의 결과물은 그 품질을 보장할 수 없고 클라이언트로부터 신뢰를 받기 어려워 번역일을 지속할 수 없게 된다.

마지막의 체력조건 역시 번역사에게 필요한 자질이다. 번역행위는 마감일의 압박을 받는 가운데 이루어진다. 자신이 주도적으로 특정 번역물을 만들어 내고자 하는 경우가 아니라면 번역물을 수탁 받을 때 정해진 마감시한이 있기 마련이다. 밤샘 작업을 해야 하는 경우가 허다하다. 이를 감당해 내고 자신의 책임을 다 하기 위해서는 강인한 체력이 필수적인 요인인 것이다. 이를 종합해서 통역사의 자질과 비교하면 다음과 같은 번역사의 자질을 도출할 수 있다.

(8) 번역사의 자질

I. 내적 자질
- a. 언어지식 (Knowledge of language)
- b. 이해능력 (Comprehension faculty)
- c. 창조적인 상상력 (Creative imagination)
- d. 지적 호기심 (Insatiable curiosity)

II. 외적 자질
- e. 외향적인 성격 (Extrovert personality)
- f. 작가로서의 자질 (Excellent writing skill)
- g. 책임감 (Sense of responsibility)
- h. 체력조건 (Physical fittedness)

이를 종합해 보면 통역사와 번역사의 자질은 차이점보다는 공통점이 더 많이 있음을 알 수 있다. 다만 통역사에게 요구되는 기억력 대신 번역사는 풍부한 상상력이 필요하며 통역사는 말로 하는 것이기에 연사로서의 자질이 필요한 반면에 번역사는 글로 표현하는 것이므로 작가로서의 자질이 요구된다. 이 두 가지를 제외한 나머지 6가지는 통역사 번역사에게 모두 필요한 자질임을 알 수 있다.

3.3 통·번역사의 훈련

그렇다면 통역사가 되기 위해서는 어떤 훈련을 거치게 될까? 여기서는 몇 가지 훈련 방법만 간단히 소개하고 이후 세부적인 설명을 덧붙이겠다.

(9) 통역사의 훈련 내용
  a. Keeping abreast of time
  b. Shadowing
  c. Idea extraction
  d. Note-taking
  e. Sight translation
  f. Numbers and idioms

이렇게 제목만 써놓으니 이해가 되지 않을 수 있다. 이제 이들 항목을 찬찬히 살펴보며 실질적인 예와 더불어 어떤 훈련을 해야 하는지를 살펴보도록 하자.

Keeping abreast of time

통역사는 시대의 흐름을 읽고 통역감각을 유지해야 한다. 통·번역사는 왕성한 호기심(insatiable curiosity)으로 자신의 지식 기반을 지속적으로 확대해 나가야 한다. 이는 배경지식의 첫 번째 요소인 백과사전적인 지식은 물론 두 번째 요소로 소개한 주제지식을 칭하는 것이다. 각종 매체를 통해 최근 뉴스와 국제 이슈에 관심을 기울여야 하며 새로 등장하는 전문용어를 정리해 두어야 한다. 매일 신문을 읽고 한국어와 영어 뉴스를 청취하고 주요 현안에 대해 심도 있는 독서를 병행해야 한다. 필자가 학생 시절에 통역 관련 강연에서 들은 말이 아직도 귀에 생생하다. "If you read less than 300 pages a day, you are anything but an interpreter." 즉, 하루에 독서량이 300페이지 미만이라면 통역사로서 성공하기 힘들다는 이야기이다. 그만큼 평상시에 보이지 않은 곳에서 많은 노력을 쏟아야 하는 직업이다.

요즈음은 동영상으로 제공되는 전문주제별 특강을 무료로 볼 수 있으며 온라인 학습을 통해 새로운 분야를 쉽게 탐색할 수 있으므로 이를 잘 활용해 다양한 주제의 통역 일을 해낼 수 있는 실력을 평소에 길러야 한다. 이는 넓은 의미에서 우리의 삶에 대한 관심과 흥미를 잃지 말아야 하는 것이며 자신의 삶을 둘러싼 자연적, 사회적, 국제적 환경에 대한 탐구심을 가져야 한다는 것이다.

Shadowing

쉐도잉(shadowing)은 연사의 말을 들으면서 짧은 간격을 두고 그대로 모방하며 발화를 하는 것이다. 이와 같은 훈련을 통해 발음이나 억양을 교정하고 자연스러운 도착어로 전달할 수 있는 능력을 기른다. Shadowing을 할 때에는 집중해서 듣고 들은 내용을 이해해야 하며, 이를 기억해 발화하고, 동시에 다음에 이어지는 내용까지도 예측할 수 있어야 한다. Lambert(1988, 381)는 shadowing을 다음과 같이 정의했다.

(10) Lambert의 shadowing에 관한 정의

Shadowing is defined as a paced, auditory tracking task which involves the immediate vocalization of auditorily presented stimuli, i.e., word-for-word repetition in the same language, parrot-style, of a message presented through a headphone.

Shadowing은 외부 음성 자극에 대해 즉각적인 음성화를 하는 것이며, 앵무새처럼 들리는 대로 단어를 그대로 반복하는 것이다. 그러나 이는 물소리, 바람소리를 흉내내듯 따라 하라는 말이 아니다. 입으로 shadowing을 하면서 머리로는 입력 내용을 분석하고 이해하는 과정이 동시에 진행되어야 한다. 이러한 훈련은 자연스러운 도착

어 구사, 집중력 및 기억력 강화를 위해 훈련 초기 단계에 특히 중요한 훈련방법이다. 나아가 다음 이야기 전개를 예측하는 훈련에도 도움이 된다.

Shadowing을 하다 보면 분석과 이해가 되지 않는 부분에서는 shadowing도 잘 되지 않는 것을 알 수 있다. 따라서 shadowing에서 실패하는 부분이 결국 이해를 못하는 부분이요 이해를 하지 못한다는 것은 언어능력에 문제가 있거나 아니면 배경지식이 불충분하다는 것을 뜻한다. 즉 shadowing은 자신의 문제가 어디에 있는지를 구체화하는 데에도 도움을 준다.

통역사가 사투리를 쓴다면 반응이 어떨까? 물론 대상 집단이 같은 사투리를 공유한다면 거부감이 줄어들 수 있고 또 탁월한 전달력으로 임무 수행을 잘 한다면 사투리가 문제가 되지 않을 수 있지만, 통역사는 되도록 표준어를 올바로 구사하고 사용하는 것이 바람직하다. Shadowing은 외국어의 발음 교정 및 발음 학습에도 도움이 되지만 사투리 교정에도 큰 역할을 한다. 사투리가 심한 경우에는 표준어 shadowing을 훈련해 적어도 통역행위를 하는 순간에는 표준어를 구사할 수 있도록 해야 한다. 이렇듯 shadowing은 사투리 교정은 물론 자신의 언어능력이나 배경지식에 문제가 되는 부분이 무엇인지를 구체화해 보완하고 이를 학습하기에 효과적인 방법이다.

Idea extraction

통역사는 연사의 단어를 전달하는 것이 아니라 메시지(내용) 또는 의미를 전달한다. 즉 말로 나타난 표현 그 자체에 집착하는 것이 아니라 그 속에 담긴 의도를 전달하는 것이다. 연사가 다음과 같은 말을 했다고 하자.

(11) The risk factor of the dam has been reduced 50%.
그 댐의 risk factor가 50% 줄었다.

이 문장은 risk factor가 무슨 의미인지를 알아야 위의 문장을 전할 수 있다. risk factor를 위험요인이라고 본다면 위험요인이 반으로 줄었으니 댐은 그만큼 더 안전해졌다는 뜻도 되고 위험요인으로 100가지를 제시했는데 그것이 50가지로 줄었다면 나머지 50가지는 위험요인이 아니라고 치부를 해 버린 결과이기에 댐은 더 위험해 진 것이다. 언어 자체만을 놓고는 이 문장의 의미를 제대로 전달할 수 없다. 만일 댐 건설 관계자가 댐의 위험성을 염려하는 사람들에게 한 말이라면 그 의미는 분명 risk factor가 반으로 줄었으니 더 안전해졌다는 말일 것이요, 댐을 반대하는 정치인이나 언론인이 이런 말을 했다면 아마도 댐이 위험하다는 의미를 강조하기 위한 것이리라. 통·번역사는 이 순간에 앞뒤의 문맥과 연사의 기존발언이나 주제지식을 토대로 어떤 의미인지를 파악해 낼 수 있어야 한다.

통역 현장에 가보면 통역사가 특정 단어를 놓치고 통역하지 않았다고 지적하는 사람들이 있다. 통역사는 의미를 전달하는 것이 목적이기 때문에 때로는 동일한 단어를 언급하지 않고도 연사가 말하고자 하는 요지를 다양한 어휘를 사용해 표현해 낼 수 있다. 통역사의 임무는 연사가 말하고자 하는 요지(gist)를 빨리 파악해 핵심내용을 정확하고 신속하게 전달하는 것이다. 따라서 평소에 통역 훈련을 할 때 연사가 하는 말의 핵심이 무엇인지 이해하고 논리의 흐름을 파악해 메시지를 왜곡 없이 전달하는 습관을 길러야 한다. '의미추출'은 이러한 훈련의 첫 단계이다. 입력부의 특정 단어에 메이지 않고 전체적인 의미가 무엇인지를 파악하는 훈련이 필요한 것이다. 물론 여기에 배경지식과 언어능력이 도움을 준다. 하지만 배경지식과 언어능력이 있다고 해서 이해과정이 없이 의미추출이 자동적으로 이루어지는 것이 아니기에 의미를 추출하는 훈련을 계속 해야 한다.

Note-taking

통역훈련은 순차통역부터 시작한다. 순차통역 시에는 연사가 일정 시간 연속해서 발화하고 통역사는 발화내용을 노트테이킹으로 기록해 두었다가 연사의 발화가 끝나면 자신이 작성한 노트를 참고해 도착어로 내용을 전달한다. 물론 통역사가 기억력이 뛰어나야 한다는 말은 앞서 자질을 설명하며 언급했다. 그러나 아무리 기억이 뛰어난 사람이라도 4-5분간 계속되는 연설에 담긴 모든 내용을 다 기억할 수는 없다. 다 기억한다고 하더라도 이를 논리적인 순서에 따라 재생해 내기는 어렵다. 그래서 통역사는 노트를 한다. 이 노트는 통역사의 기억에 있는 연사의 말을 도출해 내는 도구이다. 노트테이킹이 매우 중요한 기술이지만 노트는 통역사의 기억을 도와주는 것이지 노트가 통역사의 머리를 대신할 수는 없다.

노트테이킹은 속기와는 다르며 통역사가 알아보기 쉬운 방식으로 기록하는 개인적인 노트이다. 이는 발화내용을 쉽게 기억해내고 핵심 내용을 누락하지 않고 정확하게 전달하기 위한 통역사의 보조 도구이다. 통역 주제에 대해 배경지식이 많을수록 그리고 기억력이 좋을수록 노트테이킹 의존도는 줄어들게 된다. 통역 훈련을 하면서 연사의 말을 기호로 표기하고 논리적인 흐름을 기록하여 도착어로 재연하는 연습을 해보자. 이때 지나치게 많이 적거나 지나치게 적게 적으면 통역 오류로 이어질 수 있으므로 자신에게 알맞은 노트테이킹 기술을 개발하는 것이 중요하다.

노트테이킹을 '통역사의 언어'로 볼 수 있는데, 이는 마치 제2외국어를 배우듯 각종 기호와 통사적인 체계를 학습하여 기록방식을 체득하게 된다. 처음 개발하는 단계에서는 연사의 말을 들으면서 동시에 기록을 하는 것이 익숙하지 않아 오히려 통역에 방해가 되고 불편할 수도 있다. 그러나 노트를 하는 행위가 통역을 방해하지 않도록 습관화하는 훈련이 필요하다. 즉 평시에 남의 말을 요약하고 정리하는 습관을 기르고, 노트테이킹에서 자주 사용하는 기호는 친숙해지도록 자주 활용해야 한다. 노트테이킹은 통역사에게 있어 매우 유용한 도구이며 전문 통역사라면 자신만의 체계적이고 효율적인 노트테이킹 방식을 가지고 있어야 한다.

Sight translation

Sight translation은 시역 또는 문장구역이라고도 하는데, 동시통역이 귀로 들으면서 도착어로 발화하는 것이라면, 문장구역은 눈으로 읽으면서 도착어로 발화하는 것이다. 문장구역은 입력부는 번역과 같으며 출력부는 동시통역과 같은 혼합형의 통역형태이다. 또한, shadowing이 '귀로 들으며 그대로 따라 하기'라면, 문장구역은 '눈으로 보며 통역하기'로 보면 되겠다. 이러한 sight translation은 그 자체가 하나의 통역 범주를 구성하지만 훈련으로서의 sight translation은 동시통역을 위한 연습이요 또한 동시통역의 보조 수단으로 사용된다.

실제 통역현장에서는 통역 자료를 미리 받지 못하고 회의 직전에 받게 되는 경우도 있는데, 장문의 원고를 눈으로 훑으면서 도착어로 소리 내어 중얼거리며 짧은 시간 내에 통역을 준비하기도 한다. 원고가 있는 경우 연사는 대개 원고를 그대로 읽는 경우가 많은데, 통역사 역시 원고를 사전에 받고 원고를 보며 도착어로 의미를 재구성하여 청중을 이해시킨다.

또한 sight translation은 동시통역을 위한 기본 훈련이 된다. 동시통역에 비해 input이 눈앞에 그대로 존재하기 때문에 입력 안정성(input stability)을 확보할 수 있으며 눈앞에 있는 원고를 참고할 수 있기에 듣고 사라져 버리는 말로 이루어진 동시통역보다는 심리적인 압박이 덜하다. 하지만 input이 눈앞에 있다는 것이 또 다른 덫이 되어 언어간섭 현상 때문에 도착어로의 전환에 방해가 될 수 있다. 통역 훈련생들은 문장구역을 통해 동시통역 감각을 기르고, 제한된 시간 내에 원문에 대한 빠른 이해력과 도착어로 신속히 전환하는 표현력을 훈련해야 한다. 또한, 출발어와 도착어 간의 통사적 구조를 극복할 수 있는 전략을 터득하고 문화 간 소통을 원활히 할 수 있는 방법도 모색해야 된다.

Numbers and idioms

통역사의 공공의 적으로 간주되는 숫자와 관용구는 늘 부담스러운 존재이다. 특히 숫자의 경우, 영어는 one, thousand, million, billion 등 세 자리 수로 표기를 하고 우리말은 단, 만, 억, 조 등 네 자리 수로 표기하기 때문에 이처럼 상이한 수 체계에서는 도착어로 숫자가 쉽게 떠오르지 않고 머릿속이 하얗게 되거나 실수하기 십상이다. 그 누구도 숫자의 오류에서 완전히 자유로울 수는 없겠지만 반복적인 훈련으로 조금씩 숙달해야 한다.

속담이나 격언은 동일한 언어집단의 구성원이 오랜 세월 동안 터득한 삶의 지혜를 담은 문구로서 문화적인 색채가 짙은 표현이다. 그런 이유로 만찬사나 환영사를 전하는 연사들은 분위기를 위해 자국이나 타국의 속담을 들어 이야기하는 경우가 종종 있다. 이 뿐만 아니라 언어유희(pun)까지 가미되어 직역으로는 의미 전달이 어려워 통역사가 적지 않게 당황하게 된다. 물론 출발어 표현에 대응하는 도착어 속담과 격언을 잘 알아야 하지만 대응되는 표현이 없는 경우도 있다. 이런 경우에는 도착어의 유사한 문구로 대체를 하든지 적절히 의역을 하는 등의 통역전략을 구사해야 한다. 문학작품이나 다양한 글을 통해 관용구를 많이 접해서 통역 시 유연하게 대처할 수 있는 능력을 길러야 한다.

이러한 숫자와 관용구 외에도 통역사는 연어법(collocation)을 훈련해야 한다. 연어란 형용사와 명사, 동사와 목적어, 동사와 전치사 등의 문장구성요소들이 같이 나타나는 경향성을 말한다. 가령 "이 둘 사이에는 상당한 차이가 있다"에서 '상당한 차이'를 'large difference'나 'considerable difference'로 하기보다는 'significant difference'로 하는 것이 더 자연스럽다. 현대미국어 코퍼스인 COCA를 검색해 보면 'significant difference'가 2,498회, 'large difference'가 59회, 'considerable difference'가 49회 검출된다. 즉 'difference'와 가장 잘 어울리는 형용사는 'significant'라는 것을 알 수 있으며, 이러한 연어 관계를 잘 알게 되면 도착어 표현이 자연스러워지고 영어가 SL인 경우는 어떤 표현이 나올 것인가를 예상하는 데 도움이 된다.

아울러 언어의 특성을 잘 이해하는 것도 통·번역사에게 도움이 된다. 통·번역사가 모든 단어를 다 안다면 문제가 없겠지만 때로는 한국어 영어 간의 대응어를 찾지 못해 당황하는 경우가 있다. 이 경우 한국어는 기능을 중시하고 영어는 형태를 중시하는 단어가 많은 비중을 차지한다는 사실을 안다면 도움이 될 것이다. 기능을 중시한 어휘와 형태를 중시한 어휘에 대한 몇 가지 예를 살펴보면 아래와 같다.

(12) 우리말과 영어의 조어 차이 (기능과 모양)

인도	side-walk
온실	green house
비행기록장치	blackbox
국회	Capitol Hill
영화	screen
협박편지	blackmail
무선연결장치	blue tooth

한국어의 인도는 사람이 다니는 길이라는 용도를 설명하는데 영어의 side-walk는 인

도의 위치를 설명한다. 비행기록 장치를 blackbox라고 하는 것은 그 비행기록 장치가 box의 모양이며 색은 black이라는 것이다. (요즈음의 blackbox는 orange 색이다.) 휴대전화를 무선으로 연결하는 통화장치인 blue tooth는 처음 나온 무선 통화장치의 모양이 tooth와 같고 우연하게도 색은 cobalt blue였기에 붙여진 이름이다. 이러한 특징을 안다면 컴퓨터의 모니터를 영어로 설명할 때 "자판을 치거나 마우스를 움직이면 그 변화를 눈으로 보이게 해주는 장치"와 같이 기능을 설명하기보다는 "컴퓨터에 달린 텔레비전 같은 것(the TV-like part of the computer)"이라고 모양을 설명해줄 수 있을 것이다.

위에서 소개한 훈련을 종합적으로 따라간다면 비록 선천적인 재능이 부족하다고 할지라도 훈련을 통해 어느 정도 보완할 수 있을 것이다. 가령 천부적인 기억력이 다소 부족한 사람이라도 숙달된 note-taking 훈련을 통해 통역을 무난하게 수행할 수 있을 것이며, 이해력이 떨어지는 사람들은 배경지식을 쌓아서 맥락에 대한 해석 능력을 강화할 수 있을 것이다. 선천적인 재능이 뛰어난 경우라도 훈련으로 개발하지 않으면 제대로 표현되지 못한 채로 사장되고 말 것이다.

제4장

자연스러운 한국어로 옮기기

지금까지의 논의를 통해 좋은 번역이란 원문의 의미에 충실하고(faithful) 도착어의 표현에 자연스러워야 한다(natural)는 것을 배웠다. 이러한 충실성과 자연성은 서로 충돌해 이 둘을 다 한꺼번에 만족시키는 통·번역은 결코 쉬운 것이 아니다. 충실성과 자연성의 충돌과 해결의 문제는 6장에서 보다 심도 있게 다루겠지만 번역이란 최종 결과물로 평가를 받는 것이니 먼저 도착어의 자연성을 논하는 것이 바람직하다.

출발어가 영어인 원문을 도착어가 한국어인 번역문으로 생성하는 실제 상황을 생각해보자. 한국어로 된 번역문을 만들어내기 위해서는 언어적인 차이뿐만 아니라 문화적 맥락, 상이한 텍스트 규범, 해당 스코포스(skopos)의 충족, 최종 수용자에 대한 배려 등 여러 요소를 고려하고 해결해야 한다. 자칫 영어의 문장을 그대로 우리말로 옮겨 놓으면 독자나 청중이 쉽게 이해하지 못하는 어색한 표현이 되고 만다. 사실 우리는 중·고등학교의 영어 수업을 통해 영어의 단어를 하나씩 거의 그대로 옮기는 형태의 교육에 익숙하다. 그래서 우리가 쓰는 번역투의 말이 자연스러울 정도가 되어버렸다. 그러나 독자나 청중에게는 이러한 번역투 문장이 의미전달에 방해가 되는 경우가 많다. 물론 번역투라고 모두 나쁜 것이라고 단정 지을 수는 없지만 영어수업이 아니면 쓰지 않는 어색한 우리말을 번역투로 보고 의식적인 노력과 반복훈련으로 이같이 어색한 한국어를 피하도록 노력해야 한다.

번역투에 대한 이야기는 6장에서 충실성과 자연성을 함께 논하는 자리에서 더 자세히 이야기하겠지만, 우선 우리말과 영어의 자연스러운 표현을 알아보고자 한다. 번역투는 단어 대 단어의 직역에서 나오는 것으로 주로 원어 단어의 사전적인 의미가 그대로 나타나거나 원어의 문법구조가 여과 없이 전이된 결과로 인해 우리말에는 안 맞는 표현, 안 맞는 문장 구조가 나타나는 현상을 칭한다. 이를 구체적으로 보기 위해서는 한국어와 영어의 언어적인 차이를 살펴보아야 한다. 우리말에는 적거나 없는 문형이 영어에는 풍부히 존재할 때 이 영어 구조를 그대로 우리말로 옮기면 필시 상당수가 어색하고 이상한 말이 될 것이다. 본 장에서는 이용성(2004)의 논의를 바탕으로 영어와 한국어의 구문상의 특징이 잘 나타나는 10가지 차이를 제시해 이를 '번역의 십계명'으로 명명하고 각각의 항목에 대한 예를 제시해 한국어로의 번역 시 독자의 거부감을 최소화하는 방안을 살펴보고자 한다.

(1) Ten Commandments for Translation and Interpretation

1. Thou shalt avoid pronouns.
2. Thou shalt avoid possessives.
3. Thou shalt avoid plurals.
4. Thou shalt avoid progressives.
5. Thou shalt avoid non-human subjects.
6. Thou shalt avoid heavy NP's.

7. Thou shalt be careful with phrasal verbs.
8. Thou shalt avoid passives.
9. Thou shalt not worry about subject and its agreement.
10. Thou shalt be careful with metaphors.

위의 통 · 번역 10계명은 영-한 번역을 위한 조언으로, 영어에서는 매우 중요한 문법 요인이지만 한국어에서는 외려 문장의 자연성을 떨어뜨리는 요인, 즉 영어와 한국어가 두드러진 차이를 보이는 요인을 선별해 만든 것이다. 물론 이 이외에도 어휘선택(word choice), 표현형식(expression) 등 개별어휘나 문법에 관한 이야기가 끊임없이 이어질 수 있지만 교육적인 효과를 위해 간결하고, 이해가 되며, 많은 학자들이 공감하는 공통점을 위주로 설명하고자 한다.

처음 5개의 계명은 개별 단어의 자연성을 위한 것으로 한국어로 번역할 시 대명사, 소유격, 진행형, 비인칭주어, 그리고 복수형 사용을 자제해야 한다는 내용이다. 6계명과 7계명은 영어의 구에 관한 것으로 영어에서는 합성어를 비롯해 주요개념을 구로 표현하고 또 군동사를 많이 쓴다는 두드러진 특징이 있으나 이러한 특질은 우리말에서는 잘 나타나지 않는 현상이므로 어떻게 해야 한국어가 자연스럽게 될 것인가를 설명하고자 한다. 8계명과 9계명은 문장 문법적으로 영어와 국어의 차이를 다룬다. 국어는 분석형 수동형을 거의 사용하지 않는다. 그리고 국어는 주어를 생략하는 경우가 빈번하지만 영어는 주어가 생략되는 경우가 거의 없다. 영어의 주어는 동사, 보어, 목적어와 일치를 보여야 하므로 까다로운 부분이 있으나 국어는 그렇지 않다. 이를 관찰하고 이러한 차이가 통역 번역에 어떤 영향을 미치는가를 살펴본다. 끝으로 10계명은 의미표현에 관한 것이다. 영어가 한국어와 대비되는 두드러진 의미적 특성 중 하나는 은유표현을 많이 사용한다는 것이다. 때로 이 같은 은유적 표현이 굳어져서 관용구(idiomatic expression)로 나타나기도 하므로 이러한 차이를 인지하지 못하면 도착어가 부자연스러워지고 이해도를 떨어뜨리는 요인이 된다.

다만 이러한 계명이 그야말로 성경의 10계명처럼 하나라도 어기면 전체를 어기는 것은 아니다. 이러한 10가지 측면은 영어와 한국어를 대조 분석했을 때 나타나는 두드러진 차이를 명기해 놓은 것으로, 위의 계명을 어기면 어길수록 도착어인 우리말이 그만큼 부자연스러워진다. 물론 한국어에도 대명사가 있으며 속격이 사용되는 등, 위에서 언급한 대부분의 내용이 한국어 화자가 실제로 사용하는 것이다. 그러나 위의 계명을 염두에 두고 그에 대한 위반을 최소화하면 좀 더 자연스러운 한국어를 만들 수 있으나 어기는 내용이 많을수록 '번역투'가 심해지며 그에 따라 청자나 독자가 원문을 이해하는 데 어려움이 가중된다.

4.1 단어 문법적 차이

단어 문법적인 차이는 위의 십계명에 있는 처음 다섯 조항에 해당된다. 영어문법을 배우는 학생들은 위에서 언급한 대명사, 속격, 복수형, 진행형, 그리고 사물주어 등에 대해 자세한 문법내용을 배웠을 것이며 이 다섯 개의 분야가 특별히 어렵고 까다롭다는 것을 체험했을 것이다. 그 이유는 아마도 한국어에서는 이러한 영어의 단어 문법적인 특성이 그리 중시되지 않기 때문일 것이다.

우선 대명사 부분을 살펴보자. 영어는 라틴어의 영향으로 대명사가 매우 발달한 언어이다. 인칭대명사는 물론, 의문대명사, 관계대명사까지 대명사의 쓰임이 매우 광범위하며 이러한 대명사가 어휘적인 형태를 지닌다. 그러나 한국어에서는 인칭대명사가 거의 없으며 의문대명사는 의문사를 대신해 사용하고 관계대명사는 문법적인 관계대명사절은 있지만 관계대명사라는 형태는 존재하지 않는다. 따라서 관계대명사를 그대로 옮길 수가 없으며 의문대명사, 인칭대명사도 한국어로 옮겨 놓으면 어색한 결과를 낳는다. 논의를 시작하기 위해 다음의 예를 보자.

(2) I heard Tom saying that he promised his father to come home early.
  a. 나는 탐이 그의 아버지에게 그가 집에 일찍 오겠다고 약속하는 말을 하는 것을 들었다.
  b. 탐이 아버지에게 일찍 돌아오겠다고 말하는 것을 들었다.

(3) He is an honest student.
  a. 그는 정직한 학생이다.
  b. 그 학생은 정직하다.

위의 예에서 (2a)와 (3a)는 각각 원문의 대명사를 그대로 살렸으나 (2b)와(3b)는 대명사를 줄여 놓았다. 우리말은 영어처럼 대명사가 많이 쓰이지 않으며 많은 경우에 문맥적으로 의미를 알 수 있는 주어는 생략한다(9계명 참조). 이러한 특징을 알면 (2b)와 같이 변경할 수 있으며 직역을 한 경우의 문장보다는 훨씬 자연스러운 한국어임을 알 수 있다. (3)의 경우에도 '정직한 학생'을 '학생은 정직하다'로 바꾸어 쓴 것은 바로 주어인 대명사 '그'를 피하기 위한 것이다. (3b)의 예에서 보듯, 대명사를 피하려 노력한 결과 원문의 문법구조가 전달되지 않고 오히려 파괴되는데 이로 인해 도착어인 우리말이 더 자연스러워진다. 특히 (2)의 경우는 십계명 6항의 과두 명사구와 연결되는데, 국어가 형태 유형론적 분류에 따르면 교착어에 해당한다는 것과 관련된 특성으로 이에 대해서는 4.2에서 다시 언급하기로 한다.

우리말에는 '너,' '나,' '우리,' '그,' '당신' 등 소수의 대명사가 쓰일 뿐이며 이러한 대명사도 가급적 생략된다. 특히 '그녀,' '그들'과 같은 대명사는 우리말의 문헌에 나타나지 않는 것으로 영어와 일본어의 영향으로 판단된다. 영어에서는 대명사가 매우 빈번히 쓰일 뿐더러 그 의미도 매우 폭이 넓다. 이를 환언해 국어의 자연성과 연결시키면 국어로서는 최대한 대명사를 사용하는 것을 자제해야 자연스러운 TT를 만들 수 있다. 그렇다고 절대로 한국어 표현에서 대명사를 사용하지 말라는 의미로 받아 들여서는 안 된다. 대명사를 사용하면 국어표현이 복잡해지고 이러한 복잡도(complexity)가 가중되면 국어를 이해하는 데 어려움이 따른다는 말로 이해를 해야 한다. 영어의 'it'가 자연스럽게 번역된 예를 살펴보자.

(4) it을 한국어로 번역하기 예

a. Have you seen my wallet? I have lost it.
내 지갑 혹시 봤니? 지갑이 없어졌어.

b. I'm going to learn to dance. I think I'll enjoy it.
춤을 배울 참이야. 재미있을 거야.

위의 예에서 보듯이 it은 (4a)처럼 대명사가 아닌 일반 명사를 반복해 사용하거나 (4b)의 경우처럼 차라리 생략을 하는 것이 우리말로는 더 자연스럽다. (4a) 역시 "내지갑 혹시 못 봤니? 잃어버렸나봐!"처럼 'it'를 번역하지 않고 빼도 자연스러운 국어 표현이 된다. 한편, 한국어의 '그것'이 문장에 그대로 나타나는 경우도 있다.

(5) 한국어의 '그것'
  a. 그것 참 좋더라.
  b. 너 그것 가져왔니?

단, 여기서는 '그것'이 앞의 문장에 나온 명사를 가리키는 것이 아니라 화자 간에 이미 공유하는 화용론적 정보를 바탕으로 한 지시어이다. 문용(1999, 162)은 이를 전방조응적(anaphoric)이 아닌 외계조응적(exophoric) 용법에서 쓰이는 것으로 설명한다. 만약 위의 예문에 등장하는 '그것'이 앞의 문장에 나오는 명사를 가리킨다면 오히려 어색한 한국어가 된다.

영어와 한국어를 비교할 때 두 번째로 두드러지게 나타나는 특성은 소유격(possessive 또는 속격(genitive))이다. 영어의 속격은 s-genitive와 of-genitive의 두 가지 형태가 있으며 그 의미영역이 매우 넓다. Quirk & Greenbaum(1973)과 Biber 외(1999)를 종합해 영어 속격이 지니는 의미를 정리하고 이를 국어와 대조해 본다.

(6) 영어 속격의 의미영역
  a. Possessive genitive (소유)
    the gravity of the earth　　지구의 중력
    Mr. Johnson's passport　　존슨 씨의 여권
  b. Genitive of origin (기원, 발단)
    the girl's story　　소녀의 이야기
    the general's letter　　장군의 편지
  c. Subjective genitive (주어, 행위자)
    my departure　　?나의 떠남
    the boy's application　　?그 아이의 지원
  d. Genitive of time (시간)
    yesterday's job　　어제의 일
    winter's day　　*겨울의 날

e. Objective genitive (목적어)

the invasion of Korea	?한국의 침공
the photo of my friend	?내 친구의 사진

f. Descriptive genitive (속성)

a women's college	*여자의 대학
a doctor's degree	*박사의 학위

g. Genitive of measure (단위)

a stone's throw	*돌의 던짐
arm's length	*팔의 길이

h. Partitive genitive (부분)

a piece of cake	?케이크의 한 조각
a lump of bread	*빵의 한 덩이

i. Appositive genitive (동격)

the city of New York	*뉴욕의 도시
the fine figure of a man	*남자의 좋은 풍채

(6)에서 "?"로 표기한 부분은 어색한 표현을 뜻하며, "*"로 표기한 부분은 국어의 어법에 맞지 않는 표현을 뜻한다. 영어 속격은 적어도 9개 이상의 의미를 지닌다. 반면에 국어의 속격은 주로 소유(6a), 기원(6b)의 의미로 쓰이며 때로 주어표기(6c) 시간관계(6d)를 표현하기 위해 사용될 뿐이다. 영어와 한국어는 이처럼 속격을 사용하는 데 있어 분명한 차이가 있다. 목적, 속성, 단위, 동격의 의미로 사용되는 예는 극히 드물다. 그렇다면 이를 해결하는 방법은 무엇인가? 어려운 대안이라면 받아들이기 힘들겠지만 그 해결책은 의외로 간단하다. (6)에서 예를 든 어색한 경우 대부분은 단지 '의'를 제거함으로써 해결할 수 있다. 심지어 '의'를 넣어도 자연스러운 소유, 기원, 시간의 경우조차도 이를 사용하지 않고도 여전히 자연스러운 한국어 표현이 되는 것을 알 수 있다. '지구의 중력'은 '지구중력'이라고 해도 전혀 문법적으로 문제가 되지 않는다.

주어를 표기하기 위해 속격을 사용하는 것은 과거에는 많이 있었으나 오늘날에는 줄어드는 경향을 보인다. 이를 뒷받침하기 위해 1911년에 완역된 개역한글 성서와 2001년에 완역된 표준새번역 성경에서 마태복음의 처음 몇 장을 비교해 보았다.

(7) 주어를 표기하는 국어속격의 변화

a. 마태복음 1장 22절

i. 이 모든 일의 된 것은 주께서 선지자로 하신 말씀을 이루려 하심이니 가라사대

ii. 이 모든 일이 일어난 것은, 주께서 예언자를 시켜서 이르시기를

b. 마태복음 2장 11절

i. 집에 들어가 아기와 그 모친 마리아의 함께 있는 것을 보고

ii. 그들은 그 집에 들어가서, 아기가 그의 어머니 마리아와 함께 있는 것을 보고

c. 마태복음 4장 12절

i. 예수께서 요한의 잡힘을 들으시고 갈릴리로 물러 가셨다가

ii. 예수께서 요한이 잡혔다고 하는 말을 듣고, 갈릴리로 물러가셨다

d. 마태복음 5장 48절

i. 그러므로 하늘에 계신 너희 아버지의 온전하심과 같이 너희도 온전하라

ii. 그러므로 너희의 하늘 아버지께서 완전하신 것과 같이, 너희도 완전하여라

(7)의 예에서 보듯, 과거에는 주어를 표기하기 위해 속격 '의'가 많이 사용되었으나 오늘날의 국어에서는 이러한 부분이 대폭 수정되어 주격조사를 사용하는 것을 알 수 있다. 영어에서는 이와 뚜렷한 대조를 이루어 (6)에서 예시한 9가지 경우 외에도 동명사의 경우 주어를 속격으로 써야 하는 것이 문법적 요구조건이다. 이것을 국어로 옮겨 놓으면 100여 년 전의 문투가 나타나 오늘날 국어로서는 어색하게 될 것이다.

더구나 영어 속격이 목적어를 나타내기도 하는데 이를 국어로 그대로 옮기게 되면 목적어가 아닌 주어로 인지할 가능성이 있다. (6e)에서 예로든 '한국의 침공'은 국어에서는 '한국을 침공하는 것'이 아니라 '한국이 다른 나라를 침공하는 것'으로 해석될 것이며, 내 친구의 사진은 내 친구를 찍은 사진이 아니라 내 친구가 소유한 사진으로 받아들여질 수 있다. 이 경우 '한국침공,' '내 친구 사진'에서 보듯 속격표지 '의'를 제거하면 오해의 여지도 더불어 사라진다. 물론 타동사가 명사화된 경우는 '수동태의 사용,' '직권의 남용'과 같이 목적어를 표기하기 위해 속격을 사용하는 것이 가능하지만, 전반적으로 이 경우에도 '수동태를 사용하는 것,' '직권을 남용하는 것'(또는 '직권 남용')으로 변환시키는 것이 언어 유형론상 한국어의 어법에 보다 자연스럽다. (6f), (6g), (6h)의 경우에도 속격을 제거하면 자연스럽게 된다. 특별히 (6i)의 동격적 의미

는 한국어 속격으로 표현할 수 없으며, 이러한 경우는 주어진 예문을 '뉴욕 시' 또는 '풍채 좋은 사람'으로 해석해야 할 것이다. 이렇듯 국어에서는 속격이 매우 제한적으로 나타나므로 영어 속격을 무조건 '의'로 번역하게 되면 어색한 문장이 된다.

세 번째로 영어와 한국어는 복수를 표현하는 방식에 차이를 보인다. 영어는 라틴어의 영향으로 성, 수, 격에 대한 굴절에 민감하다. 대체로 영어의 복수를 우리말의 '들'로 표현할 수 있는데 실질적으로 우리말에서는 복수를 나타내는 경우에도 복수형이 많이 생략된다.

(8) 복수표현 생략 예시
  a. 학생(들)은 그러면 안 됩니다.
  b. 우리(들이)가 무슨 잘못을 했다고…….

이처럼 국어의 대표명사는 단수로 사용하지만 영어에서는 복수가 대표명사를 대신한다. 실질적으로 우리말에서는 복수형이 '들'로 사용되기보다는 다음과 같은 방법으로 나타나는 경우가 빈번하다.

(9) 우리말의 복수표현
  a. 중첩 : 집집이, 방방곡곡, 거리거리에
  b. 접미사 : 사람마다, 거리마다, 집(집)마다
  c. 양화사 : 책 두 권, 새 두 마리, 집 두 채, 쌀 두 가마

우리말이나 중국어처럼 양화사가 발달한 언어에서는 복수형을 양화사와 수사로 표현한다. 이는 한국어를 배우는 외국인에게는 참으로 고된 부분이다. 단지 '들'을 붙여서 복수를 만들지 못하며 각종 양화명사를 적재적소에 잘 사용해야 한다. 이것이 한국인에게는 매우 자연스럽고 의식하지 않아도 오류 없이 표현하는 것이 가능하다. 하지만 외국인에게는 멀고도 힘들게만 느껴지는 한국어 학습의 벽이다. 실질적으로 '들'을 사용하게 되면 어딘가 번역투라는 기분이 들고 어색하게 느껴지는 경우가 많다. 한마디로 말하면 우리말을 자연스럽게 만들고자 하는 경우 '들'이라는 복수어미를 최대한

자제해야 한다는 것이다.

한편, 한국어의 '들'은 영어와 달리 명사, 동사, 의문사와 함께 쓰인다. 다음의 예를 살펴보자.

(10) '들'과 함께 쓰이는 말

a. 너희들 무엇 하니?

b. 무엇들을 하고 있니?

c. 무엇을 하고들 있니?

d. 여러분들 공부들 열심히들 합시다!

(10b)와 (10c)의 경우는 의문사나 동사에 '들'을 붙인 것으로 영어에서는 찾아 볼 수 없는 표현이다. 여기서 '들'은 일종의 한정사(delimiter)로 영어의 한정 부사 'only'처럼 명사/동사/형용사/부사에 다 붙을 수 있다. 즉 한국어는 영어와 달리 복수 표시(들)를 의문사(무엇)나 동사(하고) 다음에도 달 수 있는 것이다. 우리말에 복수형태가 더 자연스러운 경우가 있기도 하다. '손님들,' '사람들,' '눈들,' '차들' 등과 같은 표현은 관습적으로 '들'을 붙여서 사용했지만 대부분의 경우는 '목표들,' '걸음들,' '눈물들,' '어깨들,' '교실들' 등에서 보듯 자연스럽지 않다.

다음으로 비교해볼만한 것은 진행형 사용에 나타나는 두 언어의 차이이다. 영어 진행형 형태인 '-ing'는 동사에 따라 의미가 달라지며 어떤 경우에는 진행형을 쓸 수 없다. Quirk & Greenbaum(1973)은 동사의 종류를 다음과 같이 분류한다.

(11) 영어 동사의 의미적 분류 (Quirk & Greenbaum 1973, 46-47)

a. Dynamic verbs

i. Activity verbs

act, beg, call, eat, help, learn ...

ii. Process verbs

change, grow, begin, start, mature, widen ...

iii. Verbs of bodily sensation

ache, feel, hurt, itch ...

iv. Transitional event verbs
  arrive, fall, land, stop, die ...
v. Momentary verbs
  hit, jump, kick, knock, nod, tap ...
b. Static verbs
i. Verbs of inert perception and cognition
  abhor, adore, know, remember, impress ...
ii. Relational verbs
  belong to, concern, fit, equal ...

위의 의미적인 분류에서 관찰할 수 있는 사실은 영어에는 진행형이 풍부한 것은 사실이나 동작성이 없는 동사(상태동사, static verbs)에는 사용되지 않는다. 그리고 진행형이 쓰이는 경우에라도 동작동사(dynamic verbs)의 경우 동사의 종류에 따라서 그 의미가 달라진다. 즉 행위동사(activity verbs)는 동작의 진행을 나타내는 진정한 의미를 지니지만 과정동사(process verbs)의 경우에는 동작의 시작 지점을 나타내고, 전이동사(transitional verbs)에서는 동작의 끝지점을 뜻한다. 순간동작동사(momentary verbs)는 동작의 시작과 끝이 거의 같기 때문에 동작진행을 뜻하기보다는 동일한 동작의 반복을 뜻하게 된다. 더불어 "He is leaving tomorrow"에서 보듯 미래의 행위를 뜻하기도 하므로 매우 폭넓게 쓰임을 알 수 있다.

반면에 요즈음 국어에서, 특히 번역문에서 많이 보이는 '~고 있다'형의 진행형은 우리말의 문법체계로 보면 다소 특이한 형태이다. 국어에서는 심지어 지금 동작이 진행 중인 것조차도 '~고 있다'로 사용하기보다는 단순 현재로 사용하는 것이 더 자연스럽다. 다음의 예문을 보자.

(12) 국어 진행형
  a. 아이가 자고 있다.
    아이가 잔다.
  b. 저자는 다음과 같이 주장하고 있다.
    저자는 다음과 같이 주장한다.

c. 어디가고 있니?
   어디 가니?

(12a)에서 보듯, 영어로는 진행형을 쓰는 것이 마땅하지만 국어에서는 단순현재를 사용한다. 게다가 (12b)의 경우는 영어로 쓸 때에는 단순현재로 써야 하는 문장이지만 번역투에서 이를 진행형으로 표기하는 것을 자주 관찰한다. 이러한 표기방식은 국어학자로서는 매우 달갑지 않은 것이기는 하지만 오늘날 우리말에서 급속도로 팽창하고 있다. 신문지상이나 뉴스보도에서 이 같은 진행형이 많이 나타나는 것은 영어와 일본어의 영향인지도 모른다.

우리말에 진행형이 없다는 말을 하려는 것이 아니다. 우리말에도 '~는 중이다'라는 동작의 진행을 이야기하는 경우와 일시적인 상태를 뜻하는 경우에는 진행형이 자연스럽다. 다음의 진행형 표현을 보자.

(13) 한국어의 진행형
   a. 지금 가고 있잖아!
   b. 나는 너를 사랑하고 있다.
   c. 아이들이 사복을 입고 있다.

(13a)는 사실 "지금 가잖아!"라고 해도 되는 말이지만 그 동작이 진행 중임을 명확하게 하기 위해 '지금 가는 중이다'라고 표현했다. 진행 중임을 강조하고자 하는 경우에 우리말에서도 동작동사를 진행형으로 쓴다. (13b)는 "나는 너를 사랑한다"에 비해 조금 다른 어감이 있다. 현재형을 쓰면 화자가 청자를 미워하지 않는다는 의미를 내포하는 듯하다. 즉 시간과 관계없는 일반적인 사실이나 진리를 기술하려는 목적을 가진다. 반면 진행형 표현은 현재의 감정 상태를 강조하는 의미는 갖는다고 할 수 있다. 과거에는 너를 사랑하지 않았지만 지금은 사랑한다는 의미를 내포한다(문용 1999, 145-146 참고). (13c)는 한국인이라면 현재 옷을 입는 진행 동작을 표현하는 것이 아니라는 것을 쉽게 알 수 있다. 아이들은 이미 사복을 입은 상태이지만 이를 진행형으로 표기한다. 결국 위의 세 가지 서로 다른 예문의 공통점은 우리말에서는 '~고 있다'

로 일시적인 상태(temporary state)를 나타내는 것이다. 즉 늘 계속되는 행위나 동작이 진행 중임을 나타내기보다는 현재의 상태를 칭하는 것이다. 길거리에서 차의 뒷면에 붙여 놓은 스티커에 "아이가 타고 있어요!"라는 표현을 볼 때마다 우리말의 어려움을 실감한다. "아이가 불타고 있다"는 말이 아니요 "아이가 타는 동작을 진행 중"이라는 말도 아니고, 단지 "아이가 차에 승차한 상태가 일시적으로 지속된다"는 의미이다.

국어에서 진행형이 갖는 특징을 이해했다면 번역사는 번역투에서 흔히 목격되는 '~고 있다' 표현을 최소화하여 사용해야 할 것이다. 우리말에서는 진행 중인 동작조차도 현재형으로 사용한다는 점과 우리말 진행형 표현은 특별한 의미를 가진다는 점을 인지해야 어색하지 않은 TT를 만들 수 있다.

단어 문법적인 특징으로 영어와 한국어가 큰 차이를 보이는 부분이 사물주어를 사용하는 경우이다. 결론부터 말하면, 영어는 사람이 아닌 사물이 주어가 되는 경우가 많이 있으나 한국에서는 주로 사람이 주어가 된다. 물론 행위를 표현하는 경우가 아니라면 사물이 주어가 되는 것은 우리말로도 마찬가지이지만 행위를 표현하는 동작동사의 경우 우리말은 사물주어를 피하는 경향이 있다. 이를 좀 더 자세히 논하기 위해 Anderson(1977)을 참고해 영어에서 주어의 격을 살펴본다.

(14) 영어 주어의 격과 국어 표현

a. Agentive (행위격): 행위자가 주어가 된다.
I opened the door.
내가 문을 열었다.

b. Locative (처격): 장소가 주어로 나타난다.
The school produced a lot of elites.
그 학교는 많은 인재를 양산했다.
The factory has many problems.
?공장이 많은 문제를 지닌다. (공장에 문제가 많다)

c. Instrumental (도구격): 도구가 주어로 나타난다.
The key opened the door
*열쇠가 문을 열었다. (열쇠로 문을 열었다.)

d. Objective (목적격): 목적어가 주어가 된다.

This book reads well.

*이 책은 잘 읽는다. (이 책은 쉽게 읽힌다.)

This stone throws far.

*이 돌은 멀리 던진다. (이 돌은 던지면 멀리 간다.)

영어에는 이처럼 여러 가지 의미격을 지닌 말이 주어로 나타나지만 국어에서는 행위격이 주가 되고 가끔씩 처격이 주어가 된다. 즉 우리말의 주어는 주로 동작주이며 처격의 경우도 실상은 그 장소를 의인화(personification)해 사용하는 것으로 볼 수 있다. 여기서 알 수 있듯이 영어는 국어보다 주어선택이 폭이 넓으며 이로 인해 영어를 국어로 옮길 때는 문장의 구조가 아니라 의미를 파악해 자연스러운 한국말로 바꾸어야 하며, 주어를 그대로 주어로 옮기는 경우 어색한 우리말 표현이 될 수 있다. 이 이외에도 아래의 경우처럼 영어는 행위자인 사람이 아닌 다른 대상이 주어가 될 수 있다.

(15) 사물주어가 나타나는 또 다른 경우

a. 의인화 (Personification)

Seoul is windy.

서울은 바람이 많이 분다.

His sincerity frightened the students.

*그의 성실성이 학생을 놀라게 했다.

b. 수동태 (Passive construction)

The bear was killed.

?곰이 죽임을 당했다.

c. 비인칭주어 (Impersonal subject)

It is Friday, today.

*그것이 오늘 금요일이다.

물론 의인화의 경우, 우리말에서도 사물주어가 많이 사용되는 것이 사실이지만 대부분 "이 학교는 영어를 잘 가르친다"에서 보듯 대체로 장소나 시간이 의인화된다. (15a)의 두 번째 예에서 보이는 추상명사와 같은 경우는 시적인 표현으로 나타날 수는 있으나 일상 언어로는 부자연스럽다. 그리고 국어는 '이, 히, 리, 기, 우, 구, 추'와 같은 접미사가 첨가된 수동형이 많이 쓰이지만 '~을 당하다'라는 표현으로 수동태를 만드는 경우 실질적으로 비속어로 받아들여질 위험이 있어 수동태 사용 시에 유의해야 한다. 무엇보다도 영어는 반드시 주어가 있어야 하며, 주어자리가 비어 있는 경우는 일기문이나 명령문과 같이 제한된 경우에만 나타난다. 따라서 주어가 필요한 경우 형식주어로 알려진 'it'을 사용하는 예가 많은데 이에 대응하는 우리말 어휘가 없다. 따라서 이 경우는 시간, 장소 등 문맥에 따라 적절한 주어를 택해야 자연스러운 한국말이 된다. 이상으로, 우리말에서는 주어를 선택하는 문제가 영어처럼 자유롭지 않으며, 사람, 동물, 장소, 시간 정도가 주어가 될 수 있다는 것과 의인화가 영어처럼 풍부하지 않음을 살펴보았다. 통·번역사로서는 이러한 국어의 특징을 염두에 두어 영어의 주어를 부사구로 처리하는 편이 더 추천할 만하며, 주어 대 주어로 옮기려는 행위는 사물 주어의 경우 매우 조심해야 한다.

한편, 무생물이 주어로 등장할 때 이는 의미상 원인이나 이유에 해당되는 경우가 많은데, 이를 한국어로 번역할 때 부사구나 부사절을 이용하는 것이 적절하다.

(16) 무생물주어의 한국어 번역 (문용 1999, 47-48)

a. 원인: His beard makes him look older by 5 years.
그는 턱수염을 기르기 때문에 다섯 살은 더 늙어 보인다.

b. 이유: Her illness kept her in hospital for 6 weeks.
그녀는 병 때문에 6주간 입원했다.
(그 부인은 아파서 6주 입원했다.)

c. 조건: These glasses will enable you to see better.
이 안경을 쓰면 더 잘 보일 겁니다.

d. 목적: What has brought you here?
무슨 일로 이곳에 오셨습니까?

e. 수단: His writings bring him $17,000 a year.
그는 글을 써서 1년에 17,000불을 번다.

(16)은 영어와 한국어가 단지 주어선택에서 차이가 나는 것이 아님을 보인다. 영어의

주어, 즉 명사구를 우리말로 풀어 보면 대다수 절로 표현되는 것을 볼 수 있다. 우리말에서는 행위자를 주어로 하는 문장 표현이 많은 반면에, 영어는 행위자가 아닌 주어를 사용하며 절(문장)이 아닌 명사구로 표현한다. 이같이 한국어의 절표현과 영어의 구표현은 서로 밀접한 관련이 있음을 알 수 있다. 4.2에서 보다 자세히 논하기로 한다.

요약해 보면, 영어와 국어의 두드러진 단어 문법적인 차이에 해당하는 대명사, 속격, 복수, 진행형 그리고 사물주어는 국어에서는 최대한 자제해야 자연스러운 문장이 된다. 이를 피하는 방법은 여러 가지가 있겠으나, 가장 간단하고 명확한 방법은 위에서 지적한 다섯 가지의 표현이 나타나면 일단 지워보는 것이다. 대부분의 경우 '들'이나 '의'를 지워서 더 어색해 지는 경우는 없을 것이다. 대명사는 '그녀,' '그들' 대신 실제 지칭하는 바를 넣어주고 '~고 있다'는 '~ㄴ다'로 바꾸면 해결된다. 자연스러운 한국어 형식을 파괴하면 시적인 언어요 문학적인 언어를 만들 수 있는 것이 사실이지만, 이러한 파괴가 많아질수록 우리말 표현은 그만큼 부자연스러워진다는 점을 인지해야 한다.

4.2 구 문법적인 특성

이제 단어, 문장과 아울러 구의 문법적 특징에서 차이가 나는 부분을 살펴본다. 십계명 중 제6계명과 7계명에서 과두 명사구를 피하고 군동사를 유념하라고 조언했다. 이 또한 영어와 한국어가 대조를 이루는 부분이다.

영어에서도 과두 명사구(Heavy NP)를 피하는 경향이 있지만 우리말은 특히나 더 심하다. 과두 명사구란 주어나 목적어 자리에 있는 명사구가 전위 수식을 받아 길어지게 되는 경우, 특히 의미적으로는 문장으로 풀어 설명해야 할 부분이지만 문법적으로는 동사가 없는 구로 나타나는 경우를 칭한다. 설명을 돕기 위해 다음의 예를 보자.

(17) 주어자리에 있는 명사절과 명사구
  a. 국가의 과도한 경제 불안이 전쟁을 초래했다.
  b. 국가경제가 극심하게 불안정해진 나머지 전쟁이 발발했다.

(17a)와 (17b)는 같은 내용을 나타내지만 (17a)에서는 구의 형태를 지닌 주어를 사용했고 (17b)에서는 주어부분을 문장으로 풀어썼다. (17a)는 우선 속격을 사용해 표기했다는 것이 일차적으로 번역투로 보이는 원인이지만 그와 더불어 주어자리에 긴 명사구(Heavy NP)가 있다는 것도 번역문처럼 느끼게 하는 원인이 된다. 과두 명사구를 문장으로 환원하면 (17b)와 같은 문장이 되는데, 우리말의 자연성을 고려하면 (17a)보다는 (17b)가 더 자연스럽고 이해가 쉬울 것이다. 이러한 차이가 나는 근본적인 원인은 영어와 우리말이 형태론적으로 다른 유형에 속하기 때문이다. 언어를 형태적 유형에 따라 분류하면 다음과 같다.

(18) 형태론적 유형론 (Katamba 1994, 45-48)

a. 고립어 (Isolating language): 영어, 중국어, 베트남어
 구와 문장이 유사함

b. 교착어 (Agglutinating language): 한국어, 터키어, 스와힐리어
 구와 문장이 대별됨

c. 굴절어 (Inflectional language): 라틴어
 구와 단어의 구별이 모호함

d. 포합어 (Polysynthetic language): 에스키모어
 구, 단어, 문장의 구별이 모호함

(18)의 분류에 따르면 영어는 기본적으로 베트남어, 중국어와 같은 고립어(isolating language)이며 국어는 일본어, 스와힐리 등과 같은 교착어(agglutinating language)이다. 고립어는 합성(compounding)을, 교착어는 파생(derivation)을 통해 단어를 만든다. 고립어는 절과 구가 동일한 모습을 보이는 경우가 많으며, 절보다는 구를 선호하는 경향이 있다. 예를 들어 영어의 경우 "The book which is on the table"에서처럼 문장으로 수식을 하기보다는 "The book on the table"과 같이 구로 수식하는 것이 더 흔하고 자연스러운 표현이다. 이러한 특징으로 인해 생략현상이 많이 나타나는데 관계대명사와 후행 동사가 탈락하는 경우, 종속절을 분사구문으로 만드는 경우, 동명사를 사용하는 경우, 그리고 명사화 변형(Nominalization, Chomsky 1970 참조)

을 사용하는 경우이다. 이를 통해 실질적으로 문장보다는 구를 선호한다는 것을 알 수 있다.

이처럼 고립어는 구를 중심으로 한 표현을 주로 사용하는 반면, 교착어는 활용과 곡용을 통해 절을 중심으로 한 표현을 주로 사용한다. 즉 영어는 구가 표현의 기본 단위(basic mode of expression)이지만 국어는 절이 표현단위라는 것이다. 따라서 영어의 구는 국어로서는 절로 풀어야 더 자연스럽다. 다음 예를 관찰해 보자.

(19) 영어번역 예시

a. We need pay-raise for the workers.
 1. 근로자를 위한 봉급인상이 필요하다.
 2. 근로자를 위해 봉급을 인상해야 한다.

b. There are many books on the table.
 1. 책상 위에 많은 책이 있다.
 2. 책상 위에 책이 많다.

c. Increased unemployment will lead to sagging economy.
 1. 증가된 실업이 침체된 경제를 낳는다.
 2. 실업이 늘면 경제가 침체된다.

d. Our proposal is against any sudden change.
 1. 우리의 제안은 어떤 급작스런 변화도 반대한다.
 2. 우리가 제안하는 바는 너무 급하게 변화를 추구하지 말자는 것이다.

(19)의 예에서 보듯 처음 것은 번역투가 나오지만 두 번째 것은 의미전달에 어려움이 없다. (19d)의 경우, 주어를 나타내는 속격 '의'가 쓰였으며 (19c)는 분석형 수동태 '~되다'가 들어 있음을 알 수 있다. 이처럼 영어가 지닌 특징이 번역투로 국어에 스며들수록 자연성이 떨어진다.

이러한 특징은 국어를 영어로 바꿀 때에 활용할 수 있다. 국어의 내포문절로 나타난 표현을 영어로 옮길 때에는 관계사절보다 명사구를 쓰는 것이 더 자연스럽고 간편하다. 다음의 예를 관찰해 보자.

(20) 국어번역 예시

a. 정부가 지원하는 사업

1. The project that the government supports
2. The government-supported project

b. 경제를 고양 시키는 정책

1. Measures that boost economy
2. Economy-boosting measures

c. 거리에서 싸우는 행위

1. The fight which takes place on the street
2. Street-fighting

명사구 표현은 자연스러운 영어를 위해 반드시 익혀야 할 부분이다. 복합명사는 수동문장과 아울러 오늘날 영어의 양대 특성이기도 하다. 더구나 어순을 살펴볼 때 (20)의 예는 국어와 어순이 유사함을 알 수 있다. 국어의 절을 영어의 절로 옮길 때에는 어순이 바뀌지만 국어의 절을 구로 전환하는 경우 실제로 어순이 같아 매우 편리하다. 이런 부분은 시간압박이 심한 문장구역과 동시통역에서 매우 유용한 기술이며, 통역과 번역에 널리 응용할 수 있다. 따라서 국어의 절과 영어의 구를 연결시키는 구조훈련을 결코 간과할 수 없다.

구 문법적인 두 번째 특성은 영어는 군동사가 매우 발달해 있다는 점이다. 군동사란 간단한 동사와 다른 단어가 결합되어 실질적인 의미가 아닌 수사적인 의미를 지니는 동사를 말한다. 군동사는 문법학자와 형태론자들이 관심을 가지고 연구한 분야이기도 하며, 다른 용어로는 이어동사(two - word verbs), 구동사(phrasal verbs) 등으로 불리기도 한다. 이러한 군동사는 실제로 일상의 용어로 많이 나타난다. 다음의 예를 보자.

(21) 군동사 표현

a. He went into the box.

b. He went into the problem.

(21a)에서는 'go into'가 '~속으로 들어가다'의 의미인데 (21b)에서는 실제로 들어갈 수 있는 대상이 아닌 'the problem'이 나와 있다. 따라서 이 경우는 상징적인 의미로, '문제 속으로 들어갔다'는 말은 문제를 조사하고 살펴보았다는 의미로 보아야 한다. 이렇게 해서 'go into'가 타동사 역할을 하는 군동사로 발전하게 되는데 이런 양상이 영어의 동사에 많이 발견된다. 이는 제10계명과 연관하여 영어가 본질적으로 은유의 언어라는 데서 비롯되는 것인데 이를 무시하고 우리말로 옮기는 경우 문제가 될 수 있다. 우리말 표현에는 군동사적인 표현이 드물기 때문에 영어로 옮길 때에도 어려운 한 단어 동사를 찾아 쓰려는 경우가 많다. 하지만 영어는 평범한 글일수록, 그리고 회화체의 문투일수록 한 단어로 된 동의어보다는 기본 동사를 활용한 군동사를 선호하기 때문에 영어로 옮길 때에는 기본동사를 활용한 군동사표현을 적절히 해야 한다.

4.3 문장 문법적인 특징

본 절에서는 문장 문법상 영어와 국어가 크게 차이가 나는 수동태와 주어선택과 일치에 대한 논의를 한다. 수동태는 합성어 생성과 더불어 오늘날 영어의 양대 특징을 이루는 것으로 논문이나 기술보고서 등에 많이 나타난다. Biber 외(1999, 476)에서는 학계보고서의 25%가 그리고 신문지상의 기사의 15%가 수동태로 쓰인다고 관찰했다. 반면에 국어에서는 행위자를 주어로 하며 사물주어를 피하려는 경향이 강하므로 수동태가 매우 제한적으로만 나타난다.

국어도 '이, 히, 리, 기'와 같은 접미사를 통해 수동형(피동형)을 나타낼 수 있다. 이러한 접사형 수동형은 매우 자연스러운 한국어이다. 다음에 접사형 피동형(affixal passive)을 간단하게 예시한다.

(22) 접사형 피동태 예시

a. 보이는 대로 그리도록 하여라.

b. 도둑이 잡히지 않았다.

c. 밧줄이 저절로 풀리다.

d. 전화가 끊기다.

여기서 알아두어야 할 사실은 이러한 선어말 어미는 단지 수동태를 만드는 것이 아니라 사역형을 만드는데도 그대로 사용된다는 것이다(남기심, 고영근 1985, 294 참조). '보이다, 잡히다, 업히다, 끌리다' 등과 같은 형태는 피동형이며 동시에 사동형으로도 사용되며, '주다, 받다, 배우다, 참다, 돕다, 바라다, 만나다' 등과 같은 단어는 수동형으로 사용하지 않는다. 분명 우리말에는 수동태가 존재한다. 접사형 수동형은 매우 널리 사용되며 특히 언어를 자연스럽게 만들기 위해 필요한 것이다. 단지 요즈음 들어 영어의 문장 구조가 그대로 드러나는 '~당하다, ~받다, ~지다, ~되다'와 같은 분석형 수동태(analytic passive)가 우리말을 어색하게 만든다는 것이다. 즉, 남기심, 고영근(1985)에서 수동형이 안 되는 것으로 분류했던 동사가 분석형 수동태를 활용해 '*배움을 받다,' '*받음을 당하다'와 같이 어색한 표현을 만들어 내는 부분을 조심해야 한다는 것이다. 추가적으로 다음의 예를 보자.

(23) 영어 수동 구문의 번역 실례

a. Man was created by God.
?인간은 하나님에 의해 창조되었다.
(인간은 하나님이 창조하셨다.)

b. The house was built by the students.
?그 집은 학생들에 의해 지어졌다.
(그 집은 학생들이 만들었다.)

c. The bear was killed with a bullet.
?곰이 총알로 죽임을 당했다.
(곰이 총에 맞아 죽었다.)

d. The library will be used by the towners.
?그 도서관은 마을사람들에 의해 쓰임 받을 것이다.
(그 도서관은 마을 사람들이 이용할 것이다.)

(23)의 예에서 보인 바와 같이 영어 수동태는 국어로 그대로 옮겨 놓으면 '번역투'로 변하여 이해도를 떨어뜨린다. 통·번역사는 이해도를 높이기 위해 영어의 수동태를 국어에서는 능동태로 바꿔 메시지를 바로 이해할 수 있도록 도와야 한다. 이를 위해

서는 분석형 수동태를 최대한 자제하는 것이 좋다.

그러면 영어의 수동문을 어떻게 옮겨야 하는가? 앞서 우리말은 무생물 주어를 꺼린다는 것을 언급했다. 그러므로 영어에서 무생물이 주어가 되는 경우, 우리말로는 사람주어로 바꿔 옮긴다. 물론 이 주어는 반드시 명기할 필요가 없다. 따라서 영어의 수동태를 한국어로 번역할 때는 주어를 생략한 능동형을 사용하는 것이 자연스럽다. 다음의 예를 보자.

(24) 영어의 수동태 번역 시 생략

a. English and French are spoken in Canada.
   캐나다에서는 영어와 불어를 쓴다.

b. Your earliest reply will be appreciated.
   조속히 답장을 보내주시면 감사하겠습니다.

예문 (24a)의 경우는 주어가 일반인이기 때문에 영어로 피동형을 썼는데, 이를 한국어로 번역할 때 굳이 피동문을 만들 필요 없이 그저 주어를 생략하면 된다. 예문 (24b)는 상업적인 목적의 서한문인데 편지를 보내는 측을 드러내지 말아야 상대방의 호감을 얻을 수 있을 때 이와 같이 피동형을 사용한다. 이를 한국어로 번역할 때에는 (24)와 마찬가지로 주어를 생략함으로써 영어의 피동형을 대체할 수 있다. 과학 논문도 객관성을 드러내기 위해 필자를 내세우지 않으려고 피동형을 선호하는 경향이 있는데, 이 경우 한국어로 번역하는 방법은 (24b)와 유사하다.

문장 문법상 영어와 우리말이 대조를 이루는 또 다른 측면은 주어를 사용하는 데 있다. 영어문장은 반드시 주어가 있어야 한다. 다만 명령문일 경우 주어를 명기하지 않아도 될 뿐이다. 그 외에는 생략이 되는 경우가 드물다. 정호영(1981, 593)은 영어에서 주어가 생략되는 경우를 다음과 같이 정리한다.

(25) 영어에서 주어가 생략되는 경우

a. 명령문
   (You) Stand up!

b. 일기문

(I) Went to church with my friend today.

c. 상업문

(We) Received your mail.

d. 관용어구

(I) Thank you.

(You) Had a good time, did you?

(It) Doesn't matter.

(25)에서 보듯, 영어에서 주어를 생략하는 경우는 잘 알려진 대명사 'You,' 'I,'' It'에 지나지 않는다. 그 외에는 반드시 주어가 있어야 하고 주어가 없는 경우는 형식주어라도 넣어 문장이 요구하는 주어자리를 충족시켜야 한다. 하지만 우리말에서는 "주어가 없는 문장이 많이 쓰인다. 말하는 이와 듣는 이가 함께 주어가 무엇인지 알면 흔히 주어를 생략한다(남기심, 고영근 1985, 26)." 더구나 주어를 생략하는 관행으로 인해 국어에는 주어가 무엇인지 표기할 수 없는 문장도 많이 보인다. 남기심, 고영근에서 발췌한 다음의 예를 보자.

(26) 주어가 없는 국어문장

a. 저 들판에는 사슴이 뛰놀고 있을지도 모른다.

b. 그리로 가시면 안 됩니다.

c. 길이 넓어서 편하군요.

d. 노인을 존경할 줄 알아야 한다.

위의 문장은 경우에 따라 주어가 무엇인지 알 수 없고, 또 주어를 알 수는 있지만 그러한 주어를 명기할 경우 외려 어색한 우리말이 된다. 이런 문장을 영어로 옮기려 하면 먼저 주어를 파악하는 훈련을 해야 할 것이다. 하지만 영-한 통역에서는 주어를 일일이 옮기면 오히려 어색한 문장을 만들게 된다. 특히 문장 내에서 동일주어가 반복될 경우 이를 생략해야 우리말이 자연스럽다. 다음의 예를 보자.

(27) 주어생략 예시

a. *나는 피곤해서 나는 집에 있었다.

b. *나는 어제 내가 빌린 책을 읽었다.

동일 주어를 중복해서 사용할 경우 (27a)에서 보듯 받아들이기 힘든 문장이 된다. 따라서 한-영 번역에서는 적절한 주어를 정하여 영어답게 만드는 훈련이, 그리고 영-한 번역에서는 주어를 생략해 자연스러운 우리말 표현을 하는 훈련이 필요하다.

(28) 영어번역 예시

a. We do not expect our problems will be solved soon.
문제가 쉽게 해결되지 않을 것이다.
문제를 쉽게 해결할 수 있을 것 같지 않다.

b. One must learn to get up early in the morning.
일찍 일어나는 습관을 길러야 한다.
아침에 일찍 일어나도록 해야 한다.

c. It is too expensive.
너무 비싸군요.

영어는 주어가 있어야 하며, 그 주어와 다른 문장요소가 일치를 보인다. 주어-동사, 주어-보어 그리고 주어-주어 일치(agreement)가 있어야 한다는 것은 잘 아는 사실이다. 하지만 (28)을 보면 우리말로 옮기는 경우 주어를 표기하지 않는 것이 자연스럽다. 그런데 영어를 한국어로 바꾸는 경우에는 큰 문제가 안 되겠지만, 한국어를 영어로 옮기는 경우에는 심각한 문제를 일으킬 수 있다. 국어에 없는 주어를 복원하거나 삽입해야 하고 이렇게 들어온 주어가 다른 문장구성성분과 일치를 해야 한다는 것이 조심스러운 부분이다. 다음의 예를 보자.

(29) 국어번역의 오류

a. 네가 첩자라고 생각한다.
*Think that you are a spy.

b. 방에 들어가니 그가 자고 있었다.
*Entering the room, he was sleeping.

(29a)와 같은 실수는 아마 드물 것이라 본다. 우리말에 주어가 없다고 그냥 주어 없이 쓸 수는 없는 노릇이 아닌가. 하지만 (29b)와 같은 실수는 종종 눈에 띈다. 방에 들어간 사람과 자는 사람이 같은 사람이 아니다. 이렇듯 우리말에서는 주어가 일치하지 않아도 생략을 할 수 있다. 반면 영어는 주어가 반드시 있어야 할 뿐 아니라 그 주어가 문장의 다른 구성성분과 조화를 이루어야 한다는 까다로운 조건이 있다. 그러므로 복잡한 문법성을 보이는 영어를 우리말로 옮기는 경우는 어려움이 없을 것이나 국어를 영어로 옮기는 경우는 주어진 정보에 나타나 있지 않은 주어를 회복하고 회복된 주어가 다른 품사와 성, 수, 격, 시제, 인칭에 있어 일치를 보여야 영어청자로서 의미를 명확히 이해할 수 있다.

4.4 의미론적 특징

영어와 국어가 대별되는 또 다른 영역으로 십계명 10항에서 지적한 의미론적 측면이 있는데 이는 영어의 수사적 의미 또는 은유에 관한 것이다. 영어는 수사적인 의미가 매우 발달해 있다. 또한 은유체계도 매우 광범위하여 "A is B"의 형태를 지닌 표현이 많으며 이러한 표현이 일상생활에서 많이 나타난다.

(30) "A is B" 형태의 은유표현
a. Argument is war. (논쟁은 전쟁이다.)
b. Life is a journey. (인생은 나그네길.)
c. English is a Monster. (영어는 괴물이다.)

Lakoff & Johnson(1980)은 "A is B"의 형태를 지닌 은유를 개념적 은유이론이라 칭했다. 한 영역에서 다른 영역으로 연결을 시켜 만들어 내는 표현인데 대체로 A에 해당하는 부분은 추상명사이고 B에 해당하는 것은 실세계에 지시어가 있는 구체적인 대상이다. Lakoff & Johnson(1980, 5)은 "은유의 본질은 하나의 사물을 다른 사물의 영역에서 이해하고 체험하는 것"이라고 정의했다. 즉 하나의 개념을 그 개념과 사뭇 다른 개념을 통해 이해할 수 있는 체계를 말하는 것이다. 영어는 이러한 은유체계가 매우 발달해 있다. 한마디로 우리말과 달리 영어는 은유의 언어이다. (30)의 우리말은 무언가 결연하고 추상적이며 시적인 느낌이 있는 표현이다. 하지만 영어로 쓴 은유는 실로 일상생활에서 흔하게 찾아볼 수 있는 표현이다. 이렇듯 은유가 발달하다 보니 "A는 B이다"라는 은유에서 끝나지 않고 이차 은유로 발전한다. 다시 말해서 "A is B"를 중심으로 은유가 확장되어 간다. (30a)에서 이야기한 "Argument is war"을 확장하면 다음과 같은 표현이 가능하다.

(31) 은유 확장

Argument is War. (Lakoff & Johnson 1980, 4 참조)

a. Your claim is indefensible.

b. He attacked every weak point in my argument.

c. His criticism is right on target.

d. I've never won an argument with him.

e. He shot down all my argument.

(31)에서 보듯 일단 논쟁이 전쟁과 같은 것으로 판단되면 전쟁용어 일체가 논쟁에 있어서도 적용될 수 있다. 이러한 은유확장이 영어가 지닌 두드러진 의미 특성이다. 물론 국어에도 은유가 있다. 하지만 일반적으로 은유적 표현은 일상언어라기보다는 시적인 언어로 간주된다. '인생은 나그네길,' '인생의 맛과 멋' 등과 같은 은유는 일상적인 대화보다 연설문이나 문학 강연에서 더 자주 들음직하다. 이러한 말이 형식적인 표현에 쓰이는 경우는 "인생은 나그네 길과 같습니다," 또는 "인생은 나그네 길이라고 합니다" 등과 같이 직유를 사용하거나 인용을 하는 것이 일반적이다.

Lee(1982, 17-18)는 통역사가 늘 조심해야 하는 것이 숫자와 관용어구(idiom)라고 지적했다. 여기서 관용어구란 사실상 문화에 기초한 은유적인 표현이 화석화되어 고정된 상투적 문구로 사용되는 것을 뜻한다. 다음의 관용어구를 살펴보자.

(32) 관용어구 표현

a. He finally kicked the bucket yesterday.
그는 어제 끝내 운명했다.

b. We still have a bone to pick with each other.
분쟁의 불씨가 아직 남아 있다.

c. Tom and I decided to bury the axe.
탐과 싸우지 않기로 했다.

d. Your suggestion is a pill to cure the earthquake.
너의 생각은 실현가능성이 없다.

e. They cannot simply sweep things under the carpet.
감춘다고 해결되는 것이 아니다.

이와 같은 은유적인 표현을 그대로 국어로 옮기면 담겨있는 메시지를 손상시킬 위험이 많다. 따라서 은유적인 표현은 유사한 의미를 지닌 국어표현으로 바꾸어야 하는데 이를 찾지 못한다면 직유 표현을 쓸 수도 있다. 즉 (32d)의 경우 "당신의 제안은 지진을 치료하는 알약입니다."라는 해석보다는 "그 제안은 알약으로 지진을 치료해 보려는 격입니다."라고 바꿀 때에 부담 없이 이해할 수 있다.

이처럼 은유적 표현과 관용어구(idiomatic expression)가 많은 데에는 영어단어가 언어학적인 일차적 의미 외에도 환유적인 확장(metonymic expansion)을 통해 수사적 의미(figurative meaning)를 지니기 때문이다. 사실상 4.2에서 이야기한 군동사도 군동사를 구성하는 언어적인 의미 결합이 아니라 그 전체가 수사적으로 확장되어 쓰인 것이다. 이를 보다 구체적으로 이해하기 위해 영어문장의 'go'가 포함된 수사적 표현의 예를 관찰해 보자.

(33) 'go'의 수사적 의미 (Whitford & Dixon 1983, 59-61 참조)

a. The conference went without interpreters.

b. He went on making same mistakes.

c. The committee decided to go into the problem.

d. The bomb went off all of a sudden.

e. The food went bad.
f. If you want it, go for it.
g. The light went out 10 minutes ago.
h. If I don't get your answer by tonight, I will go public with it.
i. I am looking for a man who goes by the name of Smith.
j. I will go easy on you this time.
k. Don't worry. We have enough food to go around.
l. The prisoner promised that he would go straight.
m. This shirt goes well with your pants.
n. Let's go over the problem again.
o. His business is on the go.
p. His business went under.
q. You will have to go through the adversity.

(33)의 예는 여기서 끝나지 않는다. 기본동사와 다른 전치사가 결합해 만든 군동사는 생산성이 매우 높으며 이러한 결합 대부분이 고유의 의미를 지닌다. 이러한 점에서 영-한 통역사는 은유와 관용구를 경시해서는 안 된다. 앞서 지적한 바와 같이 숫자와 더불어 은유와 관용구는 통역사가 정복해야 할 마지막 관문이다.

따라서 영-한 번역을 할 경우 영어의 풍요로운 수사적 표현을 어떻게 적절하게 한국어로 옮겨 의미를 보존할 수 있는지를 탐구해야 한다. 영어 은유를 또 다른 한국어 은유로 바꾸어 표현하면 잘 어울릴 수 있지만, 영어 은유가 우리말보다 더 폭이 넓고 풍부하기에 한국어로 담아 낼 수 없는 경우도 있다. 물론 비유법이 아니고도 국어에서 등가의미를 지닌 어휘를 선택할 수 있는 여지가 있다면 이를 사용해야 할 것이다. 그러나 그렇지 못한 경우에는 직유표현으로 바꾸거나 인용문 형태를 사용해 우리어법에 맞는 표현으로 의미를 담아내야 한다. 한편 한-영 통역을 할 때에는 국어로 쓰인 어려운 단어를 영어단어로 대응시켜 문장을 복잡하게 만들기보다는 영어에서 주로 쓰이는 군동사 표현, 수사적 표현 그리고 은유적 표현을 적절히 활용해야 자연스러운 영어표현이 가능하다.

본 장에서는 통역과 번역이 결국 TT로 평가된다는 사실에 역점을 두어 보다 자연스러운 도착어를 위해 조심해야 할 부분에 대해 집중적으로 알아보았다. 통·번역사는 출발어와 도착어의 언어표현방식을 숙지하여 출발어의 단어, 문법, 구, 의미체계가 그대로 전사되어 도착어가 어색해지는 경우를 최대한 줄여나가야 한다.

먼저 단어표현에서 영어와 한국어가 큰 차이를 이루는 대명사, 속격, 복수형, 진행형을 논의했다. 영어는 대명사가 발달해 종류도 다양하며 중요한 문법적인 역할을 하지만 국어는 대명사의 수가 적으며 '그녀,' '그들,' '그것' 등 특히 3인칭을 나타내는 대명사는 드물게 쓰인다. 속격의 경우도 영어에는 다양한 의미가 있으나 국어는 매우 제한적으로만 허용한다. 복수형을 표기하는 방식도 국어는 주로 양화사를 빌어 사용하며 영어의 복수를 그대로 옮긴 '~들'이란 표현이 어색하다. 진행형도 영어에는 다양한 의미가 있지만, 국어는 주로 진행 중인 동작, 또는 이미 이루어진 동작이 일시적으로 유지되는 경우를 나타낸다. 이러한 두드러진 차이를 무시하고 번역, 통역에 임하면 출발어의 구조가 도착어에 반영되어 어색한 번역투를 만든다.

구문법적인 측면에서 영어는 주로 구를 사용하고 국어는 절을 사용해 개념을 표기하는데, 이러한 이유로 영어의 구는 국어의 절로 바꾸며 또 국어의 절은 가능한대로 영어의 구로 변환해야 자연스럽다. 또한 영어는 은유가 생활화되어 있고 군동사를 많이 사용한다. 이러한 군동사는 은유와 아울러 영-한 번역을 어렵게 만드는 요인이다. 절에 있어서도 국어는 수동태를 잘 사용하지 않으며 수동태가 되지 않는 동사가 많다. 하지만 영어는 동작성이 있는 타동사가 수동태로 쓰이는 경우가 날로 늘어간다. 그리고 주어선택에 있어서도 영어는 국어보다 매우 자유롭다. 또한 영어는 은유적 표현을 일상적으로 사용하는 반면 국어는 시적인 표현으로 받아들인다.

이 10계명은 영-한, 한-영 통·번역을 수행하는 데 있어 번역투를 최대한 줄이고 또 자연스러운 도착 텍스트를 만들기 위해 통·번역사들이 잘 인지해야 하는 내용이다. 이러한 차이점은 절대적이라기보다는 상대적이다. 즉 국어로 표기할 때 대명사, 속격, 구표현, 은유 등을 절대적으로 사용하지 말라는 말이 아니다. 본 장에서 언급한 10가지 요인은 국어를 복잡하게 만드는 것이므로 한 문장 내에 이 같은 요인이 많으면 많을수록 국어표현이 어색해진다. 이들은 독립적인 것이 아니라 서로 연결되어 있다. 즉 국어가 분석형 수동태를 사용하지 않는다는 것은 결국 사물주어를 피한다는 내용과 연결되며 속격 '의'를 피하려는 경향이 구보다 절을 선호하는 현상과 유기적으로 연결되어 있음을 알 수 있다.

제5장

자연스러운 영어로 옮기기

앞 장에서는 자연스러운 한국어로 번역하기 위해 염두에 두어야 할 10계명을 살펴보았다. 요약해 보면, 두 언어의 표현양상을 비교할 때 단어선택, 구, 문장, 의미에서 각각 차이가 나는 것을 볼 수 있다. 더 구체적으로 말하면, 자연스러운 한국어를 위해 영어에서는 많이 쓰이지만 우리말에서는 쓰이지 않는 부분을 관찰해 이 부분이 우리말로 그대로 옮겨지지 않도록 조심해야 한다는 것이다. 이를 도식화 하면 다음과 같다.

(1) 영어와 한국어 표현 차이와 자연성

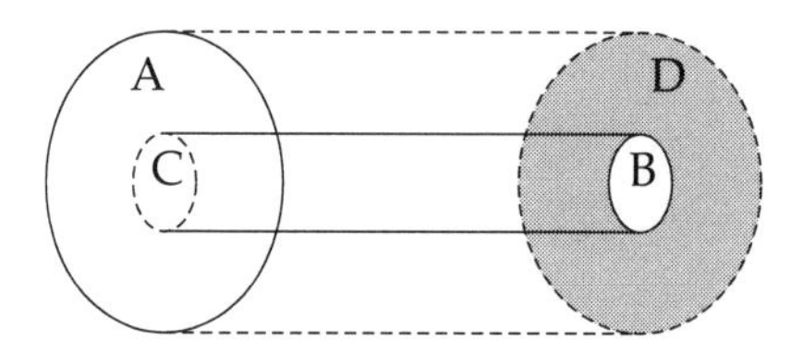

i. 영어의 표현형태　　　ii. 국어의 표현형태

(1)의 그림은 영어에는 상당히 많이 쓰는 어떤 표현형태가 우리말에서는 사용이 제한적으로 나타나는 경우를 도식화한 것이다. 즉 영어에서는 A의 영역에서 표기한 만큼 어떤 형태가 많이 쓰이는데 우리말에서는 B로 표기한 영역에서처럼 사용범위가 적고 제한적인 경우가 있다. 이해를 돕기 위해 대명사 사용을 예로 든다. 영어는 대명사가 발달해 있고 대명사를 많이 쓴다. 이를 왼쪽의 흰색 큰 원 A로 나타냈다. 반면에 국어에서는 대명사를 오히려 피하는 경향이 있어 대명사 사용영역이 B정도로 영어에 비해 매우 적다. A를 그대로 우리말로 투영시키면 D의 모습이 되는데 여기서 회색으로 표기한 D는 우리말에는 맞지 않는 어색한 표현이 된다. 이 부분이 우리말 표현에 영어의 흔적이 남아서 독자들에게 거부감을 주거나 느낌을 떨어뜨리는 원인이 되는 것이다.

이 그림에서 우리는 영어 자연성에 대한 또 다른 의미를 찾을 수 있다. 국어에서는 B의 범위 정도로 적게 나타나는 것이 영어에서는 매우 광범위하게 나타난다. 그런데 우리말 표현을 영어표현으로 연결시키면 B에 대응하는 C의 영역이 된다. 즉 우리말로 인해 영어의 풍부한 표현형식인 A를 전체적으로 사용하지 못하고 C에 해당하는 부분적인 표현밖에 할 수 없게 된다. 즉 도착어가 영어인 경우 번역자의 사용언어가 제한되어 있어 독자로서는 미숙한 표현이라는 느낌을 받게 된다. 물론 (1)과 반대되는 경우도 있다. 색이나 맛을 표현하는 우리말은 매우 다양하고 풍부한데 비해 영어로 색이나 맛을 표현하는 어휘는 매우 빈약하다. 그래서 우리말의 어감을 영어로 전하기 어려운 경우도 있다. 이런 경우 단순화나 생략을 통해 처리할 수는 있을 것이다. 따라서 영어의 자연성을 이야기할 때 우리는 한국어의 틀에 갇혀 제대로 사용하지 못하는 영어표현이 있다는 것을 인지해야 한다. 즉 앞 장에서 영어와 우리말의 대조적인 차이를 통해 식별해 낸 영어의 특성을 이해하고 자연스러운 영어 텍스트를 생성하기 위한 연습이 필요하다. 먼저 한국어와 대비해 영어라는 언어가 가지는 특성을 정리하면 다음과 같다.

(2) 영어의 대조적 특징
  a. Every sentence has a subject. (Every verb has a subject.)
     Almost anything can come in the subject position.
  b. Passive sentences are used productively.
     This helps the choice of subjects.
  c. Phrasal verbs are favored.
     Phrasal verbs (basic verbs) are higher in frequency.
  d. Compounds and phrases are the basic units of expression.
     It enables us to be flexible with verb choice.
  e. Metaphors are found in everyday use of speech.
     Make a visual presentation of abstract expression.

(2)는 앞 장에서 배운 번역 십계명 가운데 5계명부터 10계명까지의 여섯 개 중에 5계명과 9계명을 묶어 다섯 개로 줄인 것이다. 다만 설명하고자 하는 순서에 따라 나열 순서에 변화가 있다. 5계명과 9계명은 모두 주어에 관한 것으로 이를 (2a)에 표기했다. (2b)는 수동태에 관한 것으로 8계명과 관련이 있는 것이며 (2c)는 군동사에 관한 부분으로 7계명과 연결된다. 또한 (2d)는 영어의 특징인 '구중심의 표현'이 주를 이룬다는 내용의 6계명과 연결되고 마지막으로 (2e)는 영어는 은유적인 언어라는 10계명과 연결된다. 1계명에서 4계명까지의 단어 문법적인 특성도 당연히 고려해야 하겠지만, 이는 영어를 배우는 과정에서 일치와 수식에 관해 충분히 학습했을 것으로 보고 이곳에서 설명하지 않는다. 이러한 특징을 크게 ① 주어선택과 수동표현, ② 군동사와 합성어, ③ 구 중심의 표현, 그리고 ④ 수사적 표현으로 묶어서 하나씩 살펴본다.

5.1 주어선택과 수동표현

먼저, 한국어와 영어의 두드러진 차이 중 하나는 주어의 유무이다. 앞 장에서 살펴본 바와 같이 한국어에서는 주어를 생략하는 것이 허용되며, 청자나 독자는 맥락에 의해 주어를 충분히 유추해낼 수 있다. 그러나 영어에서는 모든 문장에 주어가 명기되기 때문에 주어의 선정이 중요하고 그에 대응하는 동사도 적절히 선택해야 한다. 영어는 우리말과 달리 주어자리에 올 수 있는 표현이 매우 다양하다. 어찌 보면 (2b)의 수동표현 역시도 주어선택을 다양화하는 수단이라 볼 수 있다. 사실상 주어선택은 동사선택과 불가분의 관계에 있다. 그러므로 경우에 따라서는 동사선택이라고 말할 수도 있겠지만 앞 장에서 이야기했듯, 영어는 명사를 중심으로 한 구표현을 사용하고 우리말은 동사를 중심으로 한 문장표현을 사용한다는 점을 상기하면, 주어선택이라는 용어를 이해할 수 있을 것이다. 이를 조금 과장되게 표현하면, "주어만 제대로 잡으면 나머지는 자동적으로 완성된다(If subjects are right, others will follow)"고 할 수 있다. 그렇기에 우리말의 주어가 영어의 주어로 나온다면 (1)의 도표에서 설명한 바와 같이 자연스럽고 풍부한 영어 표현양식을 많이 잃어버린다.

(3) 주어선택의 요소

a. Recover the hidden subject.

b. Get the meaning to choose an appropriate subject.

c. Learn to make sentences with different subjects.

앞 장에서 이야기한 바와 같이 우리말에는 주어가 많이 생략되어 있으며 영어는 주어가 없으면 안 된다. 그러므로 우리말에 명시되지 않는 주어를 찾아내는 일이 중요하다. 다음의 번역예시를 관찰해 보자.

(4) 한-영 번역예시

a. 여기 계시면 안 됩니다.

You are not supposed to be around this place.

b. 노인을 공경할 줄 알아야 한다.
We/You/I/They/One should learn to respect the old.

c. 어제는 집에서 리포트를 검토해 보았다.
I stayed (at) home reviewing my report yesterday.

우리말 독자라면 위의 예문에서 주어가 누구인지를 쉽게 찾아낼 수 있을 것이다. 이처럼 한국어 원문에는 주어가 생략된 문장이 무수히 많다. 영어 독자를 위해 번역사는 명시되지 않은 주어를 밝히되 문맥에 근거해 정확하게 선택해야 한다. 그러나 주어를 선택한다는 것은 단지 숨어있는 주어를 복원해 낸다는 말이 아니다. 글의 리듬을 살리고 가독성을 높이며 글을 읽는 즐거움을 증대하기 위해서는 영어의 표현양상을 고려해, 우리말의 문장형태를 벗어나 영어로 자연스럽게 글을 쓸 수 있어야 한다. 문장을 읽고 그 뜻을 파악해 그 뜻에 대응하는 영어문장을 구성하는 과정에서 핵심이 되는 것이 주어선택이다. 앞서 언급한 바와 같이 영어는 구를 중심으로 한 표현양상을 그리고 우리말은 문장을 중심으로 한 표현양상을 지닌다. 그러므로 우리말의 문장에서 주어를 찾아 영어로 표현하는 훈련이 필요하다.

(5) 우리말과 다른 주어

a. 연일 비가 와서 생산 공정에 차질이 생겼다.
<u>The continuous rain</u> delayed the production.

b. 등록금이 오르면 학교를 떠나는 학생이 많다.
<u>The tuition hike</u> would push many students out of school.

c. 경제가 성장해 매우 부강하게 되었다.
<u>The economic growth</u> brought great wealth to the nation.

이러한 훈련은 통・번역의 자연스러운 영어표현을 위해 필요하다. 우리말의 앞부분에서 주어를 찾아내고 그 주어에 맞는 동사를 연계하여 문장을 만들어 내는 훈련을 통해 우리말의 순서를 따라서 영문을 통역해 내는 과정을 순차적으로 수행해 낼 수 있다. 이 부분은 9장에서 더 자세히 거론하겠다.

세 번째로 (3c)는 영어가 주어선택에 있어 매우 자유롭다는 특징을 반영한다. 평시에 다양한 주어로 문장을 시작해 짜임새 있고 다채로운 스타일을 구현하는 노력이 필요하다. 아래에서는 동일한 한국어 문장이 어떻게 다양한 주어를 가진 문장으로 번역될 수 있는지 보여준다.

(6) 올해는 한미동맹 50주년이다.

a. We have enjoyed (witnessed) 50 years of proud history in the Korea-US alliance.
b. We made a pack on the Korea-US alliance 50 years ago.
c. We had the 50th ceremony for the Korea-US alliance.
d. We celebrated the 50th anniversary of the Korea-US alliance.
e. There was the 50th ceremony for the Korea-US alliance, this year.
f. 50 years has passed since the agreement on the Korea-US alliance.
g. This year marks (is) the 50th anniversary of the Korea-US alliance.
h. This is the 50th year of the Korea-US alliance.
i. The Korea-US alliance has remained solid for the past 50 years.
j. The Korea-US alliance has enjoyed the proud history of 50 years.
k. The Korea-US alliance (has) lasted for the past 50 years.
l. The Korea-US alliance pack went into effect 50 years ago.
m. It has been 50 years, since the conclusion of Korea-US alliance.

(7) 학생들이 공부를 해야 취직을 하지.

a. Study hard to get a job.
b. Study hard if you want to get a job.
c. You (will) have to study hard to be a successful job hunter.
d. Hard work will put you through the job market.
e. Working hard helps you find a job you want.
f. Don't expect to find a job, without studying hard.
g. Jobs are not free. Your hard work pays.
h. Students are advised to work hard to find a job.
i. One cannot get a job, if he fools around.

j. No work, no job.

k. <u>All play (and no work)</u> will get you away from the job.

l. <u>It</u> takes a hard work to get a job opportunity.

우리말로는 하나의 문장이 영어로는 다양한 형태로 옮겨질 수 있다. 이론적으로는 우리말 원문 하나에 대해 대응하는 영어문장이 실로 무한하지만 위의 예시만 해도 충분할 것이며 또 생각하기에 따라서는 다소 어색한 표현도 있을 것이라 본다. 하지만 본질적인 내용은 주어의 자리에는 명사, 대명사, 동명사, 가주어, 존재를 나타내는 there 등 다양한 선택이 가능하다는 것이다. 이러한 본질적인 차이를 외면하고 우리말의 주어를 그대로 영어로 옮긴다면, 그 영어는 매우 제한적이며 풍요롭지 못한 형태가 되어 결국은 자연성을 떨어뜨리고 가독성이나 공감을 저해시킨다. 이제 영어의 또 다른 특징인 수동태(피동형) 구문에 대해 살펴보자. 영어에서는 주로 다음과 같은 상황에서 피동형이 사용된다.

(8) 수동형(피동형)이 주로 사용되는 경우 (문용 1999, 121)

a. Agent가 일반인일 때
English and French are spoken in Canada.

b. Agent가 너무 분명할 때
A doctor must be sent for at once.

c. Agent를 숨기고 싶을 때
Your earliest reply will be appreciated.

d. Agent가 불분명할 때
He was killed in Vietnam.

여기서 agent는 행위자를 말한다. 우리말의 특징은 주어 자리에 행위자를 명시하는 것이지만, 영어는 위에서 언급한 바와 같이 다양한 경우에 행위자를 주어로 하지 않고 목적어를 사용하여 피동형으로 문장을 구성한다. 이렇듯 피동형은 주어를 다양하게 하는 방법으로 사용되는 것을 볼 수 있다. 영어의 수동태는 발전을 거듭하여 'be + pp'의 구조를 지닌 형태 중에서 pp를 형용사로 전용시켜 사용하는 경우도 있다. 이를 영문법에서는 의사수동태(quasi-passive)라 부르기도 하는데, 감정의 변화를 나타내는 다음의 동사구도 의사수동태에 해당한다.

(9) 의사수동태의 예시 (문용 1999, 128-130)

be surprised at	be delighted at	be annoyed about
be worried about	be disappointed in	be interested in
be scared of	be pleased with	be disgusted with

사실상 위에 의사 수동태로 예시한 과거분사는 비교급/최상급이 가능한 표현으로 보아 분사형용사라고 칭하기도 하는데 이러한 형태가 의미상 약한 피동성을 나타내어 수동태의 형식을 더 다양하게 한다. 아래 예를 보자.

(10) 분사형용사(의사수동태)의 사용 예
  a. 언어학이 재미있습니다. (언어학이 나의 관심을 끈다.)
    1. I am interested in linguistics.
    2. Linguistics interests me.
  b. 소식을 듣고 놀랐습니다. (소식이 나를 놀라게 했다.)
    1. I was surprised at the news.
    2. The news surprised me.

위의 예에서 각각의 두 번째 예는 능동문이지만 주어의 의도성이 약하며, 이 문장과 유기적인 관계를 갖는 각각의 첫 번째 번역예시는 피동성이 약하다. 피동의 표현이나 사물주어 표현은 우리말의 주어와는 매우 다른 형태이므로 이러한 구문을 영어로 활용하는 훈련이 필요하다.

5.2 군동사와 합성어

영어의 동사는 구(phrase) 형태로 많이 조합하여 쓰기 때문에 한-영 번역 시 이를 적절히 이용하면 더욱 자연스러운 영문 문장을 완성할 수 있다. 간단한 동사에 전치사나 부사를 결합해 만드는 이 군동사(group verbs)는 구동사(phrasal verbs) 또는 이어동사(two-word verbs) 등의 이름이 있지만 구동사는 주로 동사 + 전치사의 형태를 나타내는 말이며 이어동사란 그야말로 두 단어로 된 동사이다. 그런데 군동사는 전치사 이외의 요소도 결합할 수 있고 또 심지어는 'keep in touch with' 또는 'fall in love with'와 같은 예에서 볼 수 있듯이 4단어까지 결합할 수 있으므로 이어동사도 어울리지 않기에 가장 일반적인 용어인 군동사(group verbs)라는 용어를 사용하기로 한다. 군동사란 먼저 기본적인 동사에 전치사, 부사, 형용사, 명사 등의 조합으로 이루어진다. 흔히 쓰이는 기본 동사에는 다음과 같은 것이 있다.

(11) 군동사를 이루는 기본 동사

go	come	look	get	do
run	turn	fall	stand	take
make	put	pay	lay	have
speak	count	show	lead	find

위에 기본적인 동사 20개를 선정해 올려놓았다. 물론 이외에도 군동사를 만드는 데 참여하는 동사가 있는 것이 사실이지만 실상 우리가 늘 쓰는 군동사는 처음 세 줄에 나오는 15개 정도이다. 먼저 우리는 군동사와 일반 동사를 구분할 수 있어야 한다.

(12) 군동사와 일반동사

a. He looked into the box. (일반동사)
그는 박스 속을 들여다보았다.

b. He looked into the problem. (군동사)
그는 문제를 조사했다.

위의 예시를 보면 동일한 'look into'로 된 구성성분이 보이지만 (12a)의 경우는 일반동사이고 (12b)의 경우는 군동사이다. 즉 첫 문장은 자동사 'look'뒤에 'into the box'라는 부사구를 결합한 문장으로 전통적인 구문 분류에서는 이를 1형식으로 구분한다. 하지만 (12b)의 경우는 'look into'가 하나의 군동사를 이루어 이 군동사가 'the problem'을 목적어로 취하므로 3형식의 문장을 만든다. 처음에는 (12a)의 기본의미에서 수사적 확장을 통해 [들여다본다 → 조사한다]라는 의미가 더해지면서 (12b)에서처럼 'look into'가 하나의 군동사를 이루게 되는 것이다. 이러한 군동사의 특징은 ① 한 단어로 된 동의어가 있으며, ② 수동태가 가능하다. 즉 (12b)의 'look into'는 'inspect'라는 말로 대치할 수 있고, "The problem was looked into by him"과 같이 수동표현이 가능하지만 (12a)는 'look into'를 하나로 묶을 수 없으며 수동태도 가능하지 않다. 이러한 현상은 영어가 은유의 언어라는 특징에서 [동사 + [전치사 + 명사]]의 구조가 수사적 확장을 통해 [[동사 + 전치사] + 명사]의 형태로 재구조화해 탄생한 것이다. 하지만 자연스러운 영어를 논하는 자리에서 군동사를 다루는 것은 군동사가 통・번역에서 차지하는 의미가 크기 때문이다. 군동사의 종류에는 다음과 같은 것들이 있다.

(13) 군동사의 종류

a. 동사 - 전치사

allow for (grant) run into (discover)
go into (investigate) do with (finish)

b. 동사 - 부사

blow up (explode) put off (postpone)
make out (understand) keep up (maintain)

c. 동사 - 형용사

make public (announce) make known (reveal)

d. 동사 - 부사 - 전치사

look forward to (anticipate) do away with (abolish)
put up with (endure) speak well of (praise)

e. 동사 - 명사 - 전치사

take care of (tend) get hold of (captivate)
put an end to (finish) take notice of (recognize)

f. 동사 - 전치사 - 명사

bring to light (reveal) learn by heart (memorize)
keep in mind (remember) put to use (utilize)

g. 동사 - 전치사 - 명사 - 전치사

fall in love with (love)　　　keep in touch with (contact)

군동사는 동사 본연의 의미를 결합하는 것만으로는 그 뜻을 유추할 수 없으며, 이러한 결합이 은유적 확장(metonymic expansion)을 통해 수사적인 의미를 얻게 된다. 군동사를 원문 그대로 분석적으로 해석해 한국어로 옮기면 사랑에 빠지다(fall in love with), 또는 앞을 바라보다(look forward to)에서처럼 국어로 시적인 의미가 통하기도 하지만, '들어가다(go into),' '사랑을 만들다(make love),' '장소를 차지하다(take place)' 등의 경우처럼 의미 파악을 못하게 하거나 아니면 필요 이상으로 문장을 어렵게 만든다. Palmer(1974, 213)는 군동사의 특징은 하나로 된 동의어(one-word synonym)를 지닌다고 관찰했다. (13)의 예에서도 보듯 예로 든 모든 군동사는 한 단어로 된 동의어가 있다. 영어를 우리말로 옮길 때에는 이러한 군동사의 분석적인 의미보다는 이 군동사에 대응하는 동의어의 의미를 파악해 옮겨야 한다. 그렇지 않고 바로 분석적인 의미로 옮겨 놓으면 표현이 어색할 뿐 아니라 의미파악이 어려워진다. 보다 실질적으로 이에 대한 조언을 하자면, 군동사를 이루는 기본동사를 그대로 옮겨서 '만든다, 취한다, 놓는다, 가진다, 간다' 등의 동사를 사용하는 것을 가급적 자제해야 한다. (13)에서 제시한 예 가운데 상당수가 소위 화석화된 의미를 지닌 관용어(idiom)라 해서 이미 전체적인 의미를 알 수 있는 경우가 대부분이지만 영어의 군동사는 그러한 차원을 넘어서 대단한 생산성을 보이며 지금 이 시간에도 끊임없이 늘어간다. 이렇게 군동사가 발달하는 것은 영어가 우리말에 비해 은유적 표현이 매우 풍부하다는 것과 밀접한 관련이 있다. 즉 군동사는 은유적 표현이 일상화되어 있다는 영어의 특징에서 비롯된 것이기도 하다.

앞 장에서는 'go'를 예로 들어 군동사를 예시했으니, 여기서는 'come'이 포함된 군동사를 살펴보자.

(14) come이 들어간 군동사의 예시

a. How did the accident come about?

b. John comes from Florida.

c. Long skirts came in about 20 years ago.
d. In his work, Allen comes in contact with all types of businessmen.
e. Take this hunting knife with you on your trip. It may come in handy.
f. The joke Bill told in an effort to cheer us didn't quite come off.
g. When Henry said that he was the only man in the firm doing his job, I told him to come off it.
h. How are you coming on with your study of English?
i. Time magazine comes out once a week.
j. After sitting there quietly all evening, Matilda came out with the announcement that she was to be married the next day.
k. I didn't know what came over me, but suddenly I felt very faint.
l. After being lost for 10 years, the document finally came to light out of an old attic trunk.
m. One's dream does not always come true.
n. The meals served in most restaurants do not come up to those cooked at home.
o. You can always depend on Holmes to come up with some practical suggestions for increasing sales.
p. It is about time, he comes to his senses and stopped running through his money on the card game.

군동사는 통·번역에 있어서도 매우 유용한 도구가 된다. 군동사의 실질적인 특징은 다음과 같다.

(15) Group verbs와 One-word verbs의 비교

Group verbs are

a. more dynamic in expression,
b. higher in frequency, and
c. broader in meaning.

먼저 한 단어로 된 동사보다 군동사를 쓰는 것이 표현의 다양성과 역동성을 만들어 내는 데 도움이 된다. "He investigated the case"보다는 "He looked into the case," "He stepped into the case," "He went into the case" 등의 표현이 순간순간 미묘한 느낌을 전하는 데 도움이 된다. 이러한 어감의 차이가 군동사를 선호하는 이유이기도 하다. 그 결과 한 단어 동사보다는 군동사의 빈도수가 훨씬 높다. '돌보다'는 'tend'라는 한 단어 동사가 있으나 이보다는 'take care of'가 압도적으로 많이 쓰인다. 더구나 군동사는 그 뜻이 매우 넓다. "He looked into the case"는 그냥 살펴보는 것에서 시작해 깊이 조사하는 것을 다 포함하지만 'investigate'라는 동사는 그 의미가 매우 제한적이다. 특히 통역에서는 의미 영역이 좁은 한 단어 동사를 쓰면 나중에 말을 번복해야 하는 경우나 오해를 일으키는 경우가 있다. 그러나 군동사는 그 의미영역이 넓기 때문에 대화가 진행되면서 조금씩 그 의미를 강화 내지는 세분화해 나갈 수 있기에 통·번역의 훈련에서 군동사를 활용하는 능력은 매우 중요하다. 군동사를 잘 활용하면 통역사와 청중의 소통 시 의미의 미묘함까지 적절히 전달할 수 있다. 아래 예를 보자.

(16) 한-영 번역 예시

그 회의는 통역사 없이 진행되었다.

a. The conference proceeded without interpreters.

b. They did not have interpreters for the conference.

c. The conference went without (the help of) interpreters.

먼저 우리말 자체에서 통역사 없이 진행되었다는 것은 통역사가 있어야 하는데 없었다는 의미인지 통역사가 없어도 괜찮았다는 의미인지가 불분명하다. 그런데 '진행되다'를 proceed라는 한 단어 동사를 쓰니 어쩐지 통역사가 와야 하는데 안 왔지만 그럼에도 불구하고 회의는 계속 진행되었다는 의미를 풍긴다. 그만큼 제한적인 의미를 보인다. 반면에 (16b)는 (16a)보다 더 폭이 넓은 의미를 지닌다. have라는 일반동사를 선택하여 얻은 결과이다. 또한 (16c)의 경우는 우리말에서처럼 통역사가 없어도 됐다는 의미를 포함한다. 더구나 괄호 안에 넣은 help와 같은 보상전략으로[7] 통역사가 없어도 되었다는 의미를 더 분명히 드러낼 수가 있다.

한국인 영어학습자는 사전을 통해 우리말에 맞는 영어 단어를 일대일로 묶어 공부하는 경향이 있으며, 이로 인해 표현력이 제한될 뿐 아니라 엉뚱한 오해를 불러일으킬 소지가 있다. 따라서 군동사를 활용하는 능력을 키우는 것이 매우 중요한 언어 능력의 일부임을 인식해야 한다. 군동사를 잘 활용하면 연사의 말을 통역할 때 유연성(flexibility)을 얻을 수 있으며 청중의 입장에서는 통역사의 말을 이해하는 데 보다 큰 관용성(freedom)이 있어 연사와 청중을 부드럽게 연결시켜 줄 수 있다.

군동사는 동사를 쉽게 표현하는 방법이다. 이와 더불어 합성명사, 합성형용사의 활용이 가능한데 이를 통해 주어 선택의 폭이 넓어지고 통·번역사에게 표현의 유연성을 더해준다. 먼저 명사 하나(government)를 명사구로 확대해 나갈 수 있는 가능성을 살펴보자.

(17) government가 들어간 합성명사

government official
government official payment
government official payment increase
government official payment increase proposal
government official payment increase proposal review
government official payment increase proposal review committee
government official payment increase proposal review committee member

이론적으로 합성명사의 길이는 무한하지만 실제로는 3 단어 이상을 쓰는 경우는 드물다. 합성어 생성은 고립어의 특징으로 영어에서 빈번하게 나타나며 그 활용도가 높다. 한국어로는 명사 합성이 강력하지는 않지만 한자어를 활용하면 '정부 세금 감면 조치 비리 감사 결과 발표 유보 논란'과 같이 긴 합성어를 만들 수 있다. 합성명사는 그 의미의 폭이 매우 넓다. 다음의 예를 보자.

---

7) 보상전략은 원문에 없는 단어나 표현을 삽입해 독자가 의미를 더 잘 파악할 수 있도록 도와주는 번역의 기법으로 이에 대해서는 6장에서 보다 심도 있게 다룬다.

(18) woman doctor killer의 의미[8)]

a. 의사 살해범인 여성 (A woman who killed a doctor)

b. 여자의사 살해범 (A person who killed a female doctor)

c. 부인과 의사 살해범 (A person who killed a gynecologist)

d. 여자의사인 살인범 (A killer who is a female doctor)

e. 부인과 의사인 살인자 (A killer who is a gynecologist)

위에서 예를 들어 보인 것처럼 'woman doctor killer'는 적어도 5가지의 의미가 포함된 폭이 매우 넓은 표현이다. 앞에서 군동사를 설명하면서 broader in meaning이라는 특징이 통·번역에 도움을 주는 것처럼 합성명사 역시도 이러한 광의성이 있어 편리하다. 또한 앞서 4.2에서 논의한 바와 같이 영어는 형태적인 유형론상 고립어에 속하며 고립어의 특징은 합성어가 많다는 점을 상기한다면 자연스러운 영어 표현을 이야기할 때 반드시 고려해야 할 부분임을 알 수 있다.

위에서는 단어와 단어를 결합해 만든 합성어인 어근합성어(root compounds)에 대해 이야기했다. 영어에는 어근합성어 외에도 합성어 내부에 통사관계가 보이는 종합합성어(synthetic compounds)가 있다. 종합합성어란 합성어 내부에 [동사-ing], [동사-en], 또는 [동사-er]의 형태가 나타나는 것을 말한다.[9)] 이러한 종합합성어는 매우 생산성이 높고(high in productivity) 사용의 빈도가 높다(frequent in use). 먼저 가장 대표적인 [명사 + 동사-ing (명사)]의 형태를 알아보자.

(19) N+V-ing(목적어 + 타동사-ing)형의 종합합성어

economy-boosting (plan)	file-arranging (job)
letter-sorting (duty)	care-taking (person)
party-pooping (mishap)	time-keeping (device)

8) woman doctor killer를 발화하는 경우에는 주강세의 위치를 보고 의미를 구분할 수 있다.
woman dóctor killer (a. 여자인 의사 살해범, b. 여자의사 살해범)
wóman doctor killer (c. 부인과 의사 살해범)
woman doctor kíller (d. 여자의사인 살해범, e. 부인과 의사인 살인자)

9) 영어학의 표기방법을 따라서 과거형은 {-ed}로 표현하고 과거분사형은 {-en}으로 표기한 것이므로 {-en}이 붙은 것은 동사의 과거분사형을 뜻한다.

meat-eating (animal)	bear-hunting (season)
house-keeping (maid)	spine-chilling (news)
TV-viewing (time)	truck-driving (manual)

이러한 예는 실로 무궁무진하다. 거의 모든 타동사를 다 동원해 목적어를 앞에 세우고 타동사에 {-ing}를 붙이면 된다. 여기서 {-ing}가 동명사적으로 쓰인 경우 'N+V-ing'자체가 하나의 합성명사로 쓰일 수 있으며 {-ing}가 현재분사형인 경우는 합성형용사가 되어 위의 괄호 안에 표기한 것처럼 뒤에 다른 명사를 넣어 이를 수식할 수 있다. 이처럼 'N+V-ing'는 그 자체를 명사로 쓸 수도 있고 뒤의 명사를 수식하는 형용사로도 쓰일 수 있기에 널리 사용된다. 'N+V-ing'의 형태가 늘어나면서 타동사가 아닌 자동사도 포함된다. 이 경우 앞에 나오는 명사는 동사의 목적어가 아니라 전치사의 목적어인 부가사(Adjunct)이다. 다음의 예를 보자.

(20) N+V-ing(부가사 + 자동사-ing)형의 종합합성어

church-going (student)	baby-sitting (maid)
tight-rope walking (skill)	fly-fishing (man)
day-dreaming (student)	street-fighting (gangster)

'church-going'에서 'go'는 자동사이다. 그리고 'church'는 목적어가 아니라 'go to church'라는 동사구에서 보듯 전치사 to의 목적어이다. 이러한 부가사가 자동사와 결합해 'N+V-ing'형을 만들어내면서 그 쓰임이 더욱더 많아지게 되었다. 'N+V-ing'형은 {-ing}를 빼고 그 자리에 {-er}을 넣어 또 다른 합성명사를 만들어 낼 수도 있다.

(21) N+V-er(목적어/부가사 + 동사-er)형의 종합합성어

economy-booster	file-arranger
party-pooper	time-keeper
meat-eater	bear-hunter
church-goer	baby-sitter
tight-rope walker	fly-fisher

(19)에서 (21)까지의 설명을 통해 우리는 영어의 두드러진 특징 중의 하나인 종합합성어가 매우 생산적이라는 사실을 알게 되었다. 여기에 한 가지 형태가 더 나타난다. 'N+V-en'형의 종합합성어는 'N+V-ing'형과 대비되는 의미구조를 지닌다.

(22) N+V-en(주어 + 동사-en)형의 종합합성어

government-led (project)	company-operated (program)
thunder-struck (house)	factory-made (product)
weather-beaten (face)	type-written (letter)

'N+V-en'형은 'N+V-ing'형에 비해 생산성이 떨어지기는 하지만 여전히 매우 널리 쓰이는 형태이다. 이 형태는 뒤에 다른 명사를 수식하는 합성형용사를 만든다. 이 두 형태의 합성어가 지닌 연관관계를 살펴보자.

(23) N-V-ing형과 N-V-en형의 대조

state-ruining war	war-ruined state
project-leading company	company-led project
economy-boosting fund	fund-boosted economy

첫 예를 보자. 'state-ruining war'에서는 국가를 피폐하게 만드는 원인이 되는 전쟁이라는 말로 목적어-동사-주어의 순서를 지니고 'war-ruined state'는 전쟁으로 인해 그 결과 초토화된 국가의 상태를 나타내 주어-동사-목적어의 의미순서를 가진다. 'N+V-ing'형이 모두 'N+V-en'형으로 바뀌는 것은 아니지만 적어도 (23)의 예에서 'V-ing'와 'V-en'을 활용하여 종합합성어를 만들 수 있음을 알 수 있다.

'형용사-명사-ed'형태의 합성형용사도 있다. 지금까지의 종합합성어는 동사에 {-ing}나 {-ed}형이 붙은 것이지만 '형용사+명사-ed'형은 명사에 {-ed}를 붙인 형태로 매우 특이하기는 하지만 그 구성원리가 종합합성어와 유사하다하여 이를 유사종합합성어(quasi synthetic compounds)라고 부른다.

(24) 유사종합합성어의 예

red-roofed (house) kind-hearted (person)
slim-figured (girl) big-nosed (man)
one-eyed (monster) large-scaled (project)

유사종합합성어는 명사에 {-ed}를 붙이는 특이한 형태의 합성어이지만 실제로 빈도수가 높은 표현으로 'a house with a red roof'로 쓰기보다는 'a red-roofed house'로 쓰는 것이 간결하고 더 자연스러운 표현이다. 물론 이러한 종합합성어의 생성에는 제약적인 요인이 있다. 정혜경(2007)은 종합합성어에서 제1요소인 명사가 대명사나 명시명사(specified noun)와는 결합하지 않으므로 he-hater이나 Tom-lover의 형태는 존재하지 않음을 확인했고, Bauer(1983)는 유사종합합성어에서 {-ed}가 붙는 명사가 양도불가능성 소유(inalienable possession)인 경우에만 결합이 가능하여 'kind-hearted person'에서 heart는 person에서 떼어낼 수 없는 것이므로 가능하지만, '*two-carred family'와 같은 표현은 car이 family의 양도불가능성 소유가 아니므로 가능하지 않다고 했다.

이러한 제약이 있기는 하지만 여전히 종합합성어는 영어의 조어현상 가운데 가장 강력한 현상이다. 종합합성어는 통·번역의 측면에서 다음과 같은 의미를 지닌다.

(25) 종합합성어의 통·번역적 의미

a. 종합합성어는 매우 널리 쓰인다. (High frequency)
b. 종합합성어는 간결하다. (Succinctness)
c. 종합합성어는 우리말의 어순과 같다. (Identical word ordering)

(25a)와 (25b)는 지금까지 종합합성어를 설명하면서 계속 반복되는 부분이므로 쉽게 이해할 수 있다. '시에서 운영하는 고아원'을 'The orphanage that is operated by the city'라고 쓰기보다 'the city-operated orphanage'라고 쓰는 것이 더 자연스럽고, 더 많이 쓰이며 더 간결한 표현방식이라는 것이다. 도착어인 영어를 보다 자연스럽게 만들기 위해서는 이러한 방법을 택하는 것이 유용하다. 여기서 한걸음 더 나아가 종합합성어와 우리말의 어순관계를 살펴보자.

(26) 종합합성어와 우리말의 어순관계

a. North Korea-sympathizing activist
   북한을 동정하는 활동가

b. economy-boosting policy
   경제를 고양하는 정책

c. government-initiated pension system
   정부가 주도하는 연금제도

d. Tsunami-stricken Indonesia
   쓰나미로 피해를 입은 인도네시아

종합합성어를 보면 영어의 어순과 우리말의 어순이 일치하는 것을 볼 수 있다. 본디 영어와 우리말은 동사의 위치가 다르지만 적어도 종합합성어의 내부에서는 그 순서가 같다. 그렇기에 시간압박에 쫓기는 통역에 적용하기에 유용하다고 할 수 있다. 동시통역 시에는 (26)의 어순이 시간부담 없이 처리할 수 있어 영어로 메시지를 재구성하는 데 강력한 무기가 된다. 종합합성어가 간략한 표현방법인 동시에 매우 생산적이며 널리 쓰이는 표현양상이라는 것을 기억하자.

5.3 구 중심의 표현

앞 장에서 한국어와 영어를 대조 분석하면서 한국어는 문장을 중심으로 한 표현형식을 지니며 영어는 구를 중심으로 한 표현형식이 두드러진다는 것을 설명했다. 또한 5.2에서 종합합성어를 설명하면서 합성형용사를 소개했는데 이 합성형용사와 뒤에 오는 명사가 결합하여 명사구를 이루는 부분은 구를 중심으로 한 표현법을 일부 다룬 것이다. 영어는 명사구를 잘 활용한다. 이 명사구가 단독으로 주어 또는 목적어로 쓰이지만 앞에 다른 형용사구를 첨가해 보다 큰 명사구를 만들 수도 있고 앞에 전치사를 동반해 부사구를 만들 수 있다. 따라서 단순한 명사구를 넘어서 형용사구 그리고 부사구를 만드는 방법도 함께 논의되어야 한다. 먼저 우리말의 문장을 영어의 명사구로 옮겨 놓은 다음의 예를 살펴보자.

(27) 명사구를 활용한 번역

a. 등록금이 동결되고 교직원 월급이 올라 대학의 재정에 문제가 많다.
Tuition freeze and pay raise for the faculty and staff caused financial crunch for the university.

b. 우리나라 정부는 미국이 신뢰할 만한 성의를 보여주기를 희망한다고 했다.
Seoul expects more trustworthy sincerity by Washington.

c. 한국에서 지난 10년간 인터넷 보급이 급격히 증가하면서 IP 주소가 모자라게 되었다.
The rapid expansion of the Internet in Korea over the past decade led to a shortage of Internet protocol (IP) addresses.

d. 한국 사람이라면 누구라도 기분이 상했을 것이다.
Any Korean would feel uneasy with it.

e. 상기의 규약을 어기는 자는 즉시 구류될 것이다.
Any violator of the above regulations will be arrested on the spot.

f. 여러분이 끊임없이 요구한다 해도 정책이 바뀌지는 않을 것입니다.
Your continuous demand would have no effect on policy-making.

g. 아들이 죽었다는 소리를 듣자 어머니는 너무나 슬퍼했다.
The news on her son's death put (fell) her into deep grief.

h. 정부가 나서면 타협할 수 있을지도 모른다.
The government intervention may bring in some compromise.

위의 예를 보면서 독자 중에 더러는 고개를 끄덕이며 동의를 할 수도 있고 또 번역문이 매우 충격으로 다가오는 사람도 있을 것이다. 전자의 독자는 우리말과 영어가 직역으로 연결되지 않는다는 것을 경험적으로 많이 느낀 분이요, 후자의 독자는 이렇게 해도 되는가 하는 충격에 다소 당황하기도 할 것이다. 혹 영어번역문에 사용된 동사가 예상을 빗나가는 경우도 있었을 것이다. 그러나 생각해 보라. 번역이란 우리말을 그대로 영어로 일대일 대응을 시키는 것이 아니라 우리말의 의미를 파악해 이를 자연스러운 영어로 옮기는 것이라 하지 않았던가? 게다가 우리말의 의미를 추출했으면 과감하게 우리말에서 탈피해야 한다고 하지 않았던가? 이 책을 여기까지 읽어오면서 처음으로 한-영 번역 예시를 보고 조금은 신선한 충격을 받았기를 바라는 마음이다. 우리말은 문장을 중심으로 한, 즉 동사를 중심으로 한 표현양식을 사용하고 영어는 구중심의 표현법, 즉 명사가 중심이 되는 표현법을 사용한다는 것은 이미 설명했으나 이를 실제의 예를 보면서 통·번역에서 다루는 대상이 언어가 아니라 메시지이며, 그 메시지를 원천어(출발어)와 같은 표현형식이 아니라 도착어에 자연스럽게 어울리는 표현을 사용해야 한다는 것이 어떤 의미인지를 조금이나마 맛볼 수 있기를 바란다.

(28) 형용사구를 활용한 번역

a. 네가 선의로 도와준다고 해도 이제는 별 수 없다.
Your good-willed help is of no use any more.

b. 정말 열심히 한다면 될 수도 있다.
Pains-taking efforts may pay (out).

c. 정부가 지원하는 사업이라고 다 국민에게 유익한 것은 아니다.
Not all the government-sponsored projects do good to the citizens.

이 부분은 앞서 종합합성어를 설명하면서 예시한 부분이라 하나씩만 간단히 예를 들어 놓았다. 앞에서 설명한 바와 같이 우리말의 문장구조를 그대로 반영해 영어로 후위 수식의 관계절을 쓰는 것은 간결성이 없을 뿐 아니라 자연스럽지도 못하다. 마지막으로 명사구의 앞에 전치사를 놓아 전치사구를 만들어 우리말의 절에 대응하는 표현을 활용하는 예를 보자.

(29) 부사구를 활용한 번역 예시

a. 내가 너라면 Tom에게 반성의 기회를 주겠다.
In your place, I would give Tom one more chance.

b. 네가 도와준다면 오늘 중으로 일을 마무리 지을 수 있다.
With your help, I can have the work done today.

c. 오랜 투쟁이었지만 성과가 전혀 없었던 것은 아니다.
The long struggle came along with some positive results.

d. 다소 반대가 있기는 하였지만 그 법안은 무리 없이 국회의 인준을 받았다.

Though with some dissents, the controversial bill safely passed through the assembly.

e. 법적으로 보호해 주지 않으면 이주 노동자들이 함부로 착취와 이용을 당하게 된다.

Without legal protection, the foreign workers are exposed to easy exploitation.

f. 다시 돌아오심을 환영합니다. 조금도 다른 마음은 없습니다.

I welcome you back with no reservation.

g. Jane은 보스턴에 가서 학교 다니느라 지금 여기 없습니다.

Jane is away in Boston for school.

위에 있는 예에서 우리말의 문장을 영어로는 구로 표현하는 것이 자연스럽다는 것을 느낄 수 있을 것이다. 영어는 어쩌면 "전치사의 마술"로 이루어진 언어인지도 모른다. 적절한 전치사와 명사를 혼합하면 우리말 종속절에 나타난 거의 모든 의미를 자연스럽게 표현할 수 있다. 명사구를 적절히 이용하고 동사를 단순화시키는 것, 즉 기본동사로 이루어진 군동사를 사용하는 것이 자연스러운 영문의 핵심이다. 영어 자체가 원칙적으로 절을 줄이는 기능을 풍부하게 지닌다는 점을 간과해서는 안 된다. 영문법의 주요내용을 보면 시제동사를 줄이기 위한 노력이 산재해 있음을 알 수 있다.

(30) 시제동사를 줄이기 위한 노력

a. 분사구문

When he woke up, he found he was left alone.

→ Waking up, he found he was left alone.

b. 부정사구문

It is difficult that we please him.

→ It is difficult to please him. (명사적 용법)

This is a good house in which we will live.

→ This is a good house to live in. (형용사적 용법)

I am glad that I can see you again.

→ I am glad to see you again. (부사적 용법)

c. 동명사구문

That he came pleased us all.

→ His coming pleased us all.

d. 관계대명사 생략

Do you know the boy who is standing over there?

→ Do you know the boy standing over there?

Is that the Panama Canal that connects the Pacific and the Atlantic?

→ Is that the Panama Canal connecting the Pacific and the Atlantic?

e. 종속절 대신 쓰인 명사구

When you review the report, you will find out the problem.

→ Your review of the report will let you find out the problem.

If you were a Korean, you would feel uneasy with it.

→ Any Korean would feel uneasy with it.

f. 종속절 대신 쓰인 부사구

If I were you, I wouldn't do that!

→ In your place, I wouldn't do that!

When you arrive there, you will see him.

→ Upon your arrival, you will get to see him.

I tried to see him although I could not actually meet with him.

→ I tried to see him in vain.

I am sure that you will succeed.

→ I am sure of your success.

I don't like the idea that we should follow his example.

→ I don't like the idea of following his example.

영어를 전반적으로 살펴보거나 문법책의 주요 내용을 보면 대부분이 위와 같이 종속절을 없애고 그 자리에 구를 사용하는 것을 볼 수 있다. 영어를 배우면서 힘들어 했던 비한정동사로 알려진 부정사, 분사, 동명사가 등장하는 것은 영어가 시제동사가 들어간 절을 피하는 경향이 있음을 알려 준다. (30d)의 첫 문장에서 보인 관계대명사 + be동사의 생략이나, 심지어 (30d)의 두 번째 문장에서 보듯 be동사가 없는 문장도 분사를 이용해 줄이는 특징을 지니고, (30e)와 (30f)에서 보듯 절을 부사구로 바꾸는 것이 영어문법 또는 영어학습의 중심에 있는 이유도 바로 구를 중심으로 한 표현법을 지향하는 영어의 특징이다.[10] 따라서 영어가 구를 중심으로 한 표현형식을 지닌다는 것은 단순히 "피상적인 관찰"이 아니라 영어의 내부에 깊숙이 자리 잡은 "일반적인 현상"임을 인지하기 바란다.

5.4 수사적 표현

영어는 은유와 비유를 많이 활용함으로써 정보를 시각화하고 생생한 느낌을 전달한다. 한마디로 영어는 은유의 언어이다. 물론 우리말에 은유가 없다는 것이 아니다. '인생은 나그네길,' '꽃보다 청춘'과 같이 우리 언어표현을 풍부하게 하는 시적인 표현으로서의 은유가 있다. 하지만 영어는 상대적으로 은유가 더 많으며 시적표현이라기보다는 일상생활용어가 되어 있다는 점이 두드러진 특징이다. 영어에는 추상적인 개념을 시각적인 개념으로 표현하는 현상이 자주 눈에 띈다. 사실 군동사라는 것도 시각적인 개념으로 추상적인 개념을 나타내는 방법이다. 'look into'라는 말은 그야말로 구체적이고 눈에 보이는 행위인데 이를 수사적으로 확장하여 '조사하다'라는 개념에 연결시켜 사용하는 것임을 알 수 있다. 또 영어의 관용표현이나 속담을 생각해 보라. 도처에 수사적인 표현이 넘쳐나서 의욕이 있는 학습자를 감탄하게 하고 수동적인 학습자를 낙담하게 하는 표현이 얼마나 많은가?

눈에 보이는 현상으로 눈에 보이지 않는 현상을 표현하는 수사적인 표현을 은유표현이라 한다면 군동사 역시 은유표현이 많은 영어에서 자연스럽게 발달하게 되는 현상이다. 그러나 이러한 표현법에 상대적으로 약한 우리말 화자는 영어를 사용할 때도 시각적 표현, 수사적 표현, 은유 표현 등에 망설이게 되며 영어로 표현하는 것이 부자연스럽게 된다. 더구나 눈으로 볼 수 없는 대상을 이와 같은 방법으로 묘사하면 수용자 입장에서 의미를 더 정확하고 쉽게 이해할 수 있어 통·번역에 있어 중요한

---

10) 변형문법에서는 부정사, 동명사, 분사가 들어간 표현을 비시제절(tenseless clauses)이라고 칭해 절로 간주하지만, 영어표현에서 구라는 것은 시제동사가 없는 것을 뜻하므로 전통문법의 입장에 따라 부정사, 동명사, 분사가 들어간 표현을 구라고 칭한다.

표현 수단이 된다.

은유적인 표현을 체계적으로 학습할 수 있는 방법은 없을 것이다. 다만 영어로 쓰인 글을 읽으면서 시각적, 수사적인 표현이 나오면 이를 그냥 지나치지 말고 표현형식을 눈여겨보고 이를 이용해 확장연습을 해 보는 것이다. 예를 들어 다음의 영문을 보았다고 하자.

(31) In post-Cold War Eastern Europe, the landscape has changed way beyond my imagination.
냉전종식 후 동유럽은 상상하기 어려울 정도로 크게 변화했습니다.

이 표현에서 밑줄로 표기한 두 개의 은유적인 표현이 보인다. 먼저 landscape은 눈에 보이는 풍경이라는 의미가 아님을 알 수 있다. 정황이나 분위기 등이 변했다는 말이다. 좀 더 구체적으로 'things have changed'라고 할 수도 있는 부분에 수사적인 표현을 한 것이다. 하지만 여기서 초점을 맞춘 부분은 뒤에 있는 'beyond my imagination'이다. 실제로 상상력이 눈에 보이는 것은 아니지만 상상력을 하나의 공간으로 보고 그 공간을 뛰어넘는(beyond) 것을 표현하여 상상의 범위에서 찾아볼 수 없는 것, 즉 상상할 수 없는 것을 표현하는 수사적인 표현이다. 이렇게 '~이상이다,' '~할 수 없다'는 표현을 'beyond+명사구'로 표현할 수 있다는 것을 알면 여기서 끝나지 말고 이를 이용해 다양한 표현을 생각해 보는 것이다. 다음에 몇 가지 예를 살펴보자.

(32) Beyond+추상명사를 이용한 수사적 표현

a. 그 영화의 내용은 우리가 상상하는 그 이상이다.
What you see in the movie goes beyond your imagination.

b. 교수님의 강의는 도무지 이해할 수 없다.
His lecture lies beyond my understanding (grasp).

c. 통역은 내가 도무지 할 수 있는 게 아니다.
Working as an interpreter goes beyond my ability.

d. 그는 말로 할 수 없이 부자이다.
He is rich beyond words(description).

e. 사과를 말로만 해서는 안 된다.

You must go beyond just a verbal apology.

f. 모든 게 통제 불능이다.

Everything went beyond control.

g. 도시 전체가 알아볼 수 없게 변했다.

The entire city changed beyond recognition.

h. 그의 결혼생활이 손대볼 수 없게 엉망이 되었다.

His marriage went beyond repair.

i. 그의 행위는 참을 수 없다.

His behaviour lies beyond (my) tolerance.

j. 그 아이는 구제불능이다.

The kid is beyond help.

k. 이루지 못할 꿈은 없다.

No dream is beyond reach.

l. 그는 분명히 유죄다.

He is guilty beyond doubt.

잠시 앉아서 생각을 해 보는 것만으로도 'beyond+명사구'를 사용해서 실로 무궁무진한 표현을 만들어 낼 수 있음을 알게 된다. 원문을 보고 그냥 지나치면 몰랐을 표현들이다. 기왕 beyond라는 말이 나온 김에 조금만 더 확장을 해 보자.

(33) There is a point beyond which obstinacy becomes stupidity.
고집도 지나치면 어리석은 것이다.

Thomas Hardy의 원작 소설 "테스"의 극장 판에서 나오는 표현이다. 너무나 사실적이고 눈에 보이듯이 한 표현이라 그 의미가 쉽게 그려지고 또 오래도록 강렬한 인상을 남긴다. 우리말로 직역을 하면 "한 점이 있는데 그 점을 넘어가면 고집이 어리석음이 된다"는 말이다. 눈앞에 그림으로 펼쳐 보여 주듯 구체적으로 그 의미가 다가온다. 'a point beyond which'라는 표현이 재미있어 이를 활용해 몇 가지 예문을 더 제시한다.

(34) A point beyond which를 활용한 표현

a. 내가 참는 데도 한계가 있다.

There is a point beyond which I cannot tolerate anymore.

b. 산에는 나무가 자랄 수 있는 한계가 있다.

There is a point in every mountain beyond which no trees can grow.

Every mountain has a point beyond which trees cannot grow.

c. 스킨 다이버가 들어갈 수 있는 깊이에는 한계가 있다.

There is a point below which a skin diver cannot go down.

d. 우리 몸은 더 이상 내려갈 수 없는 몸무게의 한계가 있다.

We have a point below which our body weight cannot go down.

'beyond which'를 사용하다 조금 더 응용하면 (34c)와 (34d)에서 보듯 'a point below which'와 같은 표현도 가능하다는 것을 알 수 있다. 이러한 수사적인 표현을 익히는 노력은 시작은 있으나 끝이 없다. 가지고 있는 자료 중에 몇 가지를 더 소개한다. 큰 번호에 있는 것은 원문과 번역문이고 이를 응용한 한-영 번역의 예시를 아래에 실었다.

(35) Tell me why John left that good job. I don't get the picture.

존이 왜 그 좋은 직장을 버리고 떠났는지 내막을 알 수가 없다.

a. 지금 형편이 어떻게 돌아가는지 아세요?

Can you get the picture of the present situation?

b. 네가 나설 자리가 아니다.

You have no place in this picture.

(Don't even try to put your foot into this picture.)

c. 너의 제안은 고려의 대상이 아니다.

Your suggestion is completely out of the picture.

(36) We have to keep the door open for dialogue with the North.

북한과 대화할 수 있는 여지를 남겨두어야 한다.

a. 열심히 공부하면 미래가 밝습니다.

Hard work will open the door for your future.

b. 나만 빼놓고 하겠다는 거냐?

Are you shutting me out?

c. 더 이상 협상하기 어렵게 되었다.

All doors are tightly closed for further negotiation.

(37) The government put our national security before economic stability.

정부로서는 경제안정보다는 국가안보가 우선이다.

a. 나보다 남을 먼저 생각하는 사람이 되라.

Try to put others before yourself.

b. 성실한 자세가 무엇보다도 중요하다.

Learn to put sincerity before anything else.

c. 앞뒤가 뒤바뀌었다.

The cart is put before the horse.

(38) What is the worst scenario for the South-North dialogue?

남북대화가 잘못되면 최악의 사태가 어떻게 될까?

a. 항상 최악의 사태에 대비해야 한다.

You should always prepare for the worst scenario.

b. 그래 어떻게 될 것 같니?

So, what's your scenario?

(39) The town library is designed to give the towners easier access to books. (be carved out, be cut out)

마을도서관을 세운 목적은 많은 사람들이 책을 쉽게 접할 수 있도록 하기 위한 것입니다.

a. 이 학교는 외국어에 능통한 학생들을 교육하려는 목표로 1982년에 개교했습니다.

This school, opened in 1982, is designed to produce good students with high command of foreign language.

b. 사친회(PTA=Parent Teacher Association)는 학생교육을 위해 학교와 학부모가 함께 협력할 수 있도록 하고자 만들어 진 것입니다.
PTA is designed for a close cooperation between the school and parents for better education.

c. 타이타닉 호는 32척의 구명보트를 탑재하도록 만들어 졌지만 실제로는 20척 밖에 없었다.
The Titanic was designed to put 32 life boats, but there were only 20.

앞서 말한 바와 같이 은유를 논리적으로 공부할 수 있는 방법은 없다. 신문, 잡지, 소설, 인터넷 등에서 영어를 접하면서 우리말로는 다소 생소한 표현이 나오면 이를 그냥 지나치지 말고 응용할 수 있는 예문을 만들어보고, 그 예문이 실제 의미가 통하는지를 고민해 보고 물어가면서 하나씩 하나씩 벽돌집을 쌓는 기분으로 자신의 것으로 소화해야 한다.

지금까지 살펴본 바와 같이 본 장에서는 자연스러운 영어로 번역하기 위해 고려해야 할 사항을 짚어보았다. 영어에서는 모든 문장 구성은 적절한 주어의 선택으로부터 시작된다는 것, 수동태 표현을 잘 활용하면 다양한 뉘앙스의 표현이 가능하다는 것, 군동사와 합성명사 및 합성형용사를 표현의 단위로 했을 때 좀 더 유연한 의미 전달을 할 수 있다는 것 그리고 은유와 비유적 표현을 통해 정보를 시각화하여 생생하게 전달한다는 것을 학습했다. 연습을 통해 이를 충분히 숙지하고 한 차원 높은 영어를 구사할 수 있기 바란다.

제6장

통·번역의 충실성과 자연성

통·번역의 오래된 관심사는 충실성과 자연성(faithfulness and naturalness)을 어떻게 충족시키는가 하는 것이었다. 물론 이때 '충실하다' 또는 '자연스럽다' 하는 평가는 모두 결과물인 TT를 토대로 이루어진다. 충실성과 자연성을 이해하려면 먼저 등가(equivalence)에 대한 개념을 이해할 필요가 있다. 등가는 ST와 TT의 관계에서 비롯된 개념인데, ST의 내용이 TT에서도 그대로 재현되리라는 기대를 반영한다. Newman(1994)은 등가에 대해 '독자가 원문과 번역문 사이에 존재한다고 생각하는 이상적인 관계'라고 설명한다. 그만큼 독자의 입장에서는 원문의 내용과 같은 내용을

TT에서 읽고 싶어 한다는 뜻이다. 이를 위해 ST 내용에 충실하면서도 TT 독자들이 이해할 수 있는 자연스러운 텍스트가 생성되어야 한다.

이를 번역이론에서는 충실성과 가독성(faithfulness and readability)으로 이야기 한다. 하지만 여기서 말하는 가독성은 글로 쓰인 작품에 대한 의미로 한정이 되어 통역과 번역을 전반적으로 아우르는 용어를 선택하기 위해 가독성이라는 용어를 피하고 자연성이라는 용어를 사용하며 가독성은 자연성에 포함되는 것으로 본다. 따라서 이 책에서 말하는 자연성은 번역이론의 가독성과 같은 개념이라는 것을 주지하며 이번 장을 공부해야 한다. 어찌 보면 이번 장은 조금은 이론적인 부분이 있어서 읽기가 힘들지 모른다. 하지만 통·번역의 이론을 재해석해서 충실성과 자연성을 중심으로 논의를 하므로 찬찬히 읽어 가면서 통·번역 이론의 근간이 되는 충실성과 자연성을 조금이나마 이해할 수 있기를 바란다.

잘된 번역은 충실하고도 자연스러워야 한다. 하지만 이것이 말처럼 쉬운 것은 아니다. 프랑스 속담에 "충실한 아내는 있다. 아름다운 아내도 있다. 그러나 충실하고 아름다운 아내는 없다"는 말이 있다. 이러한 속담을 바탕으로 Yevtushenko는 번역을 여성에 비유해 다음과 같이 말했다.

(1) Yevtushenko의 인용

Translation is like a woman. If it is beautiful, it is not faithful. If it is faithful, it is most certainly not beautiful.

이 인용문은 출처가 분명치 않으며, 본디 러시아어로 쓰인 것을 영어로 번역한 것이라 추측한다. 하지만 이 인용문은 통·번역 입문에서 자주 들을 수 있는 말이니 한 번쯤 기억해 두는 것도 좋을 것이다. 번역이 아름다우면 충실하지가 않고, 충실하면 아름답지가 않다는 말이다. 자연스럽고도 충실한 번역이 결코 말처럼 쉬운 것이 아님을 말해주는 인용문이라 본다. 이러한 어려움이 있음에도 불구하고 통·번역사는 충실하고도 자연스러운 결과물을 만들어내기 위해 부단히 노력한다. Pym(1992)은 통·번역 행위를 "등가를 이루어내기 위한 협상 과정"으로 보기도 했는데, 통·번역사는 최종 목적에 따라 최상의 결과물을 만들어내기 위해 끊임없이 협상해야 하고 전략적인 선택을 해서 충실성과 자연성 사이의 최적의 균형을 찾아야 한다.

6.1 오역과 번역투

때로 우리는 번역된 전공서적을 읽으면서 몇 번을 읽어 보아도 그 의미를 파악할 수 없어서 원문을 보았으면 하는 생각이 들기도 한다. 전공서적 가운데 그 전공분야에 많은 지식이 있는 학자들이 번역한 것이 많다. 그러므로 그들이 원문의 의미를 파악하지 못하는 경우는 거의 없다고 보아야 한다. 그런데도 이해가 되지 않는 것은 실제 도착어가 너무 어색하고 생소하기 때문이다.

먼저 충실하지 않은 번역과 자연스럽지 않은 번역이 무엇인지를 알아본다. 원문의 내용을 잘못 전달하게 되면 이는 오역(translation error)이 된다. 그러나 원문의 내용을 전달하기는 하더라도 도착어의 표현이 어색하게 되면 번역투(translatorese)가 나타난다. 번역투가 심하면 전달하려는 원문의 내용이 가려져서 결국 오역과 비슷한 결과를 초래하게 된다. 이번 장을 공부하면서 우리는 오역을 피하는 방법을 배우고 바른 메시지 파악을 위해 어떠한 노력을 해야 하며, 또한 번역투가 어떤 결과를 초래하는지를 이해할 수 있을 것이다. 다음의 도표를 통해 오역과 번역투가 무엇인지를 살펴보자.

(2) 번역투와 오역의 비교 (이근희 2005)

a. Translatorese	b. Translation Error
<definition> 목표어의 어휘적, 통사적, 화용적, 관용적인 용법과 맥락을 고려하지 않고 대표적인 사전적의미로 일대일 대응하는 데서 비롯되는 생소하거나 부적격한 표현	<definition> 원천 텍스트를 둘러싼 원천언어 그 자체에서 비롯되거나 역사, 정치, 경제, 문화 등의 언어 외적인 지식의 부족에서 비롯되는 틀린 번역
<특징> i) 원천어를 모르는 독자라 하더라도 목표언어의 언어체계에 비추어 인지가	<특징> i) 원천언어를 모르는 독자라면 목표언어의 체계에 비추어 인지가 어렵다.

가능하다.	
ii) 목표언어의 어휘적, 형태적, 통사적, 화용적, 관용적인 측면에서 발생하는 오류이다.	ii) 원천 텍스트의 의미론적 층위에서 발생하는 오류이다.
iii) 이야기의 전개나 맥락에 커다란 영향을 미치지 않는다.	iii) 이야기의 전개나 맥락에 커다란 영향을 미칠 수 있다.
iv) 정확한 정보 전달에 미미한 영향을 미칠 수 있다.	iv) 정확한 정보의 전달에 커다란 영향을 미칠 수 있다.
v) 모국어의 언어체계에 영향을 미쳐 모국어를 훼손하거나 왜곡하고 쓰임새에 제약을 가할 수 있다.	v) 모국어에 미치는 영향이 미미하다.
vi) 체계적이고 반복적인 교육과 훈련을 통해 해결이 가능하다.	vi) 번역자 본인의 언어내적이고 외적인 지식의 축적을 통해 해결이 가능하다.

위의 도표는 이근희(2005)의 오역과 번역투에 관한 논의를 제시한 것으로 우리에게 도움이 되는 정도에서 축약한 것이다. 먼저 정의를 보면 번역투의 근원은 일대일 어휘대응에서 비롯되는 것이고 오역은 배경지식과 언어능력의 결여에서 오는 것임을 알 수 있다. 이를 설명하기 위해 앞에서 배운 Nida의 번역과정을 다시 살펴보자.

(3) Nida의 번역과정 도식

Source Language Text (ST)　　Receptor Language Text (TT)

↓　　　　　　　　　　　　　↑

Analysis　　　　　　　　　　Restructuring

└──────── Transfer ────────┘

번역의 1단계는 분석(analysis)이다. 분석(analysis)에서 가장 중요한 것은 충실성이다. 그런데 이러한 충실성이 위배되면 엉뚱한 오역을 만든다. 따라서 오역은 크게 보면 '분석(analysis)의 오류'라고 할 수 있다. 또한 재구성(restructuring)에서는 자연스러운 도착어를 만드는 것, 즉 자연성(naturalness)이 중요하다. 그런데 원어의 단어나 문법체계가 그대로 전이되어 어색하고 생소한 표현이 나타나면 이러한 표현은 자연성을 이루지 못한 표현이요 바로 이렇게 자연스럽지 못한 표현이 번역투이다. 그러므로 오역은 '분석의 오류'요, 번역투는 '재구성의 오류'라 할 수 있는 것이다. 이러한 원천적인 차이를 염두에 두면 이근희(2005)의 내용을 무리 없이 이해할 수 있을 것이라 본다. 오역은 배경지식이나 언어능력이 부족해서 분석과정에서 충실성이 지켜지지 못한 것이며, 번역투는 분석은 제대로 했다 하더라도 출발어의 형태, 통사 또는 표현이 그대로 전달되어 도착어에 어색한 말이 나오는 경우임을 알 수 있다. 오역은 의미파악에서 비롯된 것이므로 도착어와는 무관하지만 번역투는 도착어로 표현되는 과정에서 발생하므로 도착어에 영향을 미칠 수 있다는 점을 알 수 있다. 마지막으로 오역을 줄이려면 배경지식과 언어능력을 신장하는 노력을 해야 할 것이며, 번역투를 줄이려면 도착어의 자연스러운 표현이 무엇인지를 학습하고 연습해야 한다.

이근희(2005)는 번역투가 "국어의 언어체계에 영향을 미쳐 모국어를 훼손하거나 왜곡하고 쓰임새에 제약을 가할 수 있다"고 해 번역투의 부정적인 측면을 부각시켰으나 사실 생각해 보면 번역투가 결코 있어서는 안 되는 부정적이기만 한 것은 아니다. 요즈음 우리나라 사람들이 "좋은 아침!"하며 명사문으로 인사하는 것을 보며 영어의 "Good Morning!"이 그대로 전이된 번역투와 같은 인상을 주지만, 지금으로서는 이러한 표현이 어느 정도 자연스럽게 받아들여지면서 이전에 없던 우리말 표현이 늘어나는 긍정적인 측면도 있다는 것을 알 수 있다. 이렇듯 번역투는 순기능과 역기능이 있다.

(4) 번역투의 순기능과 역기능

a. 순기능

i. 원천 텍스트의 이국적인 요소를 그대로 옮겨 이국적인 정취나 풍미를 전달할 수 있다.

ii. 원천 텍스트에서 언급되는 특정지역의 방언이나 등장인물의 특징이나 신분을 구별하는 데 사용된다.

iii. 기존 문학체계에 혁신적인 새 요소를 도입할 수 있다.

iv. 목표어의 창의적 활용 범위를 확대한다.

b. 역기능
  i. 목표어의 자연성(가독성)을 저해한다.
  ii. 신속하고 강력한 파급효과로 목표어의 말과 글 체계를 훼손 또는 왜곡한다.
  iii. 목표언어의 고유어휘가 잠식된다.
  iv. 문화 간의 충돌을 야기한다.

(4b)의 역기능에 대해서는 이미 주지하는 바요 이러한 역기능 때문에 자연성이 파괴되고 어색하고 생소한 표현이 나오게 되어 독자나 청중이 이해하는 것을 방해하기 때문에 피해야 하지만, 때로는 도착어에 없는 정취를 전달하고 도착어의 표현 양상을 확장시키는 긍정적인 요인도 있다. 다만 번역투의 역기능으로 인해 도착어에서 쓰지 않는 단어, 문법구조를 도입한 결과, 이해도가 떨어지는 경우를 문제삼는 것이다.

6.2 충실성

원문의 의미와 형식을 최대한 유지하면서 도착어로 자연스럽게 읽히는 텍스트를 생성하는 것은 말처럼 쉽지 않음을 (1)과 관련해 프랑스 속담과 Yevtushenko의 인용문을 통해 이야기했다. 충실성에는 두 언어권의 어휘적/문법적 차이뿐만 아니라 상이한 텍스트 규범과 문화적 가치체계의 반영이라는 복잡한 실타래가 엉켜 있기 때문이다. 따라서 번역사는 최상의 번역을 위해 끊임없이 선택해야 하는 상황에 놓이게 되는데, 때로는 충실성과 자연성의 적절한 배합을 위해 타협을 해야 할 때도 있다. 이때 번역을 하는 목적(skopos)이 최종 선택의 기준이 되기도 한다.

언어는 형태(form)와 의미(meaning)가 결합한 것이다. 그러므로 충실성에 대하여 이야기하면서도 언어 형태에 대한 충실성과 언어에 내포된 의미에 대한 충실성으로 나누어 생각해 볼 수 있다. 형식에 대한 충실성은 단어 대 단어, 구대 구, 문장 대 문장의 대응이 이루어질 만큼 엄격한 직역을 적용하는 경우이다. 이는 시와 같이 형식이 갖는 중요성이 큰 장르나 법률문서와 종교문서처럼 형태가 중시되는 상황에 적용된다. 둘째, 의미의 충실성을 위해 의역하는 경우로 문화적 수용성을 높일 수 있는 방법이다. 언어 자체 보다는 저자의 의도(speaker's intention)와 수용자의 반응

(audience response)을 중심으로 내용을 충실히 전하는 방법인데 이는 언어를 충실히 전하고자 하는 형태에 대한 충실성과 대비된다. 일반적으로 정보를 전달하는 것이 주된 목적이 되는 기술 텍스트에서는 형태의 충실성보다 의미의 충실성에 더 큰 비중을 두게 된다. 형태에 대한 충실성을 형식적 충실성으로, 의미에 대한 충실성을 내용적 충실성으로 부를 수 있다. 이 책에서는 형태에 대한 충실성을 형태적 충실성, 그리고 의미에 대한 충실성을 의미적 충실성으로 통일하여 사용한다. 아래는 형태적 충실성과 의미적 충실성을 대조하기 위해 몇 가지 예를 제시한 것이다.

(5) 형태적 충실성과 의미적 충실성

a. Word-for-word

It is the door to your success.

i) 그게 너의 성공 문이다.

ii) 그리하면 성공할 수 있을 것이다.

b. Word-for-word or meaning-for-meaning

A square peg in the round hole

i) 둥근 구멍에 네모난 마개

ii) 몸에 맞지 않는 옷

c. Meaning-for-meaning

Reserving judgments is a matter of infinite hope.

i) ?판단을 유보하는 것은 무한한 희망의 일이다.

ii) 자기의견을 드러내지 않으면 상대방은 임의로 생각한다.

각각의 예에서 첫 번째는 형태적 충실성을 실현한 직역(word-for-word translation), 두 번째는 의미적 충실성을 보인 의미역(meaning-for-meaning translation)으로 예시했다. (5a)의 경우는 직역(형태에 충실한 번역)이나 의역(의미에 충실한 번역)이나 별 차이가 없다. 직역으로도 그 뜻을 전할 수 있으므로 일부러 풀어쓸 필요 없이 직역으로 메시지를 충실하게 전할 수 있다. 이런 경우는 도착어에 직역에 상응하는 표현이 있기 마련이다. (5b)의 경우 직역을 해도 약간의 상상력을 동원하면 그 의미를 유추할 수 있으나 의역이 더 쉽게 이해된다. 직역도 의역도 그 나름의 강점이 있기는 하지만 의역이 조금 더 친숙하게 느껴진다. 그러나 (5c)의 경우는 직역을 해 놓으면 무슨 의미인지 알 수 없다. 이런 경우 단어의 사전적인 의미만으로는 그 뜻을 전달할 수 없게 된다. 불행히도 통・번역 실무에서 다루는 텍스트는 (5c)와 같은 경우가 허다하다. 그렇기에 형태적 충실성, 즉 언어적인 충실성은 번역의 목표를 달성하기 힘든 경우가 많다. 이상적으로는 언어와 의미를 다 전달할 수 있으면 좋겠지만 현실적으로 직역과 의미역이 충돌하게 되면 통・번역은 언어를 전달하는 것이 아니라 의미를 전달하는 것이므로 '화자가 전달하고자 하는 메시지(speaker's intention)'를 전달할 수 있도록 직역을 피해야 할 것이다.

Vinay & Darbelnet(1958/1972)는 충실성을 갖춘 번역을 등가를 이루는 번역으로 보고 등가를 찾기 위한 번역전략을 소개했다. 이들이 소개한 번역전략은 총 7가지로 차용(borrowing), 모사(calque), 자구적 번역(literal translation), 치환(transposition), 변조(modulation), 등가(equivalence), 번안(adaptation)이며 그 중 처음 셋은 직접번역전략으로 나머지 넷은 간접번역전략으로 대분하였다. 직접번역은 ST의 형태에 충실한 번역이라고 말할 수 있으며, 간접번역은 형태적 충실성에서 벗어나 그 상황에 맞는 자연스러운 TL로 옮긴 것이라 본다. 그래서 이 책에서는 처음 세 개의 직접번역 방식을 형태적 충실성을 위한 것으로, 간접번역은 의미적 자연성을 이루기 위한 것으로 보아 이를 구분하여 설명하고자 한다.

(6) 형태적 충실성에 관련된 번역전략 (직접번역)

a. Borrowing (차용): (도착어에 없는 단어를) 원어모습으로 사용하는 것
   샴페인, 버스, 오렌지, 컴퓨터,
   Suhbang, Chogajib, Taekwondo, Kimchee

b. Calque (모사): 도착어에 없는 구표현을 그대로 받아오는 것
   the iron curtain (철의 장막)
   the Six Party Talks (6자 회담)
   a carrot and a stick (당근과 채찍)
   a hot potato (뜨거운 감자)
   a white elephant (?흰색 코끼리)

c. Literal translation (자구적 번역, 축어역): 원문의 문장구조에 충실한 번역
You cannot emphasize it too much.
(너는 그것을 지나치게 강조할 수 없다.)
오시기를 학수고대 하겠습니다.
(I am waiting for your return with a crane neck.)

먼저 차용(borrowing)이란 소리 나는 그대로 옮겨 적는 것으로 의미적인 고려는 전혀 없다. 주로 인명, 지명 및 문화어에 적용할 수 있는데, 이를 완전히 자국화 시켜서 'Washington DC'를 '대한민국 서울'로 한다거나 'Mr. McGuire'를 '김 서방'으로 한다면 오히려 독자가 받아들이기 어려울 것이다. 어차피 번역된 글은 다른 나라 지명과 인명을 바탕으로 하기 때문에 차용을 하는 것은 불가피한 일이라 본다. 또한 '오렌지,' '샴페인'과 같은 단어는 번역 이전에 우리말의 외래어로 정착이 되어 있으므로 이를 피해서 '서양 귤' '탄산 술'과 같이 쓰는 것이 오히려 어색할 수 있다. 이와 마찬가지로 우리말의 인명이나 지명을 외국으로 무대를 옮겨서 그곳 사람들의 지명이나 인명을 쓰는 것 역시 독자들에게 혼란을 초래하기 때문에 이런 부분은 이국화의 방식을 택해야 할 것이라 본다. 게다가 '초가집,' '온돌,' '서방님,' '김치'와 같이 우리문화와 밀접한 관련이 있는 것은 이에 대응하는 외국문화도 없을뿐더러 설령 있다고 해도 우리말의 특수한 문화적인 의미를 전달할 수 없기에 문화어 번역은 어느 정도 차용을 수용한다.

두 번째로 모사(Calque)는 도착어에 대응표현이 없는 경우에 출발어의 내용을 직역해 전하는 방식이다. 옛 소련을 '철의 장막'으로 중국을 '죽의 장막'으로 표현하거나 북핵문제를 위한 6개국 회의를 '6자회담'이라고 하는 것은 출발어인 영어의 표현을 그대로 직역해 쓴 것이다. 이런 번역 방식은 경우에 따라 도착어에 부족한 표현을 제공하는 것으로 긍정적인 부분이 있는 것은 사실이다. 그러나 그 정도가 지나치게 되어 'white elephant'를 '흰(색) 코끼리'로 옮겨 놓으면 '감당하기 어려운 선물'이라는 'white elephant'의 의미가 제대로 전달될지 미지수이다. 물론 처음에는 어색했던 '뜨거운 감자(hot potato)'가 이제는 제법 정치, 외교, 군사 분야에서 사용되는 것을 보면 필요에 따라 수용이 되어야 한다고 본다.

마지막 자구적 해석은 원문 텍스트의 문장 구조에 충실하게 번역한 것이다. 자구적 해석을 다른 말로 word-for-word translation이라고 하는데, 이 부분이 우리가 경계해야하는 부분이라고 본다. 앞서 우리는 영어와 우리말이 표현양상이 다르고 문법 구조가 다르다는 것을 배웠다. 그러므로 영어의 문법구조가 우리말로 그대로 반영이 된다면 우리말로는 매우 어색한 표현(번역투)이 될 수 있다. 그런데 자구적 해석은 이를 무시하고 문장의 문법구조와 단어의 사전적 의미에 의존해 번역을 시도하려는 것이다. 이러한 시도는 번역과 통역의 목적인 화자의 의도를 전하고 수용자 반응을 이끌어내는 일에 오히려 방해가 되는 요인으로 이는 통·번역 전략이기는 하지만 적용에 있어 주의를 요한다.

이와 같이 충실성에는 내용의 충실성과 형태의 충실성이 있는데 내용의 충실성이란 의미적인 충실성, 즉 '화자의 의도'와 '수용자의 반응'에 대한 충실성을 말하며 형태적 충실성은 위에서 언급한 세 가지 형태의 언어적인 충실성을 말한다. 이 두 개의 충실성 요구가 충돌하는 경우, 즉 형태적인 충실성과 의미적인 충실성이 대립하는 경우 통·번역사는 대체로 의미적인 충실성을 택하게 된다. 통역과 번역은 문장을 전달하는 것이 아니라 그 문장에 담긴 의미(message)를 전달하는 것임을 여러 번 강조했다. 이를 종합해 볼 때 자구적 번역(verbatim translation)은 의미적인 충실성과 배치되는 개념으로 번역투의 원인이 될 수 있기에 주의가 필요하다.

번역과 통역은 SC와 TC의 차이로 인해 형태적 충실성과 의미적 충실성 사이에 충돌이 일어나기도 한다. 이 경우 앞서 말한 것처럼 통·번역사의 우선순위는 의미적인 충실성이다. 다음의 예를 관찰해 보자.

(7) 형태적 충실성과 의미적 충실성이 충돌하는 경우

a. 다른 의미가 되는 경우

"You are not going to do that!"

"Yes."

b. 무의미한 표현이 되는 경우

We get together once in a blue moon.

They decided to bury the axe.

c. 구조적으로 직역이 불가능한 경우

Nothing ventured, nothing gained.

(7a)에서 "너 나한테 안 그럴 거지?" 라는 질문에 'Yes'라는 답을 하는데 이 말은 우리말로 단순히 옮기면 "알았어"라는 말이 된다. 즉, '안 그럴 것'이라는 의미이지만 실제로 이 말은 '그럴 것'이라는 의미를 강하게 나타낸다. 여기서의 'Yes'는 우리말로 하면 '아니 할 거야'라는 뜻이 됨을 알 수 있다. 물론 이는 쉬운 예에 지나지 않지만 때로 이런 부분에 언어적인 측면만 보고 실수를 하게 되면 낭패를 볼 것이다. (7b)는 관용적이고 숙어적인 표현을 말한다. 'once in a blue moon'을 그대로 해석에서 '파란 달에 한 번'이라고 한다거나 'bury the axe'를 '도끼를 묻다'라고 한다면 이 말의 의미, 즉 '어쩌다 한 번' 또는 '화해하다'라는 의미를 전혀 전달할 수 없다.[11] 또한 (7c)에서 보듯 영어에는 명사문, 즉 동사 없이 명사로만 되어져 있는 문장이 눈에 띄는데, 우리말에는 명사문이 없으므로 이 문장 구조를 그대로 가져와 verbatim translation을 할 수 있는지 알 수 없으나 만일 한다고 해도 모름지기 "도전하는 자가 쟁취한다"는 의미를 전달하지는 못할 것이다.

6.3 자연성

통역과 번역은 중・고등학교 수학문제와 달리 해결과정이 보이지 않으므로 결과만으로 평가를 한다. 때로 수학문제는 결과는 틀렸을지라도 풀이과정이 맞으면 어느 정도 점수를 주는 선생님도 있다고 한다. 그러나 통역과 번역은 그 결과물이 제대로 되어 있지 않으면 그 번역과정이 어떠하든지 결과적으로 좋은 평가를 받을 수 없다. 충실성의 경우와 마찬가지로 자연성에도 형태적 자연성과 의미적 자연성을 구분해 논의할 수 있다. 형태적 자연성이란 4장과 5장에서 논의한 바와 같이, 자연스러운 언어표현을 말하는 것이며, 이를 집약해 이야기하면 번역투를 줄이는 것이다. 하지만 번역투를 철저하게 배제한다고 해서 통역과 번역의 결과물이 쉽게 이해되는 것은 아니다.

11) 이러한 실수를 하지 않도록 잘 대처하는 것이 통・번역사의 중요한 훈련임을 앞서 3장 통・번역사의 훈련 부분에서 언급한 바 있다.

자연성을 충족시키기 위해서는 몇 가지 조건이 있다.

(8) 자연성의 조건
  a. Lucidity (투명성)
  b. Relevance (적합성)
  c. Conciseness (간결성)
  d. Readability (가독성)

이를 간단히 말하자면 번역과 통역은 의미전달이 쉽고 투명해야 하며(lucidity), 상황에 맞는 적절한 표현이어야 하며(relevance), 문장의 길이나 어휘선정이 간략해야 하며 (conciseness), 도착어 표현이 읽기(듣기)에 부담이 없어야 한다(readability). (8d)는 언어적인 자연성을 이야기하지만 나머지 (8a)~(8c)는 내용적, 의미적인 측면을 강조한다.

의미적인 자연성을 설명하기 위해 앞서 언급한 Vinay & Darbelnet(1958/1972)의 번역전략 중 간접번역 가운데 치환(transposition), 변조(modulation), 번안 (adaptation)을 하나씩 살펴보기로 한다.[12)]

(9) 치환 (Transposition)
  a. Oil price hike makes the traffic light.
    기름 값이 오르니 거리가 한산해 졌다.
  b. It is fortunate that he came back in one piece.
    다행히도 그는 무사히 돌아왔다.
  c. Usually professors come to the class 5 minutes late.
    교수님들은 5분 정도 늦게 수업에 오는 게 보통이다.

치환(transposition)은 문법적 등가를 이루지 않고 품사를 비롯한 문장구조를 바꾸는 것을 말한다. 앞서 번역투를 피하기 위한 방법으로 설명한 것과 관련이 있다. 통역에

12) Vinay & Darbelnet가 소개한 번역전략은 총 7가지이지만 이 가운데 등가(equivalence) 부분은 다루지 않았다. 내용상으로는 관용표현에 관한 부분으로 이 책에서 별도로 다루기 때문에 여기서는 논하지 않는다.

서는 이를 품사전환(conversion)이라고 칭하기도 한다. 문법구조를 그대로 전이시키면 대부분의 경우 어색하고 부자연스러운 문장이 만들어진다. 물론 문법구조가 비슷한 경우나 번역사가 탁월한 문장력을 지닌 경우 치환을 시키지 않고도 자연스럽게 의미를 전할 수는 있을 것이다. 그러나 위의 세 문장을 문법구조에 충실하게 옮기는 경우, 즉 verbatim translation을 하는 경우 그 뜻을 전하기 쉽지 않을 것이다. 이런 이유로 치환은 통역과 번역의 결과물에 자주 나타난다. 2.4에서 ST의 문장과 단어를 의미라는 집을 여는 열쇠로 비유해 말한 것처럼 일단 의미를 파악하면 문장의 구조와 문장에서 쓰인 단어는 그 역할을 다하게 된다.

(10) 변조 (Modulation)

a. There is little water in the bottle.
물이 아직은 조금 남았네요.

b. It is not difficult to make her laugh.
그 아이를 웃게 하는 것은 쉬운 일이다.

c. The solution is yet to come.
조만간 해결될 것이다.

d. It is nine-forty.
열시 20분 전입니다.

e. He was too intelligent and perceptive not to feel the disappointment of his admirers for a long time.
그는 명석하고 예민하기에 오랫동안 자기를 따랐던 사람들의 실망감을 느낄 수 있었다.

f. "You are not serious, are you?" I nodded.
"농담이시지요?" 나는 머리를 가로저었다.

g. People would treat you with respect.
사람들이 함부로 대하지는 않을 겁니다.

변조(modulation)는 텍스트를 보는 관점을 바꿔 번역하는 것을 말한다. 변조는 앞서 언급한 치환(transposition)과 함께 흔히 적용된다. 품사에 얽매이지 않을 뿐더러 ST

를 보는 관점을 달리하여, 보다 의미적으로 자연스럽게 번역하기 위한 전략이다. (10b)를 원문의 단어에 보다 가깝게 번역하면 "그 아이를 웃기는 것은 어렵지 않다"라는 말이지만 이러한 부정의 표현을 긍정으로 바꾼 것을 볼 수 있다. 심지어 (10f)의 경우는 nod(끄덕이다)를 '고개를 가로 저었다'로 번역해 피상적으로는 정반대의 의미인 것처럼 보이지만 맥락적 의미를 보면 맞게 번역한 것이다. 이처럼 변조는 의미파악에 도움을 주며 또한 의미파악에 도움을 줄 때 비로소 그 가치가 있는 것이다.

변조를 전략으로 택했다고 해서 그 결과물이 항상 의미적으로 자연스러워지는 것은 아니다. (10d)의 경우처럼 '10시 20분 전'이나 '9시 40분'이나 별반 차이가 없는 경우도 있고 (10a)의 경우처럼 마실 수 있는 물이 거의 없다는 의미로 한 말이 변조를 통해 화자의 의도를 퇴색시키는 결과로 나타날 수도 있다. 이러한 경우 역시 그 선택의 기준은 의미적 충실성이라는 점을 명심해야 한다.

(11) 번안 (Adaptation)

a. That explains his gloominess.
어쩐지 풀이 죽어 있더라니.

b. You eat your corn as though it was a feast.
보리밥을 산해진미처럼 먹는구나.

c. He kissed his daughter on the mouth after he returned from the work.
그는 퇴근 후 딸아이에게 가볍게 뽀뽀를 했다.

d. He, too, was one of the 49ers.
그 역시도 노다지를 찾아 헤맸다.

위의 예에서 보듯 번안(adaptation)은 목표언어 문화권에 맞게 변형해 옮기는 것을 말한다. ST에 문화적인 색채가 짙은 표현이 있는 경우 이를 우리말로 옮겨 놓으면 그 의미가 흐려지거나 전달되지 않으므로 의미를 중심으로 TT의 독자나 청중이 이해할 수 있는 문화어로 바꾸는 것이다. 번안에서는 치환과 변조가 같이 나타날 수도 있다.

특히 (11c)와 (11d)의 경우는 주의를 요한다. (11c)를 그 내용 그대로 옮겨서 "그는 퇴근 후 딸의 입술에 키스를 했다"로 하면 한국의 독자는 그 의미를 파악하기 어렵다. 실제로 한국어 문화권에서는 딸의 입술에 키스를 하는 것이 자칫 오해를 불러

일으킬 수 있다. 그러나 전반적인 의미는 자녀에 대한 애정을 표현하는 것이므로 이를 순화시켜서 '입술'을 빼고 '키스'를 '뽀뽀'로 바꾸고 그것도 걱정이 되어 '가볍게'라는 말로 약화를 시켜 한국어문화권에 있는 사람들도 나름 통상적인 아버지의 사랑표현으로 받아들일 수 있게 바꿔 준 것이다. (11d)의 '49ers'를 '49년도 사람들'이라고 옮기면 번역사는 이 의미를 알지만 이를 읽는 독자는 무슨 말인지 알지 못한다. 1849년 캘리포니아로 금을 캐기 위해 무리를 지어 이동했던 미국 남부인들을 지칭하는 말임을 모르는 독자에게는 '황금을 찾아 몰려든 사람들'이라는 의미를 전해 주어야 전후의 문맥에 맞는 자연스러운 의미를 이해할 수 있다.

다음 6.4의 보상전략에서 다시 이야기하겠지만 문화적 차이를 보이는 도량형의 경우, 이를 생소한 단위인 온스, 마일, 파운드로 표현하면 독자가 이해하지 못할 수 있으므로, TT 독자의 문화권에 맞는 말로 킬로그램, 킬로미터 등으로 번안해주는 것이 좋다. 그러나 그 적절성의 판단은 번역, 통역사의 몫이다. 'Every Jack and Jill'을 우리말로 번안해 '철수나 영희나 모두'와 같이 옮길 경우 번역문임을 아는 독자나 청중은 오히려 혼란을 느낄 수 있으며, 이는 외려 저자/화자의 의도를 전달하는 데 방해가 될 수 있기 때문에 번안의 적절성에 대한 기준은 의미적 충실성이 되어야 한다.

자연성의 목표는 원문의 의미를 자연스럽게 전하는 것이 목적이므로 원문의 의미가 우선이 된다. 자연성만을 내세워 원문의 의도와 의미를 왜곡하게 되면 이는 자연스럽기는 해도 번역의 본디 목적을 상실하는 것이다. 따라서 위에서 언급한 세 가지 전략, 즉 치환(transposition), 변조(modulation), 그리고 번안(adaptation)은 원문의 의미를 보다 잘 전하는 것이 목적이라는 점을 잊지 말자. 이들 중 그 어느 것도 원문의 의미보다 중시되어서는 안 된다.

6.4 보상전략

앞 절에서 우리는 충실성과 자연성의 목적이 원문의 의미를 보다 충실하게, 자연스럽게 전하는 것임을 배웠다. 이 모두는 ST의 의미에 대한 가장 적절한 등가(equivalence)를 찾기 위한 노력이라 할 수 있다. ST와 TT간의 등가는 여러 층위에서 나타난다. Baker(1992)는 아래와 같이 5층위로 구분했다.

(12) 등가의 여러 층위

a. Equivalence at word level
b. Equivalence above word level
c. Grammatical equivalence
d. Textual equivalence
e. Pragmatic equivalence

(12)에서 보는 바와 같이 등가는 어휘, 구, 문법, 텍스트, 화용론적 층위에서 나타날 수 있다. 문화권마다 존재하는 사물이 다를 것이고 그 사물을 지칭하는 어휘도 각양각색일 것이다. 가령, 한국에 있는 배와 미국에 있는 배는 가리키는 대상이 엄밀하게 다른 것들이다. 이때 한국의 '배'를 영어로 'pear'라고 칭하면 엄밀한 의미에서 정확한 번역이라고 보기 어렵다. 어쩌면 'Korean pear'라고 하는 것이 나을 지도 모르겠다. 또한 한국의 정서적인 배경이 묻어나는 어휘인 '정'이나 '한'이라는 단어를 영어로 표현하는 것도 쉽지 않을 것이다. '정'을 'friendship'으로, '한'을 'longing' 정도로 번역해버리면 한국 어휘가 내포하는 포괄적인 의미의 일부만을 전달하는 것에 그친다. 이렇듯 통·번역은 가장 하위 층위인 어휘에서부터 어려움에 봉착한다. 이런 여건 속에서도 통·번역사는 상황적 맥락에 가장 부합하는 등가를 찾아 의미를 전달하고자 애쓴다.

구 층위에서도 이러한 어려움을 짐작할 수 있다. 가장 쉬운 예로 각 문화권에서 사용하는 관용어구나 속담을 떠올릴 수 있을 것이다. 오랜 세월이 흐르면서 삶의 지혜가 녹아있는 문구들은 문화권이 달라지고 언어권이 달라지면 대응되는 표현을 찾기가 쉽지 않다. 예를 들어 'It's raining cats and dogs'나 'food for thought'와 같은 표현들은 한국어로 대체할 수 있는 표현을 찾기보다 문맥에 맞게 의미를 전달하는 것이 나을 것이다. 관용어구에 대한 등가를 이루기 위해 적용할 수 있는 다양한 보상 전략을 아래에서 논하겠다.

문법적 층위에서는 번역의 대상이 되는 ST의 문법 체계와 결과물인 TT의 문법 체계가 다르기 때문에 어려움이 발생한다. 문법적 차이는 단수/복수, 성, 인칭, 시제, 상, 태 등 다양한 영역에서 나타나며, 어순에서도 구분된다. 가령, 단수/복수의 경우

child/children, fox/foxes, table/tables 등의 단・복수 형태가 한국어에서는 '들'이라는 복수 어미를 추가하거나, 단수형으로 복수를 대신하는 방법으로 복수를 표현할 수 있을 것이다. 어순에서도 한국어가 술어를 문미에 두는 것과 달리 영어는 주어 다음에 동사가 나오기 때문에 한-영 동시통역 시 술어를 끝까지 기다렸다가 듣고 통역하다가는 연사의 발화 속도를 따라가지 못하는 불상사가 발생할 수 있다. 그래서 품사 전환(conversion) 등 다양한 전략을 통해 상이한 어순의 극복을 위한 노력이 이루어진다.

텍스트 층위에서 Baker는 정보 구조(information structure)와 응결성(cohesion)을 언급했다. 정보 구조는 영어의 테마(theme)와 레마(rheme)의 관계를 말하는 것인데, 보통 theme은 문두에 배치되어 이미 주어진 정보(given information)를 제공하게 되고, 이어서 등장하는 rheme은 새로운 정보(new information)를 제공한다. 예를 들어, "I rushed to the market. It was right across the street"에서 두 번째 문장의 'It'은 theme이 되고 'It' 이하는 rheme이 된다. 즉, 여기서의 'It'은 앞의 'the market'을 지칭하며 이미 주어진 정보를 가리킨다. 그리고 이어서 나오는 내용은 'market'에 대한 추가 정보 또는 새로운 정보가 된다. 영어에서 텍스트를 구성하는 장치인 theme과 rheme이 한국어에도 항상 동일하게 적용되는 것은 아니므로 텍스트적인 차이가 존재한다고 볼 수 있다. 또한 언어권별로 텍스트의 응결성이 상이하게 나타날 수 있는데, 영어에서는 지시(reference), 대용(substitution), 생략(ellipsis), 접속(conjunction), 어휘적 응결성(lexical cohesion) 등의 결속 장치가 있다. 가령, "I dropped the box on the floor. It burst open."이라는 문장에서 'It'은 앞의 'the box'를 지시하는 대명사이다. 이렇게 대명사를 쓰게 되면 두 문장의 결속성이 높아지는데 그 이유는 'It'이 'the box'와 밀접한 관련을 맺기 때문이다. 이러한 결속 장치가 언어마다 다른 양상을 보이므로 텍스트적인 층위에서 등가를 이룰 때 생각해봐야 할 부분이다.

마지막으로 화용론적 층위에서의 등가는 응집성(coherence)에 대한 것으로 ST와 TT 간의 함의가 등가를 이루는 것을 말한다. 즉, 말한 바와 의미한 바가 다를 때 화자의 의도를 전달하는 것이 중요하다. 가령, "Shall we go for a walk?" - "It's raining!"이라는 대화에서 후자의 대답이 실제로 비가 오고 있다는 사실을 전달하기 위한 것이라기보다 산책하기 싫다는 의사를 우회적으로 표현한 것으로 보아야 할 것이다. 이를 통역하거나 번역할 때 이런 함의를 염두에 두어야 할 것이다. 문화적인 차이로 화용론적 등가가 다양한 양상을 보이기도 하는데, 예를 들어 '오빠'라는 호칭을 번역할 때 이를 'big brother'이나 'big bro'로 번역할 수도 있겠지만, 맥락에 따라 'sweetheart'나 'darling'으로도 대체가 될 것이다. 즉, 표층적으로 드러난 표현보다는 그 속에 담긴 의미를 포착하여 등가를 만들어내는 노력이 요구된다.

이상으로 어휘, 구, 문법, 텍스트, 화용론적 층위에서의 등가에 대해 살펴보았다. 상이한 언어 및 문화적 여건 때문에 각 층위에서 등가를 이루는 것이 쉽지만은 않다. 그러나 통·번역사라면 맥락을 최대한 활용하여 원문에 충실하면서도 도착문이 자연스러운 등가를 만들어내기 위해 최선의 노력을 다 해야 한다. 자연스러운 등가를 위해서는 앞서 논의한 충실성과 자연성에 관한 내용 외에도 적절한 보상전략이 필요하다. 보상전략은 좁은 의미로 보면 자연스러운 도착어 생성과 명확한 의미 전달을 위해 무언가를 보상해 주는 것, 즉 첨가(addition) 또는 대치(substitution)하는 전략이라 할 수 있다. 하지만 넓게 보면, 자연스러운 도착어 생성과 명확한 의미 전달을 위해 첨가를 포함한 일련의 조작(operation)을 포괄한다. 그러므로 광의의 보상은 치환, 변조, 번안 등 앞서 언급한 의미적 자연성을 위한 번역전략을 포함하는 개념으로 이해할 수 있다. 이번 절에서는 이렇게 자연성과 충실성을 보조해 주는 또 다른 각도에서의 보상전략에 대해 논의한다. 먼저 문장 내에서의 보상전략을 생각해 보고 뒤이어 관용구의 보상전략을 살펴보겠다.

(13) 보상전략 (Baker 1992)
a. 상위어 사용 (Generalization)
b. 하위어 사용 (Narrowing)
c. 완곡어 사용 (Euphemism)
d. 문화대체어 사용 (Cultural substitutes)
e. 환언 전략 (Paraphrasing)
f. 추가 설명 사용 (Added explanation)
g. 각주 사용 (Foot-notes)

위에서 언급한 7가지 보상전략 중에 실질적으로 무언가를 더해 보상을 해 주는 경우는 마지막 (13f)와 (13g)이다. 그러므로 협의의 보상은 이 둘 뿐이라 할 수 있다. 처음 네 개인 상위어, 하위어, 완곡어, 문화대체어 사용은 협의의 보상전략에는 포함되지 않는다. 무언가를 보상해 더하는 전략이 아니기 때문이다. 사실상 (13a)와 (13b)는 텍스트를 보는 관점을 달리해 재조명하는 것으로 앞서 내용의 자연성에서 언급한 변조(modulation)로 보아도 무방하다. 또한 (12c)의 완곡어 사용과 (12d)의 문화대체어 사용, (12e)의 paraphrase는 앞서 배운 번안(adaptation)과 상통하는 부분이 있다. 그러나 위의 모든 경우가 다 자연스럽고 충실한 의미를 위해 넓은 의미의 보상전략에 포함된다고 보아 같이 논의하기로 한다. 이제 보상전략을 하나씩 간략하게 살펴보자.

(14) Translation with more general words (Hypernym, Generalization or Expansion)

a. 자기 죽음을 부모에게 알리는 통지일 거야. "저는 이렇게 흙으로 돌아갑니다." 하는 …

It was his way of telling his family he had died. "From dust to dust …"

b. 우리 아이는 축구, 농구, 송구 등 다 좋아합니다.

My son is fond of all kinds of ball games.

c. 6·25 당시는 왜, 의용군에 지원하지 않았소?

Why didn't you volunteer for the People's Army when the war broke out?

d. Seoul meets with Washington in Beijing for further negotiation.

한국은 미국 측과 베이징에서 만나 추가협상을 할 것이다.

(14)의 예를 보면 상위어 전략이 무엇인지를 알 수 있다. ST에는 '부모,' '축구, 농구, 송구,' '6.25전쟁,' 그리고 'Seoul'과 같이 구체적인 대상이 언급되어 있으나 이들을 보다 일반적인 어휘로 바꿔서 '부모'를 'his family,' '축구, 농구, 송구 등'을 'all kinds of ball games,' '6.25전쟁'을 'the war,' 'Seoul'을 '한국'으로 옮겨 놓았다. TT의 번역은 모두 ST의 내용보다 일반적인 것으로 TT의 단어는 ST에 비해 상위어에 해당한다. 이러한 전략은 TT 독자들의 이해를 도와주는 경우에 한해서 보상으로서의 가치가 있다. 특히 (14d)의 경우는 직역을 해서 'Seoul'을 '서울'로 옮기면 한 나라를 뜻하는 것

이 아니라 도시를 뜻하기 때문에 이 경우에는 올바른 의미를 전하기 위해 상위어 전략이 필요하다.[13)]

(15) Translation with more specific words. (Hyponym, specification or narrowing)
  a. He likes kitchen works.
    밥하고 설거지 하는 거 즐기는 편이지요.
  b. The president may feel uneasy with the outcome.
    결과가 안 좋아 사장님이 실망하실걸.
  c. He may be your uncle, though he may not speak your language.
    그가 영어를 못해도 엄연히 삼촌은 삼촌이다.

(15)는 (14)와 반대 방향으로 흐른다. 원문은 일반적인 단어를 사용했지만 번역문에서는 매우 구체적인 대응어를 열거했다. 'kitchen works'를 '주방일'로 하지 않고 '밥하고 설거지 하는 것'으로 구체적인 대응어를 사용했으며 (14b)의 경우 원문은 '편치 않다'는 말인데 이를 보다 구체화해 '실망한다'로 옮겨 놓았다. 때로 이러한 하위어전략(Specification or narrowing)이 TT독자들에게 더 구체적으로 다가오며, 경우에 따라서 협의어를 사용하는 경우 표현에 생동감을 불어 넣을 수 있다.

(16) Translation by less expressive words (Euphemism)
  a. Let us know if there's anything you don't like.
    불편하신 점이 있으시면 알려주세요.
  b. He hugged his daughter-in-law to welcome her back.
    그는 며느리를 반갑게 맞아 들였다.
  c. He kissed his daughter on the mouth after he returned from the work.
    그는 퇴근 후 딸아이에게 가볍게 뽀뽀를 했다.

(16)는 완곡어법(euphemism)의 예이다. (15b)에서 'feel uneasy'를 '실망한다'로 옮긴

13) 수사학에서는 이를 제유법(synecdoche)이라 명한다. 부분으로 전체를 나타내는 방식으로 '일손'과 같이 손으로 사람을 말하는 경우이다.

것은 그 내용을 더 강하게 전달해 상대에게 사장의 심중을 보다 직접적으로 전하는 방법이지만 이러한 감정적 반응에 대한 구체화는 메시지를 왜곡할 가능성이 있으므로 조심해야 하는 부분이다. 반면에 (16)에서 언급한 완곡어 사용은 문화적인 격차가 있을 때 유용한 전략이다. ST의 단어를 그대로 옮기기보다는 조금 약화시켜서 독자나 청자가 불편해 하지 않도록 배려하는 방법이요, 또 그대로 옮겨 쓰는 것이 TT의 표현방식과 맞지 않을 경우 이에 맞추어 주는 일종의 번안기법(adaptation)으로 전달의 효과를 높이기 위한 전략이다.

(16b)는 "며느리를 환영하며 포옹을 했다"는 말이다. 실제로 영미문화권에서는 며느리에게 포옹을 하는 것이 자연스러운 것이 사실이지만 우리나라에서는 아직은 일반화 되어 있지 않은 듯하다. 그러니 '며느리를 끌어안았다'는 표현이 우리말 독자에게는 필요 이상의 의미를 전달하게 되어 원뜻이 왜곡될 가능성이 있기에 이를 조금 부드럽게 돌려서 '반갑게 맞이했다'로 표현한 것이다. (16c)는 앞서 번안(adaptation)에서 TT의 문화권에 맞는 말을 사용해 이해를 돕는 방법으로 설명하며 제시한 바 있다.

(17) Translation with cultural substitution

a. You went through all the trouble for just a few dollars?
돈 몇 푼 더 벌겠다고 그 고생을 했니?

b. 동북방 6킬로 지점으로 진격하라.
Go up 4 miles to the northeast.

c. 보름 후면 돌아옵니다.
I will be back in about two weeks.

(17)은 문화대체어를 사용한 예이다. 이 역시도 TT 독자의 이해를 돕는 방법으로 보상의 일환으로 설명하지만, 이 또한 번안기법(adaptation)으로 보아야 할 것이다. 특히 도량형 단위를 전달하거나 ST의 문화적인 의미가 담겨 있는 말을 그대로 옮겨 놓으면 독자가 '감'을 잡기 어려운 부분이 있어 이를 TT 독자의 문화권에 해당하는 말로 옮기는 것이다. (17a), (17b), (17c)와 같이 길이, 무게, 양의 단위가 들어 있는 경우 이를 TT 독자에게 맞는 단위로 바꾸면 TT 독자가 더욱 명료하고 분명하게 이해를 할 수 있다.

(18) Translation by paraphrase

a. Hitler was prepared to act humbly. Hitler agreed to respect the authority of the state without condition, and to support it in the struggle against Communism. It was his 'journey to Canossa.'
히틀러는 자세를 낮출 각오를 했다. 정부의 권위를 무조건 존중할 것이며 정부의 반공투쟁을 지원하겠다고 다짐했다. 그는 "무릎이라도 꿇으라면 꿇겠다"는 각오로 나갔다.

b. He finally popped the question last night.
어제 밤 드디어 나에게 청혼하더군요.

c. 언제 국수 먹여 줄거니?
Can I ever see your wedding?

지금까지 소개한 네 개의 보상전략과 달리 paraphrase 전략은 문장이나 구의 내용을 완전히 바꿔서 그 의미를 전하는 방법이다. paraphrase는 한자어로 釋義(석의, 의미를 해석함)라고 하는데 문장에 나오는 단어의 사전적인 의미에 얽매이지 않고 전체의 의미를 전달하는 방법이다. 'Journey to Canossa,' 'pop the question' 또는 '국수를 먹여주다'와 같은 표현은 문화적인 색채가 농후하게 배어 있어 이를 직역할 경우 도무지 그 의미를 전하기 어렵다. 먼저 'Journey to Canossa'는 실제 역사적인 사건으로 11세기경에 교황에 대립하다가 왕권을 잃을 지경에 이른 하인리히 4세가 교황이 있는 Canossa 성에 찾아가 성문 밖에서 눈보라를 맞으며 3일간 '석고대죄' 후 간신히 사면을 받은 사건으로 매우 굴욕적인 사건이다. 그러므로 밑줄로 표기한 부분은 "그것은 그에게는 카노사의 굴욕과 같은 것이다."라는 의미인데 이렇게 옮겨 놓아도 카노사의 굴욕이 무슨 말인지 알지 못하는 TT독자가 많을 것으로 예상되면 카노사의 굴욕이 무슨 의미인지를 풀어 설명해 독자의 이해를 증진시킬 수 있다.[14]

또 'pop the question'은 '질문을 터뜨리다'와는 무관하다. 'the question'은 "Will you marry me?"라는 청혼하자는 요청을 말하는 것이다. 이를 안다면 "어제 드디어

14) (18a)의 밑줄 부분을 "그는 석고대죄라도 할 각오를 했다"와 같이 문화대체어 전략을 사용해도 웬만한 TT 독자는 무리 없이 이해할 수 있을 것이요, 또 역사를 아는 독자에게는 "하인리히 4세가 Canossa로 교황을 찾아가는 심정으로"와 같이 간단한 추가설명을 덧붙일 수도 있다.

그가 청혼했어요"와 같은 의미임을 알 수 있기에 그 의미를 뽑아 전달하는 것이다. (17)의 paraphrase(석의)전략이 진정한 의미에서 번안(adaptation)이라 할 수 있다.

지금까지 소개한 상위어 전략, 하위어 전략, 완곡어 전략, 문화대체어 전략, 그리고 paraphrase전략은 앞서 소개한 변조(modulation)와 번안(adaptation)과 함께 TT 독자의 이해를 돕고 TT의 자연성을 향상하기 위한 전략으로 볼 수 있다. 좁은 의미에서 보상이란 무언가를 더해주는 것으로 여기에는 추가설명과 역자주 사용이 있다.

(19) Translation with added explanation

a. Defenseless against their false testimony and facing certain sentencing to the living grave of the galleys, Vidocq made his escape and became a hunted man.
허위증언에 대해 아무 방비책도 없었고, 따라서 살아있는 무덤과 같은 갤리선 노역형에 처해질 것이 확실해지자 비도크는 탈옥을 했고 그래서 쫓기는 신세가 되고 말았다.

b. In the decade of the Great Depression, we no longer saw the world of Gatsby but that of The Grape of Wrath.
대공황기 10년간 미국은 위대한 게츠비에 나오는 상류사회가 아니라 분노의 포도에 나타난 밑바닥 인생을 체험했습니다.

c. A man and a satyr became friends.
반인반수의 호색가 사티루스가 인간과 친구가 되었습니다.

d. I suppose so, said she with a shrug.
그런가 보지요 … 아이는 관심 없다는 듯이 어깨를 으쓱했다.

e. More than a thousand years before Christ, near the eastern end of the Mediterranean was a great city very rich and powerful, second to none on earth.
이미 기원전 10세기경에 지중해의 동쪽 끝, 현재의 소아시아인 터키의 서북쪽 해안 근처에 커다란 도시가 있었다. 당시 지상 최대의 부와 번영을 자랑하던 도시였다.

f. 석굴암 부처의 이마에 있는 다이아몬드는 임진왜란 때 일본으로 넘어갔습니다.
The Japanese took away the diamond from the forehead of Buddha during Imjinweran, the Japanese invasion to Korea back in the 16th century.

(19)에서 밑줄 친 부분이 부가 설명으로, 이는 수용자의 이해를 도와준다. 물론 그 부분이 없어도 일부 독자는 의미를 파악할 수 있겠지만 최소한의 설명을 덧붙여 줌으로써 읽고 이해하기 편하게 해준다. 이와 같이 본문에 추가 설명을 바로 넣어서 제시하는 방법도 있지만, 본문에는 원문의 흐름을 따라 설명하면서 그 의미를 풀어서 각주로 달아 소개하는 방법도 있다.

(20) Translation with footnotes (역자주)

"Let's talk about Bonfire night." Jacob relaxed now that the conversation was within his range. The fifth of November was one of the landmarks of Jacob's year.

"폭죽놀이 축제 얘기나 하자." 제이콥은 이제 자기가 끼어들 수 있는 이야기를 하니 마음이 풀어졌다. 11월 5일 <u>폭죽놀이는</u> 제이콥에게는 매년 중요한 행사이다.**)

** 영국에서는 가이 폭스(Guy Fox)라는 가톨릭교도가 잉글랜드 국왕을 시해하려던 음모를 사전에 적발한 것을 기념하여 매해 11월 5일 폭죽놀이를 한다.

(20)의 예를 보면 'the fifth of November'를 '11월 5일 폭죽놀이'라고 옮겨서 '폭죽놀이'를 추가 설명으로 삽입해 조금은 이해를 도왔지만 여전히 '11월 5일'의 의미가 전달되지 않는다. 이를 고려한 역자는 '11월 5일'의 의미를 전달하는 방법으로 역자주를 택했다. 이러한 각주는 독자가 글을 읽을 때 추가적인 정보를 제공해 준다. 문맥을 이해하는데 중요한 역할을 하는 고유명사나 문화행사는 주석을 달아 보충설명을 해주면 도움이 된다. 그러나 이런 보상방법은 통역 시에는 사용할 수 없다. 글로 된 출판물에서만 가능한 방법이다. 또한 각주가 많으면 독자가 책에 집중할 수 없으므로 역자주는 꼭 필요하다고 생각하는 부분에만 사용하고 나머지 경우는 위에 언급한 다른 방법으로 보상을 해 주는 것이 바람직하다.

보상에 관해 특별히 다루어야 할 부분은 관용구, 속담 등이다. 숫자와 관용구는 통역사의 영원한 적이라고 할 만큼 통·번역 수행에 부담이 되는 부분이다. 관용구는 각 문화권별로 오랜 세월을 거치며 삶의 지혜를 응축한 표현이기에 문화적 색채가 짙어서 때로는 문화적 배경을 모르면 이해하기 힘들다. 번역 시 TT 문화권에 의미가 유사한 관용구가 있다면, 그것으로 대체하는 것이 효율적이나 이 방법이 가능하지 않을 경우에 풀어서 설명을 해야 뜻이 전달된다. 아래는 관용구를 번역하는 방법을 도식화한 것이다.

(21) 관용구 번역 방법

ST에 관용구가 있는 경우 가장 좋은 방법은 이에 대응하는 TT의 관용구를 찾아서 대체하는 것이며, 특히 속담의 경우는 이러한 번역방법이 문장을 이해하는 데 도움이 된다. 하지만 ST의 관용구에 해당하는 관용구 표현이 없을 경우 TT에서는 이를 풀어 설명하는 것이 무리하게 단어를 옮기는 것보다 효과적이다. 또 대응되는 관용구가 없는 TT의 문장이라도 그 의미에 맞는 TT의 다른 관용구가 있을 경우 이를 활용하는 것이 독자에게 친숙하게 다가가는 방법이 된다.

(22) SL idiom to TL idiom

a. Talk of a devil.
   호랑이도 제 말하면 온다더니 ...
   (양반 못 되겠네 ⋯)

b. You scare the shit out of me.
   간 떨어질 뻔 했잖아!
   (애 떨어질라!)

c. You know I too am made of flesh and blood.
   그렇다고 나 역시 목석은 아닙니다.

d. Empty vessels make the most sound.
   빈 수레가 요란하다.

(22)의 예는 있는 그대로 옮겨 놓을 경우 관용표현의 의미를 전달하지 못하며 오히려 그 의미가 왜곡될 수 있다. (22a)를 "악마에 대해 이야기하자면 ..."이라고 쓴다면 이를 이해하는 우리말 독자는 없을 것이라 본다. 그러나 이에 해당하는 우리말 관용표현(속담)을 사용해 "호랑이도 제 말하면 온다더니 ..."와 같이 표현하거나 "양반은 못 되겠네"와 같이 쓰면 우리말 독자에게 매우 친숙한 표현으로 그 의미를 쉽게 알아볼 수 있다. 그러나 경우에 따라서는 (23)과 같이 TT에 대응하는 관용표현이 없는 경우도 있다.

(23) SL idiom to TL prose

a. 죽 쒀서 개줬다.
I have done that all for nothing.

b. You cannot put the cart before the horse.
일에는 순서가 있는 법입니다.

c. I am all thumbs in gardening.
원예에는 도무지 소질이 없습니다.

d. It is raining cats and dogs.
비가 거세게 퍼붓고 있습니다.

e. Bacchus kills more than Mars.
전쟁보다 술로 죽는 사람이 더 많다.

f. Penny wise, pound foolish.
푼돈에 연연하면 큰돈을 잃는다.

g. Right now, no one has better fingertips for this material than the people at the Lions Gate.
요즘은 라이언스 게이트의 직원들만큼 그런 소재를 잘 다루는 사람이 없다.

위의 예들은 ST에 대응하는 TT의 관용표현이 없다. 원문을 직역하게 되면 의미전달이 안 된다. (22)의 경우처럼 TT에도 상응하는 관용어(속담)가 있으면 이를 활용하여 번역하는 것이 바람직하지만, (23)과 같이 대응어가 없는 경우 이를 paraphrase (adaptation)기법으로 전환하는 훈련이 부단히 계속되어야 한다. 마지막으로 원문에는 관용표현이 없으나 이를 TT에서는 관용표현으로 전환하는 방법이다.

(24) SL prose to TL idiom

a. Why can't we have a normal day?
하루라도 바람 잘 날이 없구나.

b. I had a hectic schedule all through the last week.
지난주 내내 눈코 뜰 새 없이 바빴다.

c. She always follows him.
바늘 가는데 실 가듯 하네.

d. He looked at me with blank eyes.
소 닭 쳐다보듯 날 보더라.

e. It's the main news source for the non-arthritic population, and a megaphone for those who make their own media.
또 인터넷은 젓가락 들 힘도 없는 노인을 제외한 대다수 사람의 주된 소식원이고, 1인 미디어를 만드는 사람들의 대변인이다.

이러한 TT의 관용표현은 TT 독자에게 매우 친숙한 의미로 다가와 독자가 번역문임을 잊게 만드는 자국화(localization)의 효과가 있지만 공식적인 자리에는 어울리지 않는 경우도 있으니 상황과 환경에 맞게 응용하는 능력이 필요하다. 이러한 보상전략을 사용함에 있어 다음의 네 가지 기준에 유의해야 한다.

(25) 보상전략 사용 시의 유의점

a. Quantity (양적인 문제)
최소한으로 유지한다.
의미전달에 필요한 부분만을 보상한다.

b. Quality (질적인 문제)
의미를 왜곡 없이 전한다.

c. Relevance (관련성)
문맥이해와 관련이 있는 내용이어야 한다.

d. Manner (양태)
명료하고 명확해야 한다.

(25)의 내용은 사실은 Grice(1975)의 대화격률에서 언급된 내용이다. 적절한 대화는 의미전달에 필요한 만큼의 정보를 제공하며(maxim of quantity), 사실에 입각해야 하며(maxim of quality), 대화의 내용이 관련성이 있어야 하고(maxim of relevance), 간결하고 명료해야한다(maxim of manner)는 내용이다. 보상전략은 정보의 양에 있어서 지나침이 없어야 간결성(conciseness)과 자연성(naturalness)을 유지할 수 있고, 정보의 질에 있어서는 ST의 내용이 왜곡 없이 전달되어야 하며, 관련성에 있어서는 의미적 충실성과 더불어 표현의 자연성을 높이는 전략적 선택이어야 하고, 보상을 위해 추가된 내용이 보상의 목적인 독자의 이해증진을 위해 명확하고 명료해야 한다. 결국 보상내용은 독자가 이해하는 데 필요한 최소한의 양으로 독자의 부족한 부분을 채워주는 역자의 배려이다.

본 장에서 논한 충실성과 자연성은 원문의 정확한 의미 전달과 청중의 명확한 이해를 위해 충족시켜야 할 양대 조건으로 제시되었다. 이는 ST와 TT 간의 등가를 이루는 과정에서 고려되어야 할 중요한 요건이며, 통·번역사의 입장에서 저자/화자와 독자/청중에게 신뢰를 얻을 만한 결과물을 생성해내기 위해 추구해야 할 목표이다. 등가를 이루기 위한 보상전략에 대해서도 논했다. 하지만 이 부분은 이론적 학습으로 끝난다면 아무런 의미가 없으며, 실제 번역, 통역 연습을 통해 적절한 번역전략을 적용해보고 지속적으로 통·번역 기술을 향상시켜 나가는 노력이 필요하다.

7장

다양한 텍스트 번역하기

앞 장에서는 자연성을 향상하고 독자의 수용력을 높이기 위해 자연스러운 한국어와 자연스러운 영어로 번역하는 방법을 살펴보고 충실성과 자연성을 충족하기 위한 보상 전략에 대해서도 알아보았다. 이 장에서는 번역사가 실제로 번역 일을 의뢰받아 작업을 하게 되면서 접하는 다양한 텍스트를 알아본다. 번역사는 각 텍스트의 고유한 특징을 이해하고 그 텍스트가 수행하게 될 기능에 맞는 번역을 하는 것이 중요하다. Reiss(1976)는 텍스트를 아래와 같이 세 유형으로 분류했다.

(1) Text types and varieties

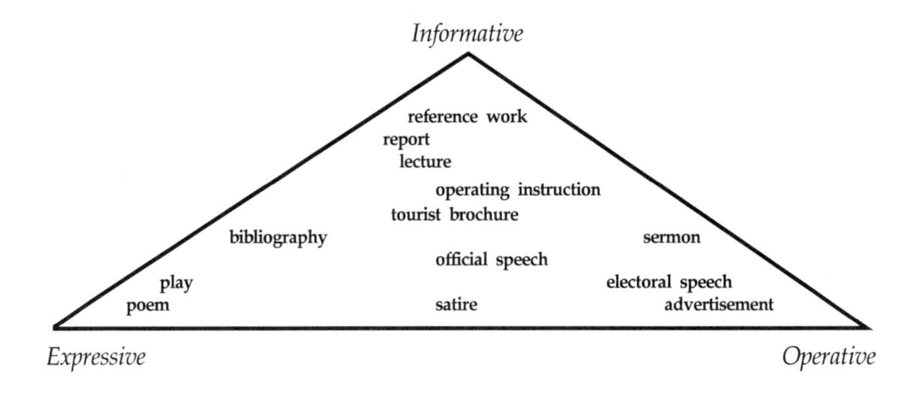

(1)에서 세 종류의 서로 다른 텍스트 유형을 예시해 놓았다. 정보적(informative) 텍스트, 표현적(expressive) 텍스트, 조작적(operative) 텍스트는 유형에 따라 텍스트가 수행하는 기능이 달라진다. 정보적 텍스트는 보고서나 강의 자료와 같이 정보 전달이 목적인 텍스트이며, 번역사는 도착 텍스트에서 정보가 누락되거나 왜곡되는 일이 없도록 정확하게 전달해야 한다. 표현적 텍스트는 시나 희곡 등의 문학 작품이 해당되는데, 번역사는 내용뿐만 아니라 표현상의 미적 효과를 최대한 재현해야 한다. 조작적 텍스트는 광고, 선거 연설, 설교 등이 해당되는데, 이 텍스트의 목적은 행동을 유발한다는 것이다. 즉 광고를 접한 사람은 특정 상품을 구매하도록, 선거 연설을 들은 사람은 특정 후보를 지지하도록, 설교를 들은 사람은 특정 종교를 믿도록 하는 목적이 있다. 따라서 이런 텍스트를 번역하는 사람은 텍스트가 설득력을 갖추어 소기의 목적을 달성하는데 기여하도록 해야 한다. 위 (1)의 그림에는 포함되어 있지 않지만, 이 밖에 Reiss(1976)는 복합모드 텍스트(multimodal text)도 추가했는데 시각적 요소(이미지, 동영상 등)및 청각적 요소(음악, 음향, 특수 효과 등)가 가미된 텍스트로 영화와 같은 각종 영상물이나 광도 등의 시청각 자료가 여기에 해당된다. 이러한 복합모드 텍스트는 정보를 전달할 수도 있고(다큐멘터리), 아름다운 표현을 할 수도 있으며(예술영화), 조작적 기능도 수행할 수 있다(캠페인 영상). 복합모드 텍스트는 이렇게 글, 이미지, 소리, 움직임 등의 다양한 모드로 이루어져 수용자에게 다채롭고도 강력한 메시지를 전달하는데 효과적이다.

번역사로서는 내용뿐 아니라 문체적, 정서적인 부분까지도 전달해야 하는 표현적인 텍스트가 가장 난이도가 있을 것이며, 이를 확대해석하면 표현적 텍스트는 문학일반을 말하며 표현적 텍스트의 번역은 곧 문학번역을 뜻한다. 문학번역은 그야말로 번역의 꽃이라 할 수 있다. 정서, 문화, 표현, 언어적 기교가 응축되고 농축된 분야로 번역사의 문학적 소양과 전문성이 요구되어, 이는 통·번역 입문 과정에서 상세히 다루기 힘든 영역이다.

번역사는 텍스트의 특수성을 감안하여 텍스트 기능에 부합하는 적절한 번역을 하는 것과 더불어 의뢰인의 요구에 맞는 텍스트를 생성하는 것이 중요하다. Nord(1978)는 이를 두고 스코포스(skopos)라는 명칭을 사용했는데, 이는 그리스어로 '목적(purpose)' 또는 '목표(goal)'라는 뜻이다. 즉 번역사는 번역의 목적에 맞는 번역을 해야 한다는 것이다. 이때 번역 의뢰인(client)은 번역 의뢰서(translation brief)에 번역 목적, 대상 독자, 번역 마감일, 번역료 등 필요한 정보를 기재해 번역사에게 전달함으로써 작업을 수행하기 위한 지침을 제공할 수 있다.

이상에서 살펴본 바와 같이 통·번역은 텍스트의 기능과 텍스트의 목적에 따라 그 방법이 결정되어야 한다. 특히, 통·번역을 수행하기에 앞서 통·번역 서비스를 받는 대상자가 누구인지 파악하는 것이 중요하다. 번역의 경우, 성인을 대상으로 할 때와 아동을 대상으로 할 때 번역 방식은 확연하게 달라질 것이다. 아동을 대상으로 할 때도 미취학 아동인지 초등학교 고학년인지에 따라 번역사가 선택하는 어휘와 문장구조도 달라진다. 통역의 경우도 마찬가지인데, 청중이 특정 분야의 전문가로 구성되었으면 그 전문가들이 사용하는 전문용어를 사용하여 커뮤니케이션 효율을 높일 수 있다. 그러나 비전문가나 일반인이 참여하는 경우라면 그들이 이해할 수 있는 언어로 소통하는 것이 필요하다. 이렇게 수용자가 누구냐에 따라 통·번역 방식이 달라지므로 통·번역사는 독자/청중을 배려하는 서비스를 제공해야 한다.

이 장에서는 텍스트의 여러 유형 중에서도 수용자를 아동으로 하는 아동문학번역과 수요가 점차 증가 일로에 있는 영상번역의 유형과 특징에 대해 알아보기로 한다.

7.1 아동문학 번역

아동문학은 육체적, 정신적, 언어적으로 미숙한 어린이를 대상으로 하며 교육적 목적이 뚜렷한 문학이다(신지선 2005, 66). 문학작품은 아직 글을 읽지 못하는 아동도 대상에 포함되며, 부모나 교사가 책을 대신 읽어주는 경우가 많다. 어른이 읽어주는 이야기를 들으며 어린이들은 말을 배우고 상상력을 키우며 글을 읽는 즐거움을 터득한다. 또한 이러한 문학작품은 아동들에게 심리적, 정서적으로 좋은 영향을 주고 온전한 인격으로 자라는 데 밑거름이 된다.

아동문학은 성인문학에 비해 그림과 같은 이미지 비중이 높고, 글은 가화성(speakability)을 갖춘 특징이 있다. 즉 앞 장에서 배운 자연성의 요소인 lucidity(투명성), relevance(적합성), conciseness(간결성), readability(가독성)는 물론 여기에 가화성(speakability)이 첨가된 형태의 번역이라 할 수 있다. 가화성이라는 용어는 Snell-Hornby(1988/1995)가 번역학에서 처음 사용한 것으로, "말로 하기 좋은 상태나 정도"를 의미한다(신지선 2005, 68). 리듬감, 운율, 감각적 표현 등 가화성을 높이는 요소가 작품 속에 살아 있지 않으면, 읽어주는 어른 입장에서 재미있게 읽어주기가 어렵고, 듣는 아동의 입장에서도 흥미가 반감될 것이다. 따라서 번역사는 아동문학을 번역할 때 가화성을 염두에 두고 텍스트를 생성해야 한다. 이혜진(2009)은 가화성을 높이는 번역전략을 다음과 같이 소개했다.

(2) 가화성을 위한 전략

a. Simple sentences (단문 사용)
b. Rhythmic expressions (리듬감 있는 표현)
   sound symbolic expressions
   repetition
c. Narrational changes (화형전환)
   from declarative to question
   from declarative to direct narration

장문보다는 단문으로 문장을 구성해 기억에 부담을 줄이고 다양한 의성어를 사용해 흥미를 유발하며 어구의 반복을 통해 리듬감을 살리라는 것이다. 이밖에도 적절한 화형전환을 구사해 선언문을 의문문으로 변형시켜 아동의 주의를 환기시키고 직접화법을 통해 생생한 묘사를 하라고 제안한다.

먼저 (2a)의 단문 사용에 관해 살펴보자. 중문이나 복문의 형태보다는 단문으로 표현하는 것이 듣기도 쉽고 또 박진감을 불어넣어 줄 수 있다. 아래에서 이혜진이 제시한 번역전략을 구체적인 예와 함께 살펴보자.

(3) Simple sentences 사용 예시

a. In the weeks that followed, the tadpole grew tiny front legs and his tail got smaller and smaller.
몇 주일이 지났습니다. 그새 올챙이에게 자그마한 앞다리가 생겼어요. 꼬리는 점점 짧아졌지요.

b. There was a nice pond in the Public Garden, with a little island on it.
보스턴 시민 공원에 멋진 호수가 있어요. 호수에 작은 섬이 하나 있답니다.

(3)의 원문과 번역문을 비교하면 단문을 사용한다는 것이 어떤 의미인지를 한눈에 알 수 있다. 원문은 하나의 문장으로 되어져 있으나 번역문은 둘 또는 세 개의 문장으로 나누어 표현했다. (3a)의 경우는 단문으로 시간의 흐름이 강조되어 박진감이 있는 표현을 이룰 수 있음을 보이고, (3b)에서는 독자의 관심 영역을 좁혀가서 이야기의 초점으로 진입하는 안내자의 역할을 하는 것을 볼 수 있다. 원문을 그대로 하나의 문장으로 우리말로 바꾸는 것보다 더 읽기가 수월하고 듣기도 편하며 시간의 흐름이나 초점의 전이 또는 단계별 무대의 전환을 효과적으로 표현할 수 있다.

두 번째는 리듬감이 있는 언어를 사용하는 것이다. 리듬감이 있는 언어는 의성어, 의태어, 반복어귀 등이 있으며, 사실상 의성어와 의태어는 리듬감과 장단을 가진 언어일 뿐 아니라, 그 자체도 반복어귀를 사용해 청각적으로 재미있고 흥미를 유발한다. 또한 구체적으로 묘사하고 감각적으로 표현해, 듣는 사람에게 강한 인상과 효과를 남긴다(신지선 2005, 79). 더구나 우리말은 완전 중첩어, 부분 중첩어 등 리듬감이 있는 의성어, 의태어가 풍부하게 발달해 있어 영어의 원문에 의성어 의태어가 없는 경우에도 TT에 자체적으로 추가해 잘 활용하면 아동이 더욱 즐겁게 읽을 수 있는 번역문을 생성할 수 있을 것이다.

문용(1999, 232-236)도 한국어의 의성어와 의태어가 가지는 특성을 이와 비슷한 맥락에서 설명했는데, 아래 예에서 보는 바와 같이 한국문학 작품을 영어로 번역하게 되면 이러한 의성어와 의태어의 재현이 어려워 원문의 생동감이 반감되거나 효과가 상실되기도 한다. 다음의 예를 보자.

(4) 의성어 · 의태어의 한-영 번역 사례

a. 그는 거의 부숴 버릴 듯이 문을 광광 두들겨 대고 있었다.
He pounded the door, almost as if to smash it to pieces.

b. 그는 끈끈하고 축축한 욕실에서 한기를 선뜩선뜩 느끼면서 …
He could feel the chill cold of the dump and sticky bathroom, and …

c. 그는 껌을 질겅질겅 씹으면서 …
Chewing his gum …

위 예를 보면 우리말에 의성어와 의태어가 얼마나 풍부한 지를 한눈에 볼 수 있다. 한국어 문장의 느낌을 영어로 옮기기에는 한계가 있을 수 있고, 결과적으로 ST에 비해 TT가 다소 밋밋하게 번역될 수도 있다. 그러나 영어를 우리말로 옮기는 경우는 우리말의 의성어와 의태어를 사용해 매우 효과적인 표현을 연출할 수 있다. 이혜진이 인용한 사례를 살펴보자.

(5) 의성어 · 의태어의 영-한 번역 사례

a. Branches snapped. And then there was an old familiar thump.
"뚝!" 나뭇가지가 부러지는 소리가 들리더니, "타다닥"하고 귀에 익은 소리가 났어.

b. And then he came to the place where the wild things are. They roared their terrible roars and gnashed their terrible teeth and rolled their terrible eyes.
맥스가 괴물나라에 배를 대자 괴물이 나타났어. 괴물들은 무서운 소리로 으르렁대고 이를 부드득 갈면서 무서운 눈을 뒤룩뒤룩 돌리는 거야.

c. On her bed there was a crank, and a crack on the ceiling had the habit of sometimes looking like a rabbit.
침대는 삐그덕 삐그덕 거렸고, 천장에도 금이 가 있었습니다. 그 금은 어찌 보면 토끼 같아 보이기도 했습니다.

(5)에서 보듯 원문에 없는 의성어 · 의태어 표현을 ST에서 적절히 사용하게 되면 청각적으로 흥미를 유발해 아이들의 호기심을 한층 높일 수 있다. 의성어나 의태어가 아니더라도 반복되는 표현을 통해 리듬감을 높일 수 있다.

(6) 반복적 표현

a. Tiptoeing with solemn faces, with some flowers and a vase, they came into the room.
아이들은 꽃을 들고 꽃병을 안고 조심조심, 살금살금 병실로 들어섰다.

b. In two straight lines, they broke their bread and brushed their teeth and went to bed.
밥 먹을 때도 둘이서 나란히, 이 닦을 때도 둘이서 나란히 잠잘 때도 둘이서 나란히 누웠어요.

(6)의 예시에서 보듯 반복적인 표현을 통해 우리말에 내재하는 리듬감을 이끌어내면 아이들은 이야기 속의 모습을 이미지화해 상상해 볼 수 있을 것이며, 이러한 상상과정이 아이들의 흥미를 지속시킨다. 또 경우에 따라서는 평서문을 의문문으로 긍정문을 부정문으로 간접화법을 직접화법으로 바꾸는 등 문장을 표현하는 양식을 달리하여 생동감을 살릴 수 있다. 다음의 예를 보자.

(7) 화형전환 (Narrational changes)

a. To his great surprise, the rain stopped.
그런데 이게 웬일이에요? 갑자기 비가 그치는 게 아니겠어요?

b. I saw that little donkey as clear as day. Maybe I'm going crazy.
틀림없이 새끼 당나귀였는데… 내가 헛것을 보았나?

c. That meant run for home.
"빨리 도망쳐!"하는 신호야.

d. Then the little bunny sighed his little bunny sigh.
"휴우…"하고 작은 토끼는 한숨을 내 쉬었어요.

위의 예에서 보듯이 평서문을 의문문으로 바꾸거나 직접 화법으로 전환을 해 놓으면, 평서문으로 쓰는 경우보다 아동들의 호기심을 불러 일으켜 이야기 흐름에 몰입하게 하는 효과가 있고 결과적으로 아이들의 집중도와 관심도를 높일 수 있다. 아동문학의 특성은 읽는 글인 동시에 읽어주는 글이며 아이들의 언어적 발달과 정서적 발달 그리고 인지적인 발달에 중요하다. 아동문학 번역에 도전하고 싶다면 우리말의 풍부한 어휘에 대해 숙지하고 상상력과 창의력을 계발하며, 아이들의 눈높이에서 세상을 바라보는 관점을 가져보자. 위의 번역전략은 대상독자가 아동인 경우를 위한 것이지 번역 일반에 관한 것이 아님을 알아야 한다. 독자가 성인일 경우는 이런 전략이 오히려 거부감을 줄 수 있다는 점도 인지해야 한다.

7.2 영상자막 번역

이제 대중문화의 대표적인 장르 중 하나인 영화와 이를 번역하는 영상번역에 대해 학습해보자. 영상은 단일모드 텍스트가 아닌 복합모드 텍스트이다. 즉 책으로 쓰인 문학 작품을 번역할 경우에는 작품의 내용과 문체를 중심으로 작업을 하지만, 영상물을 번역할 경우에는 영상화면, 배경음악, 배우의 연기, 말투, 호흡 등을 모두 참고해 영상과 일치하는 번역을 해야 한다(정인희 2006, 209). 따라서 흔히 영상번역은 대사 또는 문장의 번역이 아니라 화면의 번역이며 상황의 번역이라는 말을 쓴다.

영상번역의 방법은 크게 세 가지로 볼 수 있는데, 자막번역(subtitle), 더빙번역(dubbing), 그리고 보이스오버(voice over)이다. 자막번역은 영화관이나 공중파를 통해 상영하는 영상물을 번역하는 방식인데, 가장 보편적인 방법 중 하나이다. 관람자는 원 영상물의 배우 목소리를 그대로 들을 수 있고 번역사는 자막을 통해 이야기를 전개해나간다. 더빙과는 달리 성우의 개입이 필요 없기 때문에 더빙에 비해 비용이 절감된다.

더빙은 자막을 읽을 수 없는 어린이를 위한 애니메이션이나 공중파를 통해 방영되는 다큐멘터리 영상물에 적용되는 방법인데, 등장인물의 입 움직임에 맞추어 더빙이 이루어진다. 이때 성우의 목소리가 실제 배우의 음성을 대체하기 때문에 원 영상물의 생동감이 반감될 수도 있고, 일부 음향효과나 배경음악이 부분적으로 상실될 수도 있다.

마지막으로 보이스오버는 각종 다큐멘터리나 인터뷰 영상에 활용되는데, 실제 등장인물의 말소리가 약하게 들리게 한 상태에서 성우의 목소리를 덧입히는 방식으로 시청자의 입장에서는 원작의 생생함을 느낄 수 있는 동시에 도착어로 원문의 내용을 충분히 이해할 수 있게 된다. 보이스오버의 원리는 더빙번역의 원리와 유사하므로, 이 절에서는 영상번역을 크게 자막번역과 더빙번역으로 구분해 설명하겠다.

영상번역을 하기에 앞서 영상을 구성하는 요소를 알아야 할 것이다. 영상번역에는 대사 외에도 배경음악, 배경장면, 배우의 연기, 상황과 맥락이 모두 고려 대상이 된다. 영상번역사는 원작에 대한 종합적인 해석과 함께 가장 효과적인 번역을 위한 전략적인 접근이 필요하다. Chaume(2004)은 영상을 구성하는 요소로 다음을 제시했다.

(8) 영상번역에서 고려해야 하는 다양한 정보

a. Linguistic code (언어코드)
script에 따른 대화내용

b. Paralinguistic code (준언어 코드)
목소리 크기, 음색, 대화의 휴지, 침묵 등과 같은 요소들이 상징적으로 작용하여 메세지화됨

c. Musical & Special effect code (음악 및 특수효과 코드)
영화 속에 삽입된 음악 또는 특수효과 등으로 드러나는 메시지

d. Iconographic code (도상코드)
아이콘, 표시, 상징어 등 시각 채널을 통해 전송되는 코드. 영화의 흐름을 이해하는 데 필수적인 요소

e. Photographic code (광각코드)
조명밝기, 흑백 등 특정 색감이 상징하는 의미 등을 표시하여 영상 내 관점변화 등을 제공하는 기능

f. Mobility code (이동코드)
배우와 카메라 사이 거리조절 및 카메라 각도 등 카메라의 위치를 말함. 이를 통해 영상 속 배우들의 동작 및 음성이 메세지화 되어 전달됨

g. Syntactic code (문장구성코드)
영상화면 길이에 맞는 번역. 전체적인 영화의 흐름과 줄거리를 파악한 후 화면 당 주어진 시간에 맞게 자막번역을 실행

h. Sound arrangement code (음향처리 코드)
음향효과 재생

i. Planning code (화면 샷 설정코드)
근접촬영(close-up)에 따른 lip-shape matching

이를 통해서도 알 수 있듯이 영상번역사는 단순한 언어전환의 차원을 넘어 영화를 구성하는 다양한 요소가 전체 영상의 흐름에 어떻게 기여하는 지 충분히 이해하고 이를 번역에 반영해야 한다. 결국 영상번역사는 언어 전달자가 아니라 story teller로서의 역할을 통해 내용을 들려주고 이야기를 구성해 나가는 역할을 하기 때문에 영상번역 작가라고 부르기도 한다.

영상번역의 세 가지 유형 중에서 먼저 자막번역에 대해 살펴보자. 관객은 자막을 통해 내용의 흐름을 일차적으로 이해할 수 있다. 자막이 있기 때문에 비록 외국어를 모른다 하더라도 메시지를 무리 없이 따라갈 수 있는 것이다. 그러나 자막이 반드시 순기능만 있는 것은 아니다. 짧은 시간에 읽어내야 하는 수고도 수반한다. 자막번역의 장·단점을 정리하면 다음과 같다.

(9) 자막번역의 장단점

a. Merits
i) Visual cues for understanding
ii) Authenticity-original sounds (music, voice, tone)
iii) Less expensive than dubbing

b. Demerits

i) Subtitle hides part of the screen.

ii) Additional effort on the part of the audience

iii) Constrained by space and time

iv) Complaints by the audience

자막번역의 장점으로는 관객이 영상물을 시청할 때 자막 외에도 다양한 시각, 청각 정보에 근거해 내용을 유추할 수 있다는 점이다. 즉 글 자체에 대한 의존도가 절대적이지 않기 때문에 번역사의 부담이 다소 줄어들 수 있다. 그리고 배우의 연기, 배우의 목소리 크기나 톤, 분위기를 연출하는 배경음악 등을 그대로 느낄 수 있어 작품을 이해하는데 도움이 된다. 또한 더빙과 비교해 전문 성우에 대한 추가 인건비가 지출되지 않아 비용이 절감된다. 반면, 단점으로는 자막 때문에 화면의 일부가 가려지는 불편함과 청중의 입장에서 자막을 읽어내야 하는 번거로움, 그리고 번역사의 입장에서는 제한된 공간과 시간 내에 메시지를 전달해야 하는 부담과 자막번역에 대한 일부 관람객의 항의를 들 수 있다. 영상과 말은 지속적으로 이어지며 이러한 흐름을 분리해 자막을 띄우는 과정에서 자막이 너무 많거나 빨리 사라지면 채 쫓아가지 못해 문제가 되고 또 너무 늘어져서 이야기 전개에 방해가 되면 이 또한 문제가 된다. 원작의 영어 대사를 과도하게 자국화시켜 번역하거나 유머 효과를 위해 원문과 전혀 다른 표현으로 대체했을 때 영어를 이해한 시청자로부터 항의를 들을 수도 있다. 영상번역사의 고충은 대부분 자막 번역이 가지는 시·공간적 제약 때문에 생겨난다.

(10) 자막번역의 시·공간상의 제약

a. Space

i) 한국어 자막: 12-14 characters x 2 lines

ii) 영어 자막: 32-41 characters x 2 lines

b. Time: 2~4 seconds (max 6 sec)

자막번역은 영-한 번역의 경우 한국어 자막이 12-14자 내로 제한되며 최대 2줄로 배치할 수 있다. 한-영 번역의 경우 영어 자막은 32-41자로 제한되며 이 역시 최대 2줄을 허용한다. 자막은 가로로 읽을 수 있도록 화면 하단에 배치하는 것이 일반적이다. 그러나 예술영화의 경우에는 우측 상단에 세로로 2줄 배치하기도 한다. 가령, 타밀어로 된 예술영화가 있다고 할 때, 영어 자막이 가로자막으로 제공되기 때문에 한국어 자막은 이때 세로 자막으로 배치되는 것이다. 자막번역의 구체적인 글자 수 제약은 공중파, 케이블, 상업영화, 예술영화, DVD 등에 따라 달라질 수 있으므로 자막번역 의뢰를 받으면 클라이언트에게 이를 확인해야 한다. 자막은 짧게는 2초 길게는 6초까지 뜨는데, 이렇게 자막이 뜨고 지는 시간을 설정하는 작업을 스파팅(spotting)이라 한다. 가장 이상적인 방법은 번역사가 직접 스파팅을 하여 자막의 길이에 맞게 자막 시간을 조정하는 것인데, 스파팅 자체가 시간이 많이 소요되는 작업이고 정밀하게 미세 조정하는 것이 쉽지만은 않기 때문에 별도의 자막 담당자가 이를 맡기도 한다. 그런데, 다른 사람이 정해놓은 스파팅 구간에 맞추어 번역해야 한다면 이 또한 자유자재로 번역하는 데 방해가 될 수 있다. 이렇듯 자막 번역은 시・공간적 제약으로 글자 수 한도 내에서 ST의 내용을 전달해야 하기 때문에 어려움이 많다. 이를 극복하기 위해 정인희가 제시한 전략을 살펴보자.

(11) 자막번역 전략

a. Domestication (자국화)
b. Alienation (이국화)
c. Generalization (상위어)
d. Specification (하위어)
e. Paraphrase (변환) 또는 Adaptation (변형)
f. Addition (삽입)
g. Shortening & deletion (함축과 생략)

위의 전략은 단지 자막번역을 위한 것이 아니라 번역과 통역의 일반적인 전략에도 적용된다. 다만 (11g)의 경우는 일반 번역에서 선호하는 방법은 아니지만 자막번역에서는 (8)에서 예시한 추가 정보가 청중에게 주어진다는 점과 (10)에서 언급한 시간적, 공간적인 제약이 있다는 점 때문에 자막번역에서 필연적으로 선택되는 전략이다. 다음의 예를 통해 각각의 번역 전략이 어떻게 적용되었는지 살펴보기로 한다.

먼저 자국화와 이국화는 Schleiermacher(1813/1963)가 소개한 개념으로, 자국화는 독자의 자국문화에 친숙하도록 번역하는 것이고 이국화는 독자에게 낯선(이국적인) 느낌을 주도록 번역하는 전략이다. 다음의 예를 보자.

(12) 이국화와 자국화의 예시

a. 이국화

Maria	Doorbells and sleigh bells And schnitzels with noodles
마리아	초인종 소리와 썰매 방울소리 국수를 곁들인 슈니첼 (The Sound of Music)

b. 자국화

Max	Have you made up George's mind yet? When do I hear wedding bells?
맥스	대령 마음은 정해졌소? 국수는 언제 먹게 되는 거요? (The Sound of Music)

먼저 (12a)에는 우리 독자에게는 생소한 '슈니첼'이라는 음식이 나온다. 설령 이를 '송아지요리'로 번역을 하더라도 한국인에게 생경하기는 마찬가지이므로 이를 원음대로 써주는 이국화 전략을 썼다. 반면에 (12b)에서는 원문의 관용어구에 걸맞은 느낌을 주는 한국어의 관용어구를 찾아 채워 넣음으로써 맛깔스럽고 자연스런 대화를 연출해낸다.

다음으로, '상위어로 번역하기'는 원문의 구체적인 예를 상위개념인 일반어로 대체해 번역하는 전략이고 '하위어로 번역하기'는 일반어를 하위개념의 세부적인 어휘로 대체해 번역하는 전략이다.

(13) 상위어 하위어 전략예시

a. 상위어 전략

Birdie	Thank you for the scones. They look lovely!
버디	과자를 가져오다니 생각도 깊지. 참 맛있게 생겼네.

b. 하위어 전략

Patricia	I said to her, "If you think I'm even going to talk to you about paying that kind of an advance, an author whose last book is being used as trivets all over the world, you are completely crazy."
패트리샤	내가 "스테파니"가 마지막 출간한 책이 전 세계적으로 냄비 받침으로 애용되는 걸 피차 알고 있는데 그런 거금을 선금으로 요구한다면 당신은 정신병원에 가봐야 해요"라고 쏘아줬어요. (You've got mail)

(13a)를 보면 원문의 스콘이 과자로 번역되었다. 이는 번역사가 원 대사에 소개된 개념들을 보다 일반화된 개념으로 바꿔 줌으로써 시청자들의 이해를 도운 예라고 볼 수 있다. (13b)에서는 원 대사에 단지 'author'로 나와 있는데 번역사는 이를 '스테파니'란 이름으로 번역했다. 이는 영화의 흐름에는 영향을 미치지 않는 부분으로 번역사는 단지 자막을 읽는 시청자들이 쉽게 이해할 수 있도록 구체적으로 작가의 이름을 쓰는 구체화 전략을 썼다고 볼 수 있다.

다음은 변환과 변형이다. 이 전략은 번역 시 상이한 두 언어 간, 문화 간 특수성을 극복하기 위해 채택되는데, 정인희가 제시한 예문을 살펴보면 그 효과를 느낄 수 있다.

(14) 변환의 예시

Elsa	Darling, Haven't you ever heard of a delightful little thing called "boarding school"?
Max	Baroness Machiavelli!
엘사	기숙사학교라는 편리한 제도가 있다는 걸 못 들어봤어요?
맥스	역시 잔머리의 여왕다우셔! (The Sound of Music)

위 대화에서 맥스는 권모술수와 임기응변에 뛰어난 '마키아벨리'를 언급하면서 엘사의 비상한 머리를 칭찬과 빈정거림을 섞어 놀리고 있다. 번역사는 원작의 뉘앙스를 살리기 위해 'Baroness'까지 살려 이 부분을 '잔머리의 여왕'으로 재치 있게 번역했다.

자막번역의 대상은 대사만이 아니다. 대사에는 없더라도 관객의 이해를 돕기 위해 때로는 화면상의 중요한 정보를 자막에 삽입할 때가 있다. 예를 들어 간판, 편지, 신문 머리기사 등이 이야기의 흐름에 영향력이 있을 때는 이를 별도로 번역해 자막에 제시한다.

(15) 삽입

AFTER 42 YEARS WE ARE CLOSING OUR DOORS. WE HAVE LOVE BEING PART OF YOUR LIVES.

자막 여러분과 함께 한 42년간 행복했습니다.
(You've got mail)

위 문구는 영화상 캐더린의 서점이 폐업 세일을 한 직후 가게 앞 유리창에 붙여 둔 표지판이므로 주인공 서점의 폐업을 한눈에 알려주는 중요한 단서 역할을 한다. 따라서 번역사는 영화의 대본에 있는 등장인물의 대사가 아니지만 이를 번역해 위와 같이 자막처리를 해주었다.

이주은(2014a)은 시각 정보를 이야기의 배경이 되는 기호와 이야기의 단서가 되는 기호로 구분하기도 했다. 배경이 되는 시각 기호는 지명(San Francisco), 건물명(The Julliard School), 사건 발생 연도(3 years ago) 등과 같이 사건이 일어난 장소나 시간에 대한 정보를 말하며, 영화 자체에서 제공하는 설명자막이 있는 경우 이를 도착어로 번역하게 되고, 원문 자막이 없는 경우라도 배경 이해를 위해 필요할 때는 번역사가 별도의 자막을 생성하기도 한다. 이때 시각 기호 전체를 번역할 수도 있고 핵심어 위주로 축약 번역할 수도 있으며 원문과 병기하는 형태로 자막이 제공되기도 한다.

시각 정보 외에도 이주은(2014a)에서 보듯 노래의 가사와 같은 청각 정보를 자막으로 삽입하기도 한다. 때로 배경음악이 주인공의 심리상태 묘사나 이야기 전개에 중요한 역할을 수행하기도 하는데 이런 경우 배경음악의 가사를 자막으로 제시해 주는 것이 좋다. 이때, 노래 가사 전체를 번역해서 자막화 할 수도 있고, 전반부 등 일부만 번역할 수도 있다. 영상번역사는 음악의 가사를 삽입하는 경우 노래 가사임을 명시하기 위해 음표 기호(♪)를 사용하고 기울임체를 적용해 다른 대사와 구분한다.

마지막으로 함축과 삭제에 대해 알아보자. 앞서 말한 바와 같이 시·공간상의 제약, 즉 글자 수의 제약과 화면에 비치는 시간의 제약으로 인해 더빙번역보다 자막 번역에서 자주 사용되는 두드러진 번역 전략 중 하나이다. 아래 예를 보자.

(16) 함축과 생략의 예시

Meryl　Hi, honey. Look what I got free at the checkout. It's a "Chef's-Pal". It's dicer, grater, and peeler in one. Never needs sharpening. Dishwasher safe.

메릴　뭘 사왔는지 보세요. 세프펠이에요. 주방에서 야채와 과일 껍질 벗기는 데 그만이죠.

(The Truman Show)

위 밑줄 친 부분의 대사를 보면 5초 정도의 빠른 발화인데 번역사는 이 부분을 11자와 8자 두 줄로 번역했다. 이 과정에서 칼의 구체적인 기능을 묘사한 부분을 함축해 표현했고 두 번째 문장과 세 번째 문장은 아예 생략했다. 하지만 영상에 나오는 시각적, 청각적 정보로 인해 전체의 이야기를 이해하는 데는 무리가 없는 것으로 보인다.

이상으로 자막번역을 위한 7가지 전략을 예문과 함께 소개했다. 정인희는 이외에도 자막번역의 어려움 중에 하나인 언어유희(pun)와 대사 중 언급되는 인명 등의 고유명사 처리에 대해서도 설명한다. 언어유희를 번역할 때는 원문에 충실한 번역보다는 '원문의 효과'가 나타날 수 있는 방법을 고민해봐야 할 것이다. 이에 대한 예를 살펴보자.

(17) 언어유희 번역

Timon Gee, he looks <u>blue</u>.

Pumbaa I'd say <u>brownish-gold</u>.

Timon No, no, no, no I mean he's depressed.

티몬 <u>푹 가라앉았네</u>.

품바 <u>배냐? 가라앉게</u>?

티몬 그게 아니라 우울해 보인다구.

(The Lion King)

위에서 티몬이 말한 'blue'의 참뜻을 이해하지 못한 멧돼지 품바가 자신이 보기에는 새끼사자 품바가 파란색이 아니라 갈색이라고 엉뚱한 반박을 하는 부분을 번역사는 원문의 본 내용과는 전혀 상관이 없는 '배'와 그와 연관되는 '가라앉다'를 도입해 난관을 해결한다. 이러한 번역 전략은 원 대사의 뜻과는 거리가 멀지만 관객을 웃게 한다는 기능적인 면에서는 역동적 등가를 이루었다고 할 수 있다.

영어권에서는 성과 이름, 애칭을 혼용해서 쓰는데 자막번역 시 시청자의 이해를 도모하기 위해 등장인물들의 이름을 통일해 주는 것이 좋다. 즉 인명을 한국어로 번역할 때 성과 이름을 혼용하면 시청자에게 혼란을 야기할 수 있으므로 한 가지 통일된 원칙을 세워 이를 따라 일관성 있게 표기해야 한다. 이름뿐만 아니라 지명이나 건물명 등과 같은 고유명사도 혼선이 없도록 일관성을 유지해 주어야 한다.

자막번역을 하면 문화 간의 격차로 인해 번역사가 개입해야 하는 경우가 종종 발생하는데, 특수한 문화어를 번역할 때뿐만 아니라 한국어의 경우 특히 호칭이나 존칭 때문에 어려움이 발생하기도 한다. 그래서 번역사는 먼저 등장인물의 관계설정을 해두고 적절한 존칭 관계를 적용해야 한다. 예를 들어 화자 간에 극존칭을 쓰게 할 것인지, 좀 더 편안한 어투로 표현할 것인지, 하대를 하는 화법을 구사할 것인지를 정해야 한다. 이는 특히 TV 드라마처럼 시리즈물로 번역이 이루어질 때 철저히 지켜야 할 부분이다. 앞 시즌에서 서로 편하게 반말을 하던 관계인 두 사람이 갑자기 후속 시즌의 시리즈에서 존칭을 쓰게 되면 시청자는 의아해질 것이다. 따라서 일관성을 유지하는 것이 중요하다. 또한, 호칭을 번역할 때도 주의가 필요한데, 가령 아이가 나이 많은 어른의 이름을 부르는 상황에서 원문의 'Tom'이라는 호칭어를 자막에서 '아저씨' 정도로 자국화한다면 우리 문화권에서는 오히려 더 자연스럽게 받아들여질 수 있다.

이상으로 자막번역의 내용을 요약하자면, 자막번역의 가장 큰 특징은 시간과 공간의 제약이다. 자막이 화면상에 차지할 수 있는 공간상의 제약과 화면전환이 이루어지기 전에 해당 내용을 전달해야 하는 시간상의 제약을 감안할 때 영상번역에 있어서 '번역의 경제성'이 무엇보다 중요하다고 할 수 있다. (11e)와 (11g)에서 언급한 함축, 생략, 변형은 바로 번역의 경제성을 위한 것이다. 유용하게 활용된다. 영상은 언어 외적인 정보가 많기 때문에 관람객은 시청각 단서(visual and auditory cues)를 통해 내용의 흐름을 어느 정도 감지할 수 있다. 그렇기에 대사의 일부를 생략하거나 함축적으로 전달해도 이해에 어려움이 없는 것이다. 또한 내용의 흐름에 크게 지장을 주지 않는 반복적인 표현(redundant expression)은 적절히 생략해 경제성을 살릴 수 있다. 특히 구어체나 관용어구를 옮길 때 주어나 일부 문장성분을 생략해도 의미전달에 무리가 없다면 굳이 '충실한 번역'에 집착할 필요는 없다. 그리고 관객에게 낯선 문화어(culture-specific terms)는 적절한 변형을 통해 '자국화'하면 짧은 시간 안에 이해하고 넘어가는 데 도움이 될 것이다. 다음의 몇 가지 예를 더 살펴보자.

(18) 번역의 경제성 예시

a. Adaptation

Man: General opinion started to make out that we live in a world of hatred and greed, but I don't see that.

남자 세상엔 증오만 가득 찬 것 같지만 그렇지 않다.

(Love Actually)

b. Deletion

Fitzherbert: If you've got a moment, I'd like a word before you leave tonight.

피츠허버트: 자네 퇴근하기 전에 얘기 좀 하고 싶네.

(Bridget Jones's Diary)

c. Creative paraphrase

Aurelia What kind of an idiot doesn't do copies?

오렐리아　　미리 복사 좀 해놓지.
(Love Actually)

d. Cultural specifics

Mark　　Well, don't worry. I'm sure they've come to see you and not orange parfait in sugar cages.

마크　　걱정 마. 널 보러 오지 음식 먹으러 오는 건 아닐 거야.
(Bridget Jones's Diary)

위의 예를 보면 생략, 함축, 번안 등의 방법을 동원해 번역문이 원문보다 혁혁하게 줄어든 것을 알 수 있다. 이렇게 경제성을 살리기 위한 노력은 영상번역사의 특별한 고민이며 또한 그들의 창의성이 빛나는 영역이다.

7.3 영상더빙 번역

더빙번역은 원작의 대사를 도착어로 번역한 후 성우가 더빙으로 덧입히기 때문에 문어가 아닌 구어로 전달되며, 번역사가 생성한 원고는 성우를 위한 녹음 대본으로 활용된다. Chaume(2014)은 더빙 영화에서 중요한 요소로 다음 6가지를 제시했다.

(19) 더빙번역의 중요 요소

a. Lip-synchronization (입모양과 대사의 일치)
b. Credible and realistic dialogue lines (현실성 있는 화법)
c. Coherence between images and words (영상과 대사의 조화)
d. Loyal translation (원작에 대한 충실성)
e. Clear sound quality (음향 품질)
f. Acting (목소리 연기)

이를 하나씩 살펴보자. 첫째, 화면의 등장인물의 입길이와 더빙 성우의 입길이 일치이다. 즉 배우가 말을 시작할 때와 끝날 때의 발화에 맞추어 성우의 음성이 들려야 한다. 이를 영어로는 립싱크(lip-sync)라 한다. 번역사는 등장인물의 입길이를 맞추기 위해 때로는 단어를 추가하기도 하고 문장을 재구성해 길이를 조절한다. 이렇게 발화 길이가 일치하는 것을 동기화(synchronization)로 볼 수 있는데, 동기화에는 입길이의 일치 외에도 배우의 동작과 성우의 음성과의 일치(kinesic synchrony), 배우의 입 모양과 성우의 어휘 선택과의 일치(isochrony)가 있다.

둘째, 더빙번역의 대사는 도착어의 구어 화법에 맞아야 하며 자연스럽고 실제 사용하는 대화법이 반영되어야 한다. 흥미롭고 실감나는 이야기 전개와 더불어 거기에 어울리는 화자 간의 대화가 있을 때 시청자들도 더 몰입하게 되고 감동을 느낄 수 있다. 영화 속 세계와 동떨어진 어투나 표현은 작품의 질을 떨어뜨리므로 번역사는 영화의 특성에 맞는 다양한 구어체 표현을 구사할 수 있도록 훈련해야 한다.

셋째, 영화의 영상과 번역된 대사간에 조화가 이루어져야 한다. 영화의 장면이나 사건, 등장인물의 상황에 맞는 표현이 선택되어져야 하고 배우의 개성이나 사건 전개를 적절히 묘사할 수 있는 방식으로 번역이 이루어져야 한다. 예를 들어 격렬하게 싸우는 장면에서 정중한 어투로 번역하면 영상과의 불일치로 몰입도를 떨어뜨린다. 이런 장면에서는 적절한 수위의 욕설을 포함시키기도 한다. 반면, 격식을 갖춘 장소에서 귀빈들이 대화를 나누는 상황이라면 거기에 어울리는 품위 있는 대사가 주어져야 할 것이다.

넷째, 원작에 대한 충실성이다. 관객은 더빙된 영화를 본다 하더라도 결국 원작을 감상하는 것이 목적이기 때문에 원작의 스토리가 충실하게 전달되어야 한다. 이때, 가급적 가감 없이 원작의 형태, 기능, 효과가 재현되는 것을 목표로 하면 좋겠다. 때로는 문화적인 격차 때문에 자국화를 해야 할 때도 있지만, 이국적인 영화를 감상할 때 대사가 온통 자국화된 것뿐이라면 이 또한 영상의 생생함을 즐기는 데 방해가 될 수 있으니 원작의 느낌을 최대한 살리면서도 청중이 편안하게 감상할 수 있는 번역 전략을 적절히 선택해야 한다.

다섯째, 더빙 품질이 높아야 한다. 자막번역과 달리 더빙은 녹음된 품질이 결과를 좌우하는 중요한 요소가 된다. 이를 위해 원작의 대사를 번역문의 대사로 빈틈없이 대체해야 하며, 기침이나 각종 의성어도 성우의 목소리로 새롭게 녹음해야 한다. 그렇게 해야 음성의 차이로 인한 어색함이 생기지 않는다. 이를 위해 번역사는 각종 기호를 사용해 성우에게 지침을 준다. 성우는 크고 깨끗한 목소리로 녹음해야 하며, 목소리 떨림과 같은 미세한 표현까지 재현하고 거리 조정을 통해 실제 영상과 일치하는 실감나는 효과가 나도록 해야 한다. 녹음이 원활하게 이루어지기 위해서는 번역사가 대사 외의 부분까지도 충분히 파악한 후 이를 번역 대본에 기재해 성우가 녹음할 때 참조할 수 있도록 한다.

여섯째, 성우의 목소리 연기이다. 아무리 번역이 잘 되고 녹음을 위한 기술적인 여건이 잘 갖추어졌다 하더라도 성우가 맥없는 목소리로 대사를 전달한다면 그 영화는 관객의 호응을 얻기 힘들 것이다. 등장인물의 나이, 성별, 성격, 직업 등 캐릭터가 묘사되도록 생생하게 표현할 수 있는 연기가 필요한 것이다. PD가 해당 역할에 맞는 성우를 섭외하면 전문 기술자들이 협업해서 최상의 결과를 만들어낸다.

이상의 논의에서 알 수 있듯이 더빙 영화는 자막 영화와 구분되는 특징이 있으며 특히 입모양과 일치되는 동기화(synchronization)가 중요하다. 특히, 배우의 얼굴이 스크린에 클로즈업되는 경우는 입의 모양과 발화시간이 일치해야 한다는 큰 제약이 있다. 번역사는 성우의 녹음 작업이 순조롭게 이루어질 수 있도록 번역 원고에 여러 가지 기호를 사용해 호흡을 어디서 끊을 지, 어떤 감정으로 대사를 전달할 지, 배경 소리는 어떻게 표현할 지 등을 상세하게 기술한다. 더빙번역사가 성우와 녹음 엔지니어를 위해 사용하는 기호를 몇 가지 알아보자.

(20) 더빙번역에 사용하는 기호 (최수연, 2011)

a. 성우가 사용하는 기호

(off)	화면에 얼굴이 보이지 않는 부분
(on)	화면에 얼굴이 나타난 부분의 대사
(OL)/(겹)	앞 대사와 겹치는 부분
(노래)/(song)	노래를 부르는 부분
(adlibs)	화면에 맞춰 적당히 대사
/, //, ///	대사 사이의 공백의 길이 표현

b. 녹음/믹싱 엔지니어가 사용하는 기호

(E)	밀폐된 공간에서 울림이 있는 대사 (믹싱 시 처리)
(F)	필터 처리하는 대사 (믹싱 시 처리)
(R)	오른쪽에서 들리는 대사

(L)　　　　　왼쪽에서 들리는 대사
(R→L)/(L→R) 오른쪽에서 왼쪽으로/왼쪽에서 오른쪽으로 방향이 바뀌는 대사
(Opt)　　　　녹음 하지 않고 오리지널 사운드를 그대로 사용

(21) 더빙번역 기호의 예시
<예문> 스페이스 침스: 우주선을 찾아서
ST [LUNA] It's blocking the way out.
DT [루나] (호흡)//나가는 길을 막고 있어.

<예문> 스페이스 침스: 우주선을 찾아서
ST [LUNA] Ham, we can't outrun them!
[HAM] Man, I love these dudes! Come on!
DT [루나] 햄. 놈들이 너무 빨라.
[햄] (웃음)요 놈들 마음에 드는데?

첫 예문에서 (호흡)// 이라는 기호가 나오는데 이것은 대사를 읽기 전에 휴지(pause)를 두어야 한다는 뜻이다. 휴지 길이에 따라 /, //, /// 등 다양한 기호가 적용된다. 이 호흡은 입길이를 맞추는 데 중요한 역할을 하므로 번역사는 번역된 대본에 이를 상세히 기재해 성우가 차질 없이 녹음을 할 수 있도록 돕는다. 두 번째 예문에서는 (웃음)이라는 표시가 있어 성우가 발화할 때 어떤 감정으로 말을 할 것인지 알 수 있다. 그 밖에 화면 밖에서 나는 소리인 off, 두 사람의 말이 겹치면서 발화하는 OL(overlap의 약자), 그리고 목소리에 에코 효과를 주는 E, 기계음에서 나는 목소리인 F 등의 기호도 활용된다.

앞서, 더빙에서 입 모양과 발화길이를 맞추는 게 중요하다고 설명했는데, 이를 위해 번역사는 때때로 TT의 대사 길이를 적절히 조절해야 하며, 때로는 축소 전략을 때로는 확대 전략을 사용한다. 축소 전략은 자막번역과 유사하게 축약이나 누락을 통해 이루어질 수 있다. 여기서는 확대 전략에 대해 좀 더 자세히 알아보자. 확대와 관련된 더빙 전략을 디즈니 애니메이션 겨울왕국(2014)을 통해 살펴보겠다. 겨울왕국은 자막번역과 더빙번역이 모두 이루어져 이 두 가지 번역의 특징을 대조하면서 더빙번역의

특성을 살펴보는 것이 가능하다.

이주은(2014b)은 어휘 추가를 통한 확대 전략에는 구체적으로 대체, 첨가, 반복, 강조, 부연 등의 번역 전략이 있다고 정리했다. 이러한 경우를 몇 가지 대표적인 예를 통해 살펴보기로 하자. 여기서 ST는 원문을, Sub는 자막번역을, Dub는 더빙 번역을 뜻한다.

(22) 예문 1

ST: Can I say something crazy?
Sub: 미친 소리 해도 돼요?
Dub: 정신 나간 소리해도 될까요?

(23) 예문 2

ST: I can't wait to meet everyone.
Sub: 빨리 모두 만나고 싶어.
Dub: 어서 빨리 사람들을 만나보고 싶어.

(22)에서는 원문의 'something crazy'에 대해 자막에서는 '미친 소리'로, 더빙에서는 '정신 나간 소리'로 번역되어 확대가 일어났다. (23)에서는 'everyone'이 자막에서는 '모두'로, 더빙에서는 '사람들을'로 번역되어 확대가 이루어졌다. 여기서는 긴 동의어로 적절히 대체해 확대 전략이 실현되었음을 알 수 있다.

다음 전략인 첨가는 명사, 대명사, 수사, 동사, 부사 등 다양한 어휘가 추가되어 텍스트 확대가 실현된 경우이다. 겨울 왕국의 더빙번역에서는 의존명사와 보조용언의 사용이 특징적이다.

(24) 예문 3

ST: You've got the wrong idea.
Sub: 오해야. / 그래서 데려온 게 아냐.
Dub: 뭔가 오해한 거야, 아냐, 그래서 여길 데려온 게 아냐.

(25) 예문 4

ST: Look, Sven, the sky is awake. Are you cold?

Sub: 봐, 스벤. / 하늘이 깨어났어. / 추워요?

Dub: 와 스벤, 하늘이 깨어나 있어. 추운가 보죠?

(24)에서는 의존명사 '거'가 사용되었다. ST의 'wrong idea'가 자막에서는 '오해'로 더빙에서는 '오해한 거'로 확대된 것이다. 의존명사를 쓸 경우에는 반드시 그 앞에 관형어가 수식해야 문장에서 쓰일 수가 있어 자연히 길어질 수밖에 없다. (25)는 영-한 번역의 확대 전략을 위해 쓸 수 있는 보조용언(있다, 보다) 활용의 예이다. 보조용언은 동사나 형용사와는 달리 어휘적인 의미가 명시적이지 않고 문장에서 홀로 서술어로 쓰이지 못하며, 서술어에 기대어 그 말의 문법적인 의미를 더해 주는 용언이다. 따라서 단독 서술어보다 보조용언을 쓰면 확대 전략을 실현하는 데 유용할 수 있다. 위 예에서 나타난 두 보조용언은 보조형용사에 해당하는데, '있다'는 상태 지속의 의미를, '보다'는 추측의 의미를 갖는다. 원문의 'awake'가 자막에서는 '깨어났어'로, 더빙에서는 '깨어나 있어'로 번역되었으며, 'Are you cold'가 자막에서는 '추워요'로, 더빙에서는 '추운가 보죠'로 확대되었다.

다음은 반복의 경우를 살펴보자. 아래 예에서는 ST보다 더빙에서 동일한 어휘가 추가로 반복된 것을 확인할 수 있는데, 입길이를 맞출 때 쉽게 적용할 수 있는 방법이다.

(26) 예문 5

ST: Come on, come on, come on!

Sub: 빨리 와, / 빨리, 빨리!

Dub: 빨리 빨리 빨리 <u>빨리 빨리</u>!

즉 ST의 'come on'이 '빨리'로 번역되었는데 더빙번역의 경우 자막에 비해 반복 횟수가 많아졌다. 다음은 강조의 사례로, 정도 부사, 형용사, 의태어에 대한 예를 각각 제시했다.

(27) 예문 6

ST: The heart is not so easily changed.

Sub: 심장은 쉽사리 / 고칠 수 없지만

Dub: 심장이 얼면 정말 고치기가 힘들답니다.

(28) 예문 7

ST: I charge Queen Elsa of Arendelle with treason. And sentence her to death.

Sub: 내 꼭 반역자 엘사를 / 잡아들여서 처형 시키겠소.

Dub: 아렌델의 사악한 여왕 엘사에게 반역죄를 물어 죽음으로 다스리겠어요.

(29) 예문 8

ST: Why did they shut them in the first place?

Sub: 그동안 왜 잠가놨죠?

Dub: 왜 첨부터 꽁꽁 잠갔던 거죠?

먼저, (27)에서 '정말'이라는 정도부사가 쓰여 텍스트 확장에 기여한다. 시·공간적 제약 때문에 기본적인 의미만 전달하는 자막과 달리 더빙은 번역 확대를 위해 정도부사를 추가했다. (28)에서는 원문에 없는 형용사 '사악한'을 더빙 번역에 추가해 엘사 여왕을 수식하도록 했고 결과적으로 텍스트가 확장되는 효과가 생겼다. (29)에서는 '꽁꽁'이라는 의태어를 추가해 입길이가 늘어났다. 이 세 가지 예는 모두 명사나 동사를 수식해 의미가 강화되고 텍스트가 길어지는 효과를 가져왔다.

다음은 부연의 사례이다. 아래 예에서 보듯 원문에 없는 '잘 하고 계세요'가 추가되었다.

(30) 예문 9

ST: Glide and pivot. And glide and pivot.

Sub: 미끄러지고 돌고 / 미끄러지고 돌고 …

Dub: 미끄러지다 돌고, 또 미끄러지다 돌고, 잘 하고 계세요.

이런 전략은 입길이를 맞추기 위해 사용될 수도 있지만, 이 예에서는 화면과의 조화 속에서 영화의 끝부분에 여운을 남기기 위해 추가 문구가 삽입된 것으로 보인다. 즉 입길이와의 동기화보다는 화면과의 동기화를 위해 선택되었으며, 해피엔딩의 효과를 증대하기 위해 선택한 것으로 보인다.

이상으로 더빙번역의 텍스트 확대를 어휘 추가를 활용한 확대 전략을 살펴보았다. Chaume(2014)이 주장했듯이 더빙번역의 궁극적인 목적은 실제처럼 느낄 수 있는 생생한 결과물을 제작해 믿을 만한 스토리를 전달하는 것인데, 번역사는 이를 실현하기 위해 더빙 번역에 대한 전문적인 지식과 노하우를 토대로 품질 높은 더빙 영상물 제작에 기여해야 한다.

7.4 영화제목 번역

영상번역에 대한 논의를 마치면서 마지막으로 영화제목 번역에 대해 언급하고자 한다. 영화 제목은 영화의 전체내용을 함축적으로 담아내는데, 관람객은 제목만 보더라도 내용을 짐작할 수 있을 만큼 정보성이 있어야 하고 시선을 끌 만큼 간결하고 압축적이어야 한다. Dynel(2010)은 영화 제목이 영화와 긴밀히 연관된 환유적 표현(metonymic representation)이며, 영화 내용과 특성을 한 단어나 구로 포착한 것이라고 설명했다. 그에 따르면, 영화 제목은 광고 문구와 흡사해서 영화 내용을 반영하면서도 그 형식적인 면에서나 의미적인 면에서 시선을 끌만한 문구여야 한다. 때로는 관용어구나 말장난을 표현하는 것일 수도 있고, 때로는 수수께끼와 같은 비유나 은유가 될 수도 있다. 제목은 단순히 눈에 띄는 표현으로 그치는 것이 아니라, 기억하기 좋은 문구여야 하며 대중 사이에서 인기를 끌 수 있어야 한다. 영화가 출시되면서 제일 먼저 소개되는 것이 제목인데, 사회적 및 문화적으로 반향을 일으킬 뿐만 아니라 마케팅이나 경제적인 측면에서도 여파가 있다.

영화제목 번역은 출발어의 의미를 전달하는 기계적인 번역보다 창의적인 번역이 필요하다. 이를 기능주의적 관점에서 살펴볼 수 있는데, 제목이 수행하고자 하는 기능에 충실하도록, 그리고 원작 제목이 가진 효과를 도착어에서도 재현할 수 있도록 번역이 이루어져야 한다. '충실한 번역'보다는 목적에 부합하는 번안이나 창안이 필요한 것이다. 아래 예시를 보면 음역을 한 경우, 직역을 한 경우, 의역을 한 경우, 전혀 새로운 문구로 대체한 경우 등 다양한 번역방법을 확인할 수 있다.

(31) 영화제목 번역예시

a. Blue Streak: 경찰서를 털어라
b. Death becomes her: 죽어야 사는 여자.
c. Something's gatta give: 사랑할 때 버려야 할 것들
d. The Holiday: 로맨틱 홀리데이
e. Life is beautiful: 인생은 아름다워
f. A River runs through it: 흐르는 강물처럼
g. Guess who's coming to dinner: 초대 받지 않은 손님
h. Bridget Jones - The Edge of Reason: 브리짓 존스의 일기2
i. Love Actually: 러브 액츄얼리
j. Sweet Home Alabama: 스위트 알라바마
k. Basic Instinct: 얼음의 미소
l. The Fifteen minutes: 15분
m. 48 Hours: 48 아우어즈
n. My Girl: 마이 걸
o. Bad Boys: 나쁜 녀석들
p. Conspiracy Theory: 컨스피러시
q. Rules of Engagements: 룰즈 오브 엔게이지먼트
r. Face-off: 페이스오프
s. Run-away Bride: 런 어웨이 브라이드
t. The Cure: 굿바이 마이 프렌드
u. The Rock: 더 록

위의 예시에서 느낄 수 있듯이 어떤 제목은 우리말이 원어보다 더 호소력이 있고 자연스러우며 또 어떤 번역은 그 내용을 알 수 없는 무책임한 번역 같다는 기분이 드는 것도 있다. 원어를 그대로 음역한 제목은 그 제목만으로는 내용을 알기 어렵다. 물론

Love actually나 The holiday와 같은 경우는 일반적인 청중이 이해할 수 있는 간단한 영어이므로 크게 지장을 주지 않겠지만 Rules of Engagement나 Conspiracy Theory와 같은 제목은 우리말로 소리를 옮겨 놓으면 이해하기 쉽지 않다.

이러한 제목 번역은 쉽게 평가할 수 있는 것은 아니지만, 제목이 그만큼 매력적이면 영화에 대한 흥미를 유발하고 호감을 불러일으킬 수도 있기 때문에 소홀히 할 수 없다. 제목은 그 영화를 단 한 줄로 요약한 것이며 따라서 제목 번역은 영상번역사의 노력이 완결되는 부분이라 하겠다.

이상으로 일반적인 기술번역과 차별화되는 특수한 번역형태인 아동번역과 영상번역에 대해 알아보았다. 어떠한 장르의 번역이라 해도 제대로 된 번역을 위해서는 각별한 노력이 필요하겠으나, 관심 있는 장르의 텍스트를 일상에서 자주 접해 즐겁게 감상하고, 실제 번역된 사례를 분석해 장르별 특징을 관찰하고, 폭넓은 독서를 통해 표현력을 꾸준히 기른다면 훌륭한 번역에 더 가까이 다가가게 될 것이다.

제8장

순차통역 이해하기

이제까지의 이론적인 소개를 바탕으로 남은 부분에서는 통역에 대해 좀 더 세분화된 관찰을 해보자. 세계가 좁아지고 국제적 교류가 활발해질수록 통역에 대한 필요성이 자연스럽게 증대된다. 통역사들이 왕성한 활동을 할수록, 국가 간, 문화 간 소통이 가능해지고 교류의 기회가 넓어지며, 지역 간 분쟁을 해결하는 데도 기여하여 더 평화롭고 풍요로운 지구촌을 만들 수 있다. 소통 전문가인 통역사는 때로는 순차통역사로 때로는 동시통역사로 때로는 지역사회 통역사로 임무를 수행한다. 이들을 각각 장별로 정리해 보다 자세한 내용을 살펴보기로 한다.

8.1 순차통역

통역 유형 중에서 순차통역이 가장 오래되고 가장 널리 쓰이는 기본 방식이다. 순차통역은 연사와 통역사가 교대로 청중에게 메시지를 전달하는 방식으로 연사의 발언 길이에 따라 두 가지 모드로 구분해 볼 수 있다.

(1) Two modes of consecutive interpretation (Yom, 1999, 406)
 a. 연속모드 (Continuous mode)
  In the continuous mode, the interpreter waits until the speaker has finished the whole sentence, and delivers the interpretation.
 b. 불연속 모드 (Discontinuous mode)
  In the discontinuous mode, the interpreter delivers the interpretation after pauses in the source language speaker's message.

(1a)의 연속모드는 연사가 한 문장(또는 그보다 작은 단위)으로 이야기하고 뒤이어 통역사가 이를 같은 어조로 전달하는 방식이다. 연사의 말이 길지 않으므로 통역사는 아직 머릿속에 생생히 남아있는 단기 기억을 통해 그 의미를 전달할 수 있다. 하지만 문맥의 흐름이 드러나지 않기에 사전에 준비된 경우가 아니면 뒤에 어떤 내용이 나올지 몰라 당혹스러운 순간을 맞게 되는 경우도 있다. 또한 연사로서도 매 문장이 끊어지기에 전달력이 떨어질 때도 있다. 간혹 연사와 통역사가 호흡이 맞지 않는 경우도 발생하며 청중으로서는 전체 문장의 흐름을 보지 못한다는 단점이 있다. 이러한 연속모드는 연사와 통역사가 사전에 조율하고 준비하게 되면 호흡을 더 잘 맞출 수 있다. 우리 주변에서는 주로 병원이나 관공서에서 이루어지는 지역사회통역이 이에 해당되고 설교통역에서도 볼 수 있다.

불연속 모드는 연사가 4-5분 정도로 이야기를 하면 통역사가 이를 기억했다가 연사가 쉬는 사이 청중에게 전달하는 것이다. 불연속 모드는 회의통역이나 강연통역에 많이 사용된다. 이렇게 볼 때 순차통역은 일반적으로 불연속 모드를 칭하는 것으로 이해할 수 있다. 청중과 연사에게 도움이 되는 방식이기는 하지만 통역사로서는 그 긴 시간 연사에게서 쏟아져 나오는 모든 정보를 기억해야 하는 부담이 크다. 3장에서 통역사의 자질로 기억력(retentive memory)을 언급한 바 있다. 그러나 아무리 뛰어난 기억력의 소유자라도 4-5분간의 연설 내용을 다 기억할 수 없을 뿐만 아니라 설령 기억한다고 해도 이를 연사의 논리를 따라서 재현해 내기는 불가능하다. 따라서 통역사의 기억력을 보조할 수 있는 수단으로 노트가 발달하게 되었으며 오늘날 노트테이킹 또는 '내용적기'로 불리는 기록 방식이다.

그렇다면 순차통역은 어떤 원리로 이루어질까? 앞에서 살펴본 Nida의 모델을 여기에도 적용할 수 있다. 즉 ST를 이해하고 분석한 후 이를 TT로 다시 표현하는 것이다.

(2) 순차통역 원리(Jones, 1998)

a. Understanding

b. Analysis

 i. Analysis of speech type

 ii. Identification of main ideas

 iii. Analysis of links

 iv. Memory

c. Re-expression

통역의 첫 단계는 번역과 크게 다르지 않다. 통·번역 행위는 원문을 정확하게 이해(understanding)하는 것에서부터 시작한다. 원문을 이해한 만큼 청중을 이해시킬 수 있기 때문이다. 이해 증진을 위해 통역사는 사전에 회의 자료를 요청하고 이를 충분히 검토한다. 또한, 연사가 발표 시 사용하게 될 PPT 자료나 유인물을 가급적 미리 확보하여 준비한다. 때로는 연사에게 email로 문의를 하거나 통역 직전 만나 궁금한 사항을 묻기도 하는데, 이때 연사가 불편해하지 않도록 배려해야 한다.

중요한 회의나 국제 세미나에 발표를 맡은 연사라면 짧게는 1개월 길게는 수개월 동안 준비했을 것이다. 많은 시간을 들여 준비한 내용을 통역사가 아무런 사전 준비 없이 통역하려 한다면 높은 품질의 통역을 기대하기 어렵다. 통역은 무대에 올라가 있는 동안만 이루어지는 화려한 퍼포먼스가 아니라, 무대 밖에서 철저히 준비하는 과정까지 포함한다. 준비 기간 동안 전문용어는 물론 배경지식과 주제지식에 대한 input이 충분히 이루어져야 한다. 또한, 통역 대상이 되는 분야의 최신 보고서나 신문 기사 등을 통해서도 다양한 표현을 익힌다. 이러한 준비는 통역을 앞두고 1-2주 동안 집중적으로 이루어지는데, 이밖에도 평소에 언어 감각과 폭넓은 상식을 갖추는 노력도 게을리 해서는 안 된다.

Jones에 의하면 통역사의 '듣기'는 일반 청중의 듣기와는 차원이 다르다. 청중들은 편안하게 듣고 싶은 것을 선별적으로 들을 수 있는 특권이 주어지지만, 통역사는 별로 중요하지 않을 것 같은 내용이라도 집중해서 듣고, 이를 도착어로 재현해낼 준비를 해야 한다. 이때 사전 준비로 배경지식이 충분히 갖추어졌다면, 연사의 발화 내용을 더 쉽게 이해할 수 있을뿐더러 청중에게 전달할 때도 더 편하게 기억해낼 수 있을 것이다. 이렇듯 언어 능력과 배경지식은 통역의 절대적인 필수 조건이다.

다음으로 분석(analysis)하기에 대해 알아보자. 연사의 발화는 다양한 형태를 가진다. 가장 이상적인 형태로, 논리 정연한 연설을 생각해 볼 수 있다. 논리적인 말은 이해하기도 쉽고 다음 내용도 어느 정도 예측하면서 통역할 수 있어 이상적이다. 이때 논리의 흐름에 대한 단서가 되는 논리 관계를 파악하는 것이 중요하다. 연설은 종류가 다양하여, 연사가 일방적인 주장을 하는 경우, 사건의 시간 순서에 따라 전달하는 경우, 메시지를 이야기 식으로 전달하는 경우, 현상을 기술하는 경우 등이 있다. 이 외에도 축사나 개회사과 같은 공식 행사의 연설문도 있는데 이때 내용을 전달하는 것 못지않게 '분위기'를 잘 전하는 것도 필요하다.

연사가 무대에 올라가 청중을 대할 때는 분명 목적이 있을 것이고, 그 목적에 따라 전달하고자 하는 바가 있을 것이다. 통역사는 연사가 전달하고자 하는 이 핵심(main idea)을 잘 파악해야 한다. 아무리 장황하게 늘어놓은 연설이라 해도 그것을 요약하면 '핵'이 남을 것이고, 연설 내용에는 '맥'이 있을 것이다. 이 '핵'과 '맥'을 잘 포착하여 메시지를 분명하게 전달하도록 주력해야 한다. 또한 연사가 사용한 각종 수식어(형용사, 부사), 강조어, 시제, 관점 등도 메시지를 구성하는 중요한 요소이므로 이를 임의로 누락해서는 안 된다. 만약 연사가 사례를 열거하는 경우라면, 핵심적인 내용과의 관련성을 생각하며 맥락에 맞게 적절히 전달해야 한다.

Jones는 연설에서 가장 중요한 것이 핵심을 파악하는 것이고 두 번째 중요한 것이 핵심적인 아이디어 간의 연결(link) 관계라고 강조한다. 그만큼 내용이 어떤 방향으로 전개되는지 명확하게 파악하는 것이 메시지의 정확한 전달에 필수적이다. 내용의 전개에 대한 단서로 therefore, as a result 등이 등장한다면 앞 내용의 결과 내지 결론이 이어질 것이라는 것을 짐작할 수 있다. Because가 들린다면 앞 내용에 대한 원인을 설명하리라고 추측할 수 있으며, but, whereas가 나오면 앞 내용과 반대되는 내용이 펼쳐지리라는 것을 유추할 수 있다. 연결 고리가 보이지 않을 경우 통역사가 임의로 판단해서는 안 되며, 무의미하게 and로 계속 이어나가는 전개 또한 삼가야 한다.

통역이 이루어지는 상황 내내 통역사는 기억력(memory)과 집중력에 의지해 직무를 수행한다. 기억력을 높이기 위해 연사의 말을 나름대로 이미지화(visualize)해서 기억해두면 편리할 것이다. 연사가 전달하는 단어는 낱낱으로 독립된 것이 아니라 유기적인 구성 속에서 의미를 만들어낸다. 그렇기에 통역사는 발화 내용을 구조화하고 연사가 한 말의 순서를 잘 기억해 충실히 재현해야 한다. 연설의 시작 부분과 마지막 부분은 기억력과 집중력이 특히 필요하다. 연설의 도입부는 연사가 발화를 시작하는 단계로, 이때 통역사가 출발점을 잘못 잡으면 논지가 엉뚱한 방향으로 흘러간다. 연설의 끝 부분은 연설 내용을 다시 한 번 요약하고 중요한 점을 강조하게 되는데, 통역사의 기억력과 집중력이 흐트러지면 결론을 제대로 전달하지 못해 커뮤니케이션 효과가 떨어진다. 순차통역에서 기억력에만 의존하는 것에는 한계가 있기 때문에 노트테이킹이 필요한데, 이 기술에 대해서는 8.2에서 상세히 알아본다.

마지막으로 재표현(re-expression)하는 단계이다. 이에 대해 논하기에 앞서 먼저 다음 상황을 가정해보자. 연사의 말이 빠르거나 목소리가 작거나 얼버무려 통역사가 못 알아들을 때 또는 내용 자체를 통역사가 이해하지 못할 때는 어떻게 해야 할까? 연사와 청중에게 크게 피해를 주는 상황이 아니라면 연사에게 질문을 해서 의미를 명확히 하는 것이 필요하다. 통역사가 이해하지 못한 내용이라면 청중도 이해시키기 힘들기 때문이다. 연사의 말을 전달하는 통역사는 '연사답게' 말을 하고 청중을 바라보며 신뢰감을 줄 수 있는 태도로 업무를 수행해야 한다. 연사의 발화가 끝나면 머뭇거림 없이 바로 통역을 시작하되 불필요한 반복은 피한다. 더불어 말의 속도, 억양, 휴지 등을 적절히 유지하여 설득력 있는 어조로 전달한다. 통상적으로 통역사의 발화 시간은 연사에 비해 2/3 또는 3/4 정도로 짧다. 즉, 연사의 말을 단어 하나하나 전달하는 식으로 통역을 하는 것이 아니라 내용을 도착어로 재구성하여 효율적으로 전달하는 것이다. 재표현 단계에서 품질 높은 통역을 수행하려면 평상시에 다양한 출판물을 읽음으로써 꾸준히 표현력을 향상시키고, 새로운 정보를 지속적으로 접하여 어휘력을 확충하고 상식을 넓혀나가야 한다.

통역사는 연사의 말을 충실하게 전달한다. 즉, 자신의 생각을 더하거나 의미를 왜곡하거나 임의로 해석하여 전달하지 않는다. 정확하고 충실한 의미 전달이 통역사의 가장 기본적인 역할이다. 그런데 때로 연사가 도발적인 발언을 하거나 상대를 모욕하는 말을 해 회의 분위기를 흐릴 수도 있다. 물론 이런 일이 자주 일어나지는 않는다. 이럴 때도 '충실한 통역'을 하는 것이 최선일까? 아마도 통역사의 슬기로운 대처가 필요한 순간일 것이다. 이럴 경우에는 발언을 완곡하게 표현하는 것이 나을 지도 모르겠다. 통역사는 이런 돌발 상황에서도 지혜롭게 대처하는 마음의 여유와 상대방에 대한 배려가 필요하다.

8.2 노트테이킹 이해

앞 절에서 살펴본 바와 같이 순차통역에서 가장 중요한 것은 정확하게 듣고 이해한 후 정확하게 재표현하는 것이다. 그런데 이런 통역을 수행하기 위해 노트테이킹이라는 기술이 매우 유용하다. 노트테이킹에 대해 AIIC는 다음과 같이 정의한다.

(3) 노트테이킹의 정의

Note-taking is an essential element of consecutive interpreting. It consists of noting on paper the logic and structure of a speech in order to help the interpreter remember the contents of the speech. Note-taking is a singularly individual exercise: some interpreters use a lot of symbols, while others prefer drawings and still others restrict themselves to certain words. The amount of detail noted down also varies considerably, as does the choice of notepad, the language in which the notes are taken, etc.
(http://www.aiic.net/glossary/default.cfm?ID=133)

여기에서 설명하는 노트테이킹은 순차통역을 위한 기술로 통역사의 기억 보조 장치이다. 통역사는 연설문의 논리와 구조를 기록하고 이 노트를 참조해 머릿속에 있는 내용을 기억해 낸다. 또한 노트테이킹은 사용하는 기호와 노트의 양에 있어서 개인적인 차이가 많이 있으며 결국은 통역사 자신이 스스로의 노트테이킹 기법을 개발해야 하는 것으로 설명한다. 물론 이러한 설명이 분명 맞는 말이지만, 실질적으로는 위에서 기술한 것 외에도 몇 가지 고려해야 할 점이 있다.

노트테이킹에서 주요한 관심사는 '무엇을 적을 것인가(what to note)'와 '어떻게 적을 것인가(how to note)'이다. 무엇을 적을 것인가를 바로 이해하지 못하면 노트테이킹과 속기술을 구별하지 못해 혼란에 빠질 수도 있다. 이를 구별하려면 통역의 현장을 잘 이해해야 한다. 통역현장에서는 매우 빠르고 신속하게 정보전달이 이루어진다. 대학의 강의를 들으며 노트를 하는 경우에도 학생의 관심사는 교수의 언어가 아니라 그 언어에 포함된 정보이다. 노트테이킹은 이러한 메시지(정보)를 기록하기 위한 수단이다. 따라서 말을 적는 속기와 분명히 구별된다. 노트테이킹의 기본목적과 방법을 속기의 기본목적과 방법에 비교해 보자.

(4) 속기의 정의 (이동근 외 1977, 19)

속기란 '타인의 말이나 자기의 의사표시를 어떤 특정의 문자에 의해 정확, 초속도로 필기하여 이것을 보통의 문자로 다시 쓰는 활동'을 말한다.

(4)에 소개한 속기의 정의는 말을 문자로 바꾸어 쓰는 행위이다. 주로 법정에서나 회담에서 회의록을 기록하기 위해 속기를 쓴다. 속기는 문자에 매여 있는 방식이다. 즉 문자로 쓰려면 시간이 걸리는 것을 약식부호를 통해 기록하고 사후에 다시 복원하기 위한 목적이다. 이렇게 볼 때 속기와 노트테이킹은 실로 그 역할이나 용도가 다른 것이다.

(5) 속기와 노트테이킹의 차원 비교

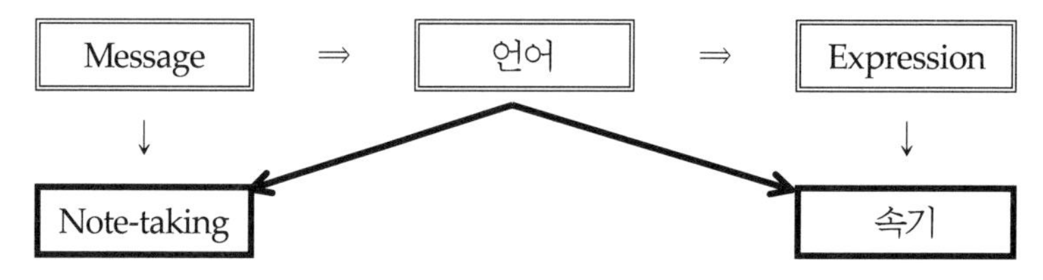

노트테이킹과 속기는 둘 다 언어를 중심으로 구성된다는 점에서는 공통적이다. 하지만 중요한 차이점은 노트테이킹은 언어를 분석해 그 가운데 존재하는 메시지를 기록하기 위한 방법이며 속기는 문자를 특수기호로 표기하는 방법이다. 따라서 그 근본목적에 있어서 노트테이킹과 속기는 서로 다르다. 구체적으로 이를 비교하면 다음과 같다.

(6) 속기술과 노트테이킹의 비교

구분	속기술	노트테이킹
a. 내용	화자의 말 (단어)	화자의 메시지
b. 방법	암호화된 속기	아이디어와 기호
c. 순서	시간의 흐름	논리의 흐름
d. 목적	말을 정확하게 기록	메시지를 정확하게 전달
e. 쓰임새	말의 보관	통역 (학습)
f. 활용법	암호해독	참고용
g. 사용자	기록자, 사용자가 상이할 수 있음	기록자와 사용자가 동일함
h. 체계	통일성	개별성
i. 대상언어	자국어	자국어/외국어/제3언어 등

(6)에서 보듯 속기와 노트테이킹은 모든 면에서 상반된 차이를 가진다. 개략적으로 말하자면 노트테이킹은 언어를 받아 적는 속기와 달리 그 언어 속의 의미를 기록하는 것으로 그 목적이 분명히 다르다. 속기에서는 정해진 표기 부호를 따라 정확하게 받아 적는 것이지만 노트테이킹은 이러한 암호를 포함해 일체의 기호와 약어 그리고 심지어 그림까지도 활용한다. 따라서 노트테이킹을 위해 속기를 배운다는 것은 실질적

으로 의미 없는 행위라 하겠다.

노트테이킹과 속기를 비교하면서 몇 가지 차이점을 논의했다. 이 차이점을 바탕으로 노트테이킹에서 무엇을 적을 것인가(what to note)와 어떻게 적을 것인가(how to note)의 문제에 대한 답을 알아보자. 무엇을 적을 것인가에 대한 답은 언어자체가 아니라 그 언어가 지닌 의미를 적는 것이다. 즉 속기는 자신이 들은 내용을 이해하지 못해도 정해진 기호와 기록방식을 알면 분석과정 없이 기록해 나가면 되지만 노트는 반드시 이해를 한 내용을 바탕으로 기록한다. 이렇게 내용을 적는다는 것은 노트테이킹의 시점(when to note)에 대한 답을 준다. 속기는 귀에 들리는 순간 그 언어를 약속된 기호로 표기하지만 노트는 들은 말을 분석해 그 의미를 파악한 이후에 적는다. 의미파악이 없이 귀에 들리는 단어를 마구 적어 놓으면 통역사의 노트가 아니라 속기사의 노트가 되고 만다.

Selekovitch(1978), Degueldre(1981), Yom(1999), 최정화(2002) 등에서는 통역사의 노트테이킹과 속기술은 혼동되어서는 안 되며 통역사가 연사의 말을 속기로 받아적어서는 안 된다고 주장한다. 주된 이유는 통역사는 말을 받아 적는 것이 아니라 내용을 받아 적기 때문이며, 이를 보다 구체적으로 이야기하면 정보처리 없이 받아 적기만 한다면 도착어로 재표현하는 단계에서 별 도움이 되지 않기 때문이다.

(7) What to note
  a. Flow of logic (논리의 흐름)
  b. Key ideas, key words (주요개념, 핵심단어)
  c. Numbers and names (숫자와 고유명사)

통역사의 노트는 논리의 흐름을 파악하는 데 도움을 주어야 한다. 뒤에서 다시 이 부분을 언급하겠지만 노트에 단편적인 정보만이 기록되어 있어 통역사가 이러한 정보가 어떻게 연결되는가를 알지 못한다면 별로 도움이 되지 못한다. 그러므로 노트테이킹을 훈련하는 첫 단계부터 논리적인 흐름을 표기하는 습관을 길러야 한다. 논리의 흐름을 안다면 그 흐름에 따라 중요한 개념(key ideas)이나 핵심 단어(key words)를 적어 두면 이 둘이 협력해 통역사가 전체적인 의미를 성공적으로 전달할 수 있게 도와준다.

노트테이킹에서 가장 힘든 작업에 속하는 것이 고유명사와 숫자이다. 처음 듣는 고유명사, 특히 사람 이름과 같은 부분은 다루기 어렵다. 최정화(1998, 84)에서는 이 경우 발음대로 적기를 권유한다. 이를 감안하면 철자를 모르는 고유명사의 경우는 한국어로 적어 놓고 위에 체크([√])나 물결([~]) 등을 사용해 다음에 또 나올 경우에는 뒷부분에 표기한 체크나 물결을 이용해 표기하는 것이 실용적으로 판단된다.[15] 개인적으로는 이 경우 ['] 또는 ["] 등과 같은 표기를 해 사용하며, 이러한 약어를 사용하면 고유명사가 반복될 경우 표기의 부담을 줄일 수 있다. 숫자의 경우도 마찬가지이다. 우리말의 경우 네 자리 단위를 사용하는 반면 서양식 표기는 세 자리 단위를 사용하므로 숫자를 듣고 파악하기가 쉽지 않다. 자세한 표기를 원하는 백분율이나 천 단위 이하의 숫자는 그대로 받아 적는 것이 좋다. 하지만 단위가 높아지면 밑줄이나 약어를 사용하는 것이 편리하다. 1억 6천 5백만을 이야기하면 [165M] 또는 [165___ ___]로 표기하면 (여기서의 [___]은 000을 나타낸다) 쉽게 기억할 수 있다.

어떻게 노트할 것인가(how to note)라는 물음도 속기와 노트테이킹의 차이를 통해 답을 할 수 있다. 속기의 경우는 미리 정해진 규약에 따른 기호를 사용하지만 노트테이킹의 경우는 그림, 기호, 문자 등을 다양하게 사용할 수 있다. 처음 노트테이킹 훈련을 하면 귀에 들리는 단어를 받아 적기에 급급하지만, 기호, 그림, 문자 등 자신만의 노트를 개발하면서 ST의 내용은 물론 전체적인 논리적인 흐름까지도 효율적으로 기록할 수 있게 될 것이다. 통역사의 노트에는 문자와 기호가 사용된다.

(8) How to note
  a. 기호 사용
  b. 언어(약어) 사용
  c. 배경지식 활용

통역사의 노트에는 기호가 많이 있다. 기호는 대부분 그 자체가 의미를 지닌 것으로 익숙한 기호인 경우는 기호 자체의 의미가 순간적으로 전해지기 때문에 통역 시에 매

---

15) 독자의 편의를 위해 노트테이킹에 사용되는 예시는 대괄호(brackets, [ ])에 넣어 소개한다.

우 편리하다. 또한 기호를 사용하기 위해서는 먼저 입력된 정보를 분석하고 의미를 파악해야 하므로 노트에 기호를 자유롭게 사용할 수 있다는 것은 실로 통역사가 문장의 흐름과 의미를 잘 파악했다는 증거가 된다. 기호는 이러한 장점이 있지만 이를 살리기 위해서 통역사는 자신이 사용하는 기호에 친숙해져야 한다. 처음 노트테이킹을 연습하다보면 친숙하지 않은 기호를 마구 만들어 내려는 경향이 있다. 하지만 이러한 기호는 통역 시에 기호화와 해석을 요하는 부분이므로 통역수행에 방해가 될 것이다. 통역현장에서 쓰이는 기호는 매우 친숙한 기호이어야 하며 그렇지 않으면 사용하지 말아야 한다. 암호 수준에 달하는 기호를 자신만의 것으로 만들어 사용할 수도 있지만 처음에는 다른 통역사들이 자주 사용하는 기호와 약어를 배우고 익혀서 자신의 것으로 만들고 이러한 기본적인 기호를 바탕으로 자신이 사용할 수 있는 창의적인 기호를 개발해 가는 것도 방법이 된다.

언어나 언어의 약어표현을 사용하는 것은 핵심어나 주요내용을 적는 데 유용하다. 영어는 70년대 이후 무역용어로 자리를 잡으면서 이메일이 무역서신에 사용되기 이전에는 글자의 수에 따라 요금이 달라지는 Telex 그리고 단어의 수에 따라 사용료를 내야 하는 Cable과 같은 통화 수단에 의존했기 때문에 경제적인 이유로 약자가 많이 등장했다. 이러한 약자는 한눈에 원래의 언어를 알아볼 수 있고 또 익히는 데 시간이 걸리지 않는 까닭에 배우고 활용하기 좋은 방법이다.

또한 언어 사용에 있어 출발어와 도착어 중 어떠한 것을 활용해 노트테이킹을 할 것인가 하는 문제도 생각해 보아야 한다. Longley(1977)는 출발어, 도착어 내지는 제3의 언어를 사용해도 무방하다고 이야기했으며 (8)에서도 속기와의 차이를 비교하며 Longley의 입장에 따라 정리했다. 물론 다음 절에서 이야기하는 기호를 사용하는 경우에는 이러한 논의는 무의미하다. 기호는 어느 한 언어에 국한되어 있는 것이 아니라 어느 쪽으로도 해석이 가능하며 한 가지 이상으로 풀이할 수 있는 것이기 때문이다. 하지만 약어를 사용할 때에는 영어를 사용할 것인가 아니면 한국어를 사용할 것인가 하는 것이 선택의 대상이 된다. 어떤 언어를 사용할 것인가는 Longley(1977)의 말과 같이 개인적인 선택이다. 도착어로 노트를 하면 재구성(재표현)에서 부담을 덜 수 있으므로 도착어를 권하기도 하고 또 B언어를 사용하는 것이 도착어가 A언어인 경우에 도움이 된다고 볼 수도 있다.

지금까지 노트테이킹에 대해 무엇을 기록할 것인가, 언제 기록할 것인가 그리고 어떻게 기록할 것인가를 논의했다. 이를 종합해 노트테이킹의 유의점을 간추려 보자. 통역사는 노트테이킹을 이용해 말을 받아 적는 것이 아니라 그 말의 의미를 기록한다. 그러므로 시간의 흐름을 쫓아 기록하기보다는 논리의 흐름을 따라서 기록을 해야 한다. 통역사가 하는 기록은 메시지의 내용이므로 어순에 구애를 받아서는 안 될 것이다. 노트테이킹 활용시의 유의점은 다음과 같다.

(9) 노트테이킹에서의 유의점 (이용성, 2002)
  a. Conceptualization of message (메시지의 개념화)
  b. Exploitation of knowledge (기존 지식의 활용)
  c. Circumstantial interpretation (상황적 해석)
  d. Temporary symbols (임시기호 활용)

노트테이킹은 (3)과 관련하여 논의한 바와 같이 개인적인 것이다. 노트의 목적은 통역행위를 수행하는데 있어 보조적인 역할을 한다는 것과 말이 아니라 내용을 적는 것이라고 설명했다. 그러므로 이해하고 분석하는 것이 선행되어야 하며 내용을 이해하지 못하면 적어놓은 노트가 통역에 도움이 되지 못한다. 이러한 점을 염두에 두고 보다 구체적으로 노트테이킹에서 유의해야할 점에 대해 논의한다. 노트테이킹은 전체 메시지의 개념화에서 출발해야 한다. 통역사가 이미 아는 농담을 일일이 다 받아 적으려고 애쓰는 것은 노트테이킹의 기본적인 개념을 이해하지 못한 데서 나오는 것이다. 이 경우 "joke" 한 마디만 기록해 놓아도 그 내용이 다 기억날 것이다. 그러므로 이미 아는 부분에 대해서는 구태여 이를 받아적으로 애를 쓰지 않아도 되며 또 그럴 필요도 없다. 또한 연사가 이야기하는 내용이 설명/논증/소개/예시/설득/비교 등 어떠한 방식으로 진행되는지에 대한 논리적인 연결 관계를 파악해야 한다.

(9b)의 기존 지식 활용이란 우리가 이미 아는 지식을 활용한다는 말이다. '부산의 10대 시정 목표'를 안다면 이를 다 받아 적으려 하기 보다는 이를 기억해 낼 수 있는 간단한 기호나 핵심어휘를 받아 적어 자신의 장기 메모리에서 끌어 낼 수 있도록 하며, 이를 일일이 받아 적으려 애를 쓰는 것은 노트테이킹을 활용하는 것이 아니라 외

려 노트에 끌려 다니는 셈이 되어 바람직하지 않다. 통역사의 배경지식이 늘어나면 노트도 더 체계적이 된다. 따라서 통역사는 늘 새로운 지식을 습득하며 이러한 지식을 현장에서 사용할 수 있도록 훈련하는 것이 중요하다.

노트테이킹의 중요한 활용의 하나는 바로 상황에 따라 달리 해석할 수 있다는 것이다. 우측방향 화살표 [→]는 단 하나의 의미와 연결되는 것이 아니다. 이 점이 노트테이킹과 속기의 근본적인 차이이기도 하다. [→]는 사건의 진행을 나타내기도 하고 결과를 뜻할 수도 있으며 또 논리적인 결과를 나타내기도 한다. 밑줄 [___]을 그어 중요한 개념을 강조하기도 하지만 복수의 의미로 쓸 수도 있으며 동작의 경우는 진행을 나타내는 의미로 사용할 수도 있다. 따라서 우리는 각각의 언어표현에 상응하는 새로운 기호를 만들어 내려는 것이 아님을 알아야 한다. 언어표현이 다를 지라도 그 기본적인 의미가 같다면 하나의 기호로 사용할 수 있고, 나아가 하나의 기호는 단지 하나의 의미만이 아니라 맥락에 따라 여러 개의 서로 다른 의미로 해석될 수 있다는 것이다.

이를 종합해 보면, 노트테이킹은 속기처럼 하나의 기호가 하나의 용도로 한정되는 것이 아니며, 상황에 따라 달리 해석될 수 있는 soft system이 되어야 한다. 노트테이킹을 하는 통역사들이 모든 표현에 대해 기호를 개발하는 것이 아니다. 경우에 따라 통역사는 제한된 현장에서 단기적으로 사용할 수 있는 기호를 만들어 이해하고 활용할 수 있어야 한다. 예를 들어 통역사가 천문학과 여성의 역할에 대한 원고가 없는 강연을 맡았다고 가정해 보자. 이 경우 통역사는 자신의 상식을 바탕으로 천문학, 여성연구가, 여성의 역할 등 자주 등장하는 용어를 예견할 수 있을 것이며 이러한 예견을 바탕으로 당일 활용할 수 있는 기호를 미리 만들어 둘 수 있을 것이다. 천문학은 [A]로 표기하고 천문학 연구는 [AR] 천문학 연구가는 [AR^{o}] 그리고 여성천문학 연구가는 [AR^{f}], 통계는 [#]로 표기하는 준비를 하고 이를 익혀둔다면 통역현장에서 모두 받아 적으려는 불필요한 노력을 줄일 수 있으며 노트테이킹에 대한 부담을 줄여 오직 메시지 분석에 집중할 수 있을 것이다. (9d)의 임시기호의 활용이 바로 이 부분에 해당하는 것이다. 물론 이와 같은 기호가 계속 쓰임새가 있으면 통역사의 노트테이킹 기호로 정착해 장기메모리에 저장되어 계속 활용될 수도 있다.

실제 노트를 하는 방법도 개인적으로 차이가 있을 수 있으나 적어도 논리의 흐름과 핵심내용은 기록이 되어야 한다. 문장을 연결하는 기호에는 다음과 같은 것이 있다.

(10) Idea signal words

a. Main Idea signal words ([!])

And Most importantly ...

The major problem is ...

b. Showing contrast ([//])

On the other hand ...

On the contrary ...

In contrast ...

c. Giving an example ([Ex])

For example ...

As an example ...

For instance ...

d. Continuing an idea ([↓])

Similarly ...

Further ...

Likewise ...

In addition to ...

e. Giving a reason ([∵] or [b/c])

In order to ...

Because ...

f. Concluding or summarizing ([∴] or [Σ])

So ...

Therefore ...

In conclusion ...

As a result ...

Finally ...

In summary ...

From this we see ...

위에서 소개한 논리흐름의 힌트가 되는 표현은 담화분석에서 제시하는 단락의 종류를 바탕으로 한 분류로 내용과 내용의 연결 관계를 보인다. 이러한 문장의 흐름을 알리는 신호가 되는 표현을 파악하여 괄호 안에 표기된 기호를 활용하면 통역 시에 앞뒤 문장을 부드럽게 연결시키는 데 도움이 된다. 핵심이 되는 중요한 부분은 [!]로 표기하고, 위의 내용과 아래의 내용이 서로 대조를 이루는 경우 [//]를 표기해 두면 통역 시에도 이 부분을 강조해 위와 아래가 대조, 대립관계에 있다는 것을 보다 명확하게 알 수 있으며, 위에서 아래로 계속 흐르는 내용(10d)은 [↓]를 적어두면 쉽게 알 수 있다. 이렇게 (10)에 있는 각각의 예시에서 괄호 안에 소개한 기호를 문장이나 내용 앞에 적어 놓으면 (9a)에서 언급한 논리적인 흐름을 파악할 수 있어 도움이 된다. 교육자에 따라서는 이 부분이 가장 중요하다고 강조하기도 한다.

실질적으로 어떠한 방식으로 기록할 것인가에 대해 이견이 많이 있을 것이다. 통역사의 노트테이킹은 기본적인 지식을 전제로 하는 것이므로 모든 내용을 받아 적기보다는 기억에서 사라지기 쉬운 부분을 논리적으로 정리해 놓는 것이 필요하다. 또한 문장의 흐름을 한 눈에 볼 수 있도록 좌에서 우로가 아니라 좌상에서 우하로 흐름을 갖추어 가는 것이 필요하다.

이제 노트테이킹의 기술에 대해 구체적으로 알아보자. 수업시간에 노트테이킹 훈련을 하다보면 백지나 여백을 이용해 낱장에 노트를 하는 것을 볼 수 있는데 이런 습관은 실전현장에서 외려 방해가 된다. 다음에 인용한 노트테이킹에서의 노트선택에 대한 조언을 살펴보자.

(11) 통역사의 노트

A 15cm X 20cm stenographer's note-pad is recommended, and loose sheets should definitely be avoided. Interpreters should write only on one side of the sheets, <u>and these must be clipped at the top</u>, so that they can be turned quickly and easily. The best thing to be used when writing is still the good old lead pencil.

(강조부분은 저자가 추가한 것임)

(http://dzibanche.biblos.uqroo.mx/cursos_linea2/azanier/trad_iv_u2.htm)

위에서 인용한 통역사의 제언에서도 낱장의 사용을 엄격하게 금한다. 그 이유는 통역현장에서 노트테이킹을 하다보면 심지어 한 문장이 한 장을 차지하는 경우도 있다. 그러한 회의가 오래 지연될 경우 노트테이킹을 한 종이가 흩어지기 쉬우며 이로 인해 시간낭비는 물론 아이디어를 제대로 잡지 못하는 경우도 발생한다. 그렇다고 낱장이 아니면 아무 노트나 다 좋다는 말이 아니다. 통역사의 노트는 위가 묶여져 있어야 한다.

(12) 통역사의 노트

a. 위로 묶인 노트 (O)

b. 옆으로 묶인 노트 (X)

위로 묶은 노트를 사용해야 하는 이유는 통역현장을 살펴보면 쉽게 이해할 수 있다. 순차통역이 진행되는 강연, 회담, 설교, 기자회견 등에는 통역사가 편히 앉아서 작업을 할 수 있는 공간이 마련되어 있지 않은 경우가 많다. 통역사는 회의장소의 앞에 서서 임무를 수행한다. 그렇다고 연사가 서있는 상황에서 통역사를 위한 자리를 마련하기도 어렵다. 따라서 통역사의 노트는 패드가 달려서 받침의 역할을 할 수 있어야 하며 또 위로 묶여서 쉽게 넘기고 또 쉽게 되돌아 갈 수 있도록 해야 한다. 15×20cm의 크기를 명시하는 것도 바로 이와 같은 이유에서이다. 노트가 너무 크면 손에 들고 있는 것이 부담스럽고 너무 작으면 지면이 좁아 번거롭게 많이 넘기느라 연사의 말에 집중할 수 없을 것이다. 따라서 위에서 제안한 크기나 이와 유사한 크기의 노트를 마련해 손에 익히며 노트테이킹 훈련을 하는 것이 좋다.

실습현장인 수업에 있어서도 실제 통역현장과 동일하게 연습하고 훈련할 필요가 있다. 그러나 현실적으로는 경제적인 이유로 위로 묶인 노트를 이용하기보다는 여백이나 낱장을 이용하는 경우가 많은데 이는 첫걸음부터 중요한 훈련을 게을리 하는 것이 된다. 메모리와 인지기능이 대량으로 요구되는 통역행위에 노트테이킹이나 노트가 문제가 되어서는 좋은 통역성과를 기대하기 어렵기 때문이다.

(11)의 제언에서 통역사는 연필을 사용할 것을 권한다. 그 까닭은 기존의 볼펜이나 사인펜 등이 번지거나 아니면 잘 흐르지 않기 때문에 필기 자체가 부가적인 부담으로 작용하기 때문이다. 따라서 B형 연필이 좋은 대안이 된다. 요즈음에는 수성 펜이 나와서 연필보다 더 자연스러운 필기를 가능하게 하므로 각자의 기호에 따라서는 수성 펜이나 속기 펜도 좋은 대안이 될 것이다. 이렇듯 노트와 펜에 대해 구체적으로 이야기하는 것은 전반적으로 노트테이킹에 대한 부담을 줄이고 모든 여력을 메시지 분석과 통역수행에 집중하기 위한 것으로 진지한 통역훈련생이라면 반드시 본인에게 맞는 도구로 훈련을 하고 그렇게 받은 훈련을 바탕으로 현장에서도 통역을 훌륭하게 수행해야 한다.

8.3 노트테이킹의 기호

본 절에서는 노트테이킹에서 많이 활용되는 기호를 소개해 이를 노트테이킹 기법을 익히는 발판으로 삼고자 한다. 노트테이킹에 어떤 기호를 어떤 의미로 쓸 것인가는 앞서 말한 것처럼 궁극적으로 개인에 따라 다를 것이지만 이미 설명한 대로 전문 통역사들이 공통적으로 사용하는 노트테이킹 방식이 있으므로, 여기에서는 많은 통역사들이 즐겨 사용하는 기호를 중심으로 소개하고자 한다.

(13) 기호의 종류
  a. 선기호
  b. 수학기호
  c. 논리기호
  d. 문자기호
  e. 도형기호
  f. 일반기호

선기호는 직선, 곡선과 화살표를 이용한 기호로서 기호와 연상되는 의미를 부여하고 사용하는 것이다. 수학기호는 수학에서 널리 쓰이는 기호를 노트테이킹에 활용하는 것이며 논리기호 또한 논리학에서 쓰이는 기호 중에서 활용 가능한 부분을 노트테이킹에 도입하는 방법이다. 때로 문자가 의미를 지니게 할 수도 있는데 이와 같은 형태는 기호가 아닌 약어로 쓰이기도 하지만 여기서는 약어가 지닌 구체적인 의미가 아니라 기호의 상징적인 의미로 사용되는 것을 소개하고자 한다. 또한 사각형과 원형을 중심으로 한 도형의 사용도 여러 가지로 유용하게 쓰일 수 있다. 마지막으로 이러한 분류에 해당되지 않는 기호를 일반기호라고 표기하고 이를 소개한다. 이러한 구분은 사실상 편의를 위한 것이며 이론적인 가치는 크다고 할 수 없다. 다만 본 절에서는 편의에 따라서 기호를 나누어 논의하고 이러한 기호들이 지니는 개념적 의미를 소개해 이를 노트테이킹의 기본 기호로 사용할 것을 권한다. 기본 기호를 활용하면 통역사 개인이 새로운 기호를 만들어내지 않고도 노트테이킹을 효율적으로 할 수 있다.

기호 사용의 장점은 무엇보다도 기호에서 의미가 비교적 쉽게 유추된다는 것이다. 따라서 조금만 훈련하면 얼마든지 자신의 노트테이킹 도구로 사용할 수 있다. 이러한 기호를 사용하기 위해서는 연사의 말을 먼저 잘 듣고 충분히 이해해야 한다. 기호를 잘 활용한다는 것은 그만큼 메시지를 제대로 분석했다는 것이다. 재표현 단계에서는 연사의 발화 맥락에 의존하여 기호를 해독한다. 노트테이킹은 통역 상황에서 주어진 발화의 맥락에 따라 기호화하고 이를 해독하기 때문에, 통역이 끝나고 한참 시간이 지난 후에 노트테이킹을 다시 본다고 해서 메시지가 전부 기억나는 것은 아니다. 노트테이킹은 통역을 위한 보조 도구이며, 이후 보관할 목적으로 기록하는 것은 아니므로 1회성 텍스트라고 볼 수 있다.

선기호는 매우 활용도가 높은 것으로 주로 동사의 동작이나 동사의 명사형을 나타낼 때 많이 이용될 수 있다. 선기호는 대체로 기호와 의미가 자연스럽게 연결되어 쉽게 그 의미를 유추할 수 있다. 임의의 선과 임의의 문자 또는 의미를 결부시켜 이를 외우려고 하는 것(속기술의 경우와 같다)은 또 다른 언어를 배우는 부담을 안게 되며 아무리 외우고 노력을 해도 자신의 것을 만들기 어렵다. 선기호 가운데 활용도가 높으며 쉽게 이해할 수 있고 추천할만한 것은 다음과 같다.

(14) 선기호의 예

ⓐ ___	(underline) emphasize, stress
ⓑ ═══	(double underline) strong emphasis
ⓒ _____	(long underbar) the information you know but need to trigger memory
ⓓ ←	origin, come from, caused by
ⓔ →	therefore, result in, end up, and then
ⓕ ↑	upset, stand up for, go up, climb
ⓖ ↓	calm, downhearted, list
ⓗ ↗	develop, increase, arise
ⓘ	radical increase, sudden hike
ⓙ	slow increase, gradual hike
ⓚ ↘	decrease, decline
ⓛ	radical decrease, sudden drop
ⓜ	gradual decline, slow downturn
ⓝ	occur, happen, appear, emerge
ⓞ	support, back up, help
ⓟ	oppress, crush, attack
ⓠ	avoid, evade
ⓡ	return, relapse, move back, cancel, recall
ⓢ →|	stop, finish, conclude
ⓣ |→	start, begin, initiate (= └─)
ⓤ ─||	dead-end, hinderance, obstacle, stop, cease
ⓥ	interfere, mediate
ⓦ	for example
ⓧ ↔	interaction, trade, exchange,
ⓨ	clash, confront, conflict
ⓩ	foundation, basis
② ✕	oppose, hate, dislike, (meaning 'no')
③	electricity, shock, surprising, radical

(14)에서 제시한 선기호 중에 자연적으로 그 의미가 머리에 들어오지 않는 것이 있다면 그 사람에게는 사실상 맞지 않는 것이라 할 수 있다. 하지만 연상이 가능한 것은 훈련과 연습을 통해 강화시키면 매우 유익한 도구가 될 수 있다. (14ⓐ)와 (14ⓑ)는 강조를 위한 것이다. 메시지의 내용 중에 연설자가 강조를 한 것은 밑줄을 그어 표기해 두면 그 어감을 전달하는 데 용이하다. 물론 연사가 매우 강조를 하는 경우는 (14ⓑ)와 같이 두 줄을 사용하면 편리할 것이다. (14ⓒ)의 긴 밑줄은 내용을 아는 것을 구태여 적을 필요가 없으나 기억을 상기시키기 위해 필요하다. [insect ÷ ____ ____ ____]라고 써 놓아도 "곤충은 머리, 가슴, 배로 나누어진다"는 말임을 쉽게 기억해 낼 수 있을 것이다. 이렇게 이미 아는 정보는 일일이 받아 적으려고 시간을 낭비하지 말고 긴 밑줄을 사용하면 편리하다. 물론 이 밑줄은 숫자를 표기할 때 000의 의미로도 사용된다고 논의한 바 있다. 즉 '2십만'을 [200, ___]으로 표시할 수 있다.

(14ⓓ), (14ⓔ), (14ⓕ), 그리고 (14ⓖ)에는 네 종류의 화살표를 사용했다. 좌와 우로 향한 화살표는 시간적 논리와 같이 사용한다. 시간의 흐름을 좌에서 우로 표기하는 것이 일반적이므로 [A→B]의 표기는 시간적으로 A가 앞서며 그 이후에 B가 온다는 것으로 B는 A의 결과일수 있고 결론일 수 있다. 이 화살표의 방향을 바꾼다면 기원, 선행의 의미를 지니게 된다. (14ⓕ)와 (14ⓖ)의 수직 화살표도 자연스러운 위와 아래로의 움직임을 나타낸다. 만일 시간적인 흐름이 개입되는 경우는 (14ⓗ)와 (14ⓚ)에서 보듯 사선으로 흐르는 화살표로 좌에서 우로는 시간의 흐름을 그리고 아래에서 위로, 또는 위에서 아래로는 상향 또는 하향의 변화를 자연스럽게 나타낸다. 사용자에 따라 (14ⓕ)와 (14ⓖ)는 사람의 행위나 인간의 감정을 표기하기 위한 수단으로 사용될 수도 있다.

(14ⓗ)에서 (14ⓜ)에 이르는 여섯 개의 화살표는 자연스럽게 해석이 가능하다. 꺾여 높이 또는 낮게 경사를 보이는 것은 급박한 변화를, 구불구불한 표기로 한 것은 완만한 변화를 표기하는 데 좋은 방법이다. 물론 (14ⓙ)와 (14ⓜ) 대신 [⟋] 또는 [⟍]를 사용할 수도 있으나 실제로 통역현장에서 사용하다보면 (14ⓗ) [↗] 와 (14ⓚ) [↘]의 선과 혼동의 여지가 있는 경우 (14ⓙ)와 (14ⓜ)의 구불구불한 화살표가 도움이 될 수 있다. 무언가 천천히 가는 것이나 단계적인 것, 점진적인 것은 구불구불한 화살표로 표기하면 쉽게 알아볼 수 있다. (14ⓝ), (14ⓞ), (14ⓟ)는 사선을 이용해 어떤

일이 발생하거나 나타남을 그리고 어떠한 일이나 상대, 기관을 지지 또는 탄압하는 모습을 잘 보인다. (14ⓠ)와 (14ⓡ)도 그림이 그 의미를 잘 나타내 준다. 둘러 가는 모습의 (14ⓠ)는 피하는 것을, 그리고 돌아가는 모습을 보이는 (14ⓡ)은 되돌아가거나 취소하는 행위를 나타낸다. (14ⓢ)와 (14ⓣ)는 각각 처음과 끝을 나타내는 기호로 사용된다.

(14ⓥ)는 애매한 경우 아래에 화살표를 더해 [↙—]와 같이 사용하면 그 뜻이 더 분명하게 살아나지만 화살표가 없어도 쉽게 활용할 수 있는 기호이다. (14ⓨ)는 직선상에 x자를 표기한 것이지만 사실은 두 개의 화살표가 마주보는 것([→×←])으로 해석하면 쉽게 충돌의 의미를 짐작할 수 있다. (14②)는 X자를 형상화 한 것으로 명사에 대해서는 부정적인 것이나 생략 삭제한 모습을 나타낸다. 하지만 이 기호는 대부분 다음의 (16ⓐ) 기호로 대신할 수 있다. 끝으로 (14③)는 번개 치는 모습으로 충격 또는 빠름을 상징하는 것이다. 사실상 (14ⓘ) [↗]와 (14①) [↘]에서 표기한 급작스런 상승이나 하강 역시도 이러한 번개표시를 응용한 것이다. (14ⓥ)의 개입이나 간섭도 정도가 심하거나 급한 것이라면 [—ϟ—]로 표기해 활용할 수 있다.

이처럼 선도형은 여러 가지로 응용해 사용할 수 있는 좋은 기호이다. 대체로 여러 통역사들이 공통적으로 사용하는 것이 대부분이므로 이를 잘 숙지하고 자연스러운 의미와 연결하여 각 기호의 의미를 확장해 사용하면 노트테이킹이 보다 명료해 질 것이다. 한 가지 조언하고 싶은 것은 수직선은 너무 많은 의미를 가지기에 혼동의 여지가 있으므로 수평선과 대각선을 이용해 위에서 제안하지 않은 다른 형태의 기호도 만들어 사용하면 유용할 것이다.

(15) 수학기호의 예

ⓐ $\sqrt{\ }$	root, cause, origin
ⓑ +	add, plus, and
ⓒ x	multiply, times, expand
ⓓ ÷	divide, dividend
ⓔ ⊂	include
ⓕ ∈	belong to, element of

ⓖ = mean, interpret, same as

ⓗ ≡ exactly identical

ⓘ ≒ almost identical, similar

ⓙ ≠ opposite

ⓚ > larger than, better than, more than

ⓛ < smaller than, worse than, less than

ⓜ Σ (∫) total (∫는 수학의 integral을 표기함)

ⓝ ∞ eternal, relation

ⓞ Ø nothing, null, nullify, ignore

(15)에서는 수학에서 사용하는 기호 중 노트테이킹에 응용할 수 있는 대표적인 기호를 소개했다. (15ⓐ)의 기호는 root의 의미에서 어떠한 일의 시작이나 발단 또는 본질을 나타내는 데 사용될 수 있다. 나머지 (15ⓑ)에서 (15ⓙ)까지 소개한 기호는 수학의 기본적인 기호이며 매우 편리하다. 다만 마이너스 표기를 쓰지 않는 것은 혼동의 여지를 줄이기 위한 것이며, 마이너스의 표기가 뜻하는 '배척하다, 제외하다, 아니다'의 의미는 다음에 소개하는 (16ⓐ)의 논리기호([~])를 사용할 수 있다. (15ⓚ)와 (15ⓛ)의 경우 다소와 대소를 비교하는 부호이다. (15ⓜ)은 시그마 표기로서 전체의 합 또는 이의 상징적인 의미인 말의 결론 등을 나타내는 데 사용하지만 이와 동일한 의미로 적분(integral)을 표기하는[∫]를 사용하는 것도 좋은 대안이 된다.

(15ⓝ)의 기호는 수학에서 무한대를 뜻하는 것으로 '영원하다, 불변하다'의 의미를 지닌다. "하나님과 인간과의 관계가 영원하다"는 의미에서 '관계'를 뜻하는 말로 사용하기도 한다. [∞]를 그러한 의미로 사용하는 것이 (14ⓧ)에서 소개한 쌍방향 화살표 [↔]를 사용하는 것보다 의미혼동을 줄일 수 있기 때문이다. (15ⓞ)의 표기도 '없다, 없애다, 무효화하다'는 의미로 편리하게 사용할 수 있는 기호이다.

(16) 논리기호의 예

ⓐ ~ minus, exclude, negate

ⓑ ∴ therefore

ⓒ ∵ because

ⓓ ∀ all, universal, always
ⓔ ∃ exist, some, sometimes
ⓕ △ change, difference
ⓖ ∩ and (수학기호의 +를 대신 사용할 수 있다.)
ⓗ ∪ or

(16)에서 소개한 논리학의 기호도 많은 사람들에게 친숙하며 실제로 쓰임새가 많다. 특히 (16ⓐ)의 물결표시는 명사나 동사의 개념을 담은 기호 앞에 붙여 반대말이나 제외하는 의미로 사용할 수 있다. (16ⓑ)와 (16ⓒ)는 원인과 결과 등 논리적인 흐름을 표기할 때 매우 유용한 기호이다. (16ⓓ)와 (16ⓔ)는 기호사용에서 잘 소개가 되지 않는 것이지만 논리학을 아는 사람이라면 누구나 즐겨 쓸 수 있다. 모든 것을 뜻하는 [∀]는 항상 존재하는 것을 뜻하거나 어디에나 있는 것을 말한다. 마찬가지로 [∃]의 표기도 존재를 뜻하지만 여기서 더 나아가 '일부 또는 가끔'의 의미로 사용된다. (16ⓕ)에서 소개한 기호는 논리학에서보다 통계학에서 더 많이 쓰이는 것으로 두 숫자의 차이를 뜻한다. 이러한 의미에서 잔돈(change)이나 차이(change)를 말하며 또 한 걸음 더 나아가 변화(change)를 뜻하기도 한다. 이 역시도 잘 사용하면 하나의 기호로서 많은 내용을 표현할 수 있어 유용하다. (16ⓖ)와 (16ⓗ)는 즐겨 쓰는 사람도 있기는 하지만 (16ⓖ)보다는 [+]를 사용하는 것이 일반적이며 [∪]도 기호보다는 언어를 사용해 [or]를 그대로 써도 될 것이다.

(17) 문자기호의 예

ⓐ · period, point, terminate
ⓑ ' stress, focus, important
ⓒ " ditto, plural
ⓓ ! true, right, emphasis, ever
ⓔ ? problem
ⓕ @ location, address
ⓖ $ money, dollar
ⓗ : about, regarding

ⓘ ✓ check, control, confirm
ⓙ h head, chair (의자모양을 연상)
ⓚ ω world, universe, globe (tω, ω-)
ⓛ θ God, Lord (thing, stuff)
ⓜ α beginning, initial stage
ⓝ Ω end, finish
ⓞ μ very small, tiny, negligible
ⓟ π bad, not good
ⓠ ŋ in progress, progressive aspect
ⓡ 力 power, ability, work, effort, try, emulate, strive
ⓢ □ country, mouth (⊠, □ˣ)
ⓣ 十 cross, church, sacrifice, and

(17)에서 소개한 문자기호도 매우 선호되는 노트테이킹 방식이다. 물론 이 부분은 8.4의 약어의 사용에서 다시 이야기하겠지만 여기서 소개하는 문자기호는 단순한 약어의 의미가 아니라 문자기호에 연상 가능한 의미를 첨가하는 것이므로 약어의 사용과는 다르다고 하겠다. 마침표를 크게 찍어서 '요점, 요지'를 나타내기도 하고 다른 기호나 약어 뒤에 같이 사용해 '끝내다, 종결하다'의 의미로 사용할 수도 있다. (17ⓑ)의 악센트 표시는 (14ⓐ)의 밑줄과 같은 의미로 사용할 수도 있으며 단독으로 사용해 강조를 표기할 수도 있다. (17ⓒ)의 겹따옴표는 위와 같다는 의미로 흔히 사용되지만 명사 개념 위에 표기해 복수형을 나타내거나 동사개념과 함께 사용해 반복, 계속을 뜻하기도 한다. 즉 [♀"]는 많은 사람을 그리고 [↗"]는 계속적인 후원을 뜻한다. ([♀]는 (19ⓙ)를 참조) (17ⓓ)에서 (17ⓘ)까지는 문장부호에 개념적 의미를 부여한 것이므로 쉽게 받아들여질 것이다. 즉 느낌표는 감탄으로 물음표는 문제로 [$]는 돈으로 콜론은 '~에 대해'의 의미로 쓰인다.

(17ⓙ)는 우두머리(head)를 뜻하는 문자기호이기도 하지만 의자([h])를 나타내는 일반기호로도 이해할 수 있다. 의장이나 사장, 회장 등을 표기하는 용어로 사용할 수 있다. (17ⓚ)의 [ω]기호는 world의 약어로 볼 수도 있지만 여기서는 두 개의 세상(동양과 서양)을 합하여 전 세계를 나타내는 그림 부호로 해석할 수도 있다. 물론 여

기에도 적절한 직선을 더해 서방세계 [ ]와 동양권 [ ]을 각각 따로 표기할 수도 있을 것이다. 이 이외에도 글자를 이용하는 방법이 많이 있지만 이에 대해서는 8.4의 약어의 사용에서 보다 자세히 다루기로 한다.

(17ⓛ)에서 (17ⓠ)까지는 라틴어와 영어의 발음기호에서 가져온 것이다. [θ]는 '하나님' 또는 '주인'을 뜻하는 것으로 희랍어의 'thei'에서 온 것이다. 하지만 경우에 따라서는 thing의 발음으로 활용하여 물건, 사람이 아닌 것을 지칭할 때도 사용할 수 있다. 알파와 오메가는 각각 처음과 나중을 뜻하며 미크롱(micron) 표기인 [μ]는 micro의 의미를 지닌다. 따라서 '매우 작은 단위'나 '보잘것없는 것'을 나타낸다. (17ⓟ)의 표기는 처음에는 직접 연상이 안 되고 받아들이기 어려울 수 있다. 원주율을 뜻하는 파이에서 온 것이지만 여기서 소개한 파이의 의미는 경상도 사투리의 "파이다" 하는 말과 통하는 것이다. 경상도 말로 "파이다"라는 것은 '좋지 않다, 나쁘다'의 의미이지만 여기에 원주율이 의미하는 '잘 나누어지지 않는다, 어렵다, 골치 아프다' 등의 의미를 포함하는 것으로 볼 수 있으며, '나쁘다, 어렵다,' 등의 개념을 나타내는 데는 매우 유용한 기호이다. (17ⓠ)는 영어의 현재분사 어미 {-ing}의 발음기호를 따라 쓴 것이다. 현재 진행 중인 사건을 말할 때는 밑줄을 그어 사용하기도 하지만 이렇게 되면 강조의 의미와 혼동될 수 있으므로 동작의 진행을 뜻할 때는 동사개념 옆에 붙여 쓰면 용이하다. 즉 [ ]는 지금도 피해 다니고 있는 것이며 [ ]는 지금도 꾸준히 발전하고 있는 모습을 뜻한다.

마지막 셋은 한자어에서 온 것이다. (17ⓡ)의 표기는 '능력, 노동, 노력, 애씀' 등을 뜻하는 것으로 사용할 수 있다. (17ⓢ)의 입 구(口)자는 나라 국(國)자의 한자어를 빌려 쓴 것이지만 이를 언어가 아니라 도형기호로 보아도 무방하다. (17ⓣ)의 십자가는 경우에 따라 [+]와 혼동할 수 있으나 의미영역이 서로 크게 다르므로 염려하지 않아도 될 것이다. 하지만 혼동의 여지가 있다면 십자가는 [+]와 달리 밑으로 길게 내려긋는 선 [†]으로 구별할 수 있다.

(18) 도형기호의 예

ⓐ export, emigrate, get out of the country

ⓑ import, immigrate, get into a country

ⓒ international
ⓓ happy, satisfy
ⓔ indifferent, not concerned
ⓕ unhappy, dissatisfy
ⓖ imagine, think, remember, know, guess
ⓗ forget
ⓘ conference
ⓙ discuss, announce
ⓚ group, club, meeting
ⓛ go out, withdraw
ⓜ come in, join, come to the meeting
ⓝ ◎ essence, core
ⓞ ○ person, man

도형기호에도 여러 가지가 있을 수 있으나 여기서는 사각형과 원형만을 설명하고 나머지는 필요에 따라 응용할 것을 권한다. 우선 [□]은 단독으로 쓰이면 '나라, 입'을 뜻하는 것은 문자기호의 사용에서 배웠다. 여기에 화살표를 더해 (18ⓐ), (18ⓑ)와 같은 기호를 만들어 낼 수 있는데, 이때는 나라에서 나가거나 한 나라로 들어오는 모습을 보이므로 이민이나 수출입 또는 출입국을 나타내는 기호로 활용할 수 있을 것이다. 또한 두 나라를 붙여서 국제적인 관계를 표현할 수 있다. 물론 이를 활용해 [⊠](국내)와 [□×](국외)를 구분할 수도 있을 것이다.

원형은 얼굴의 모습이나 회의석상의 원탁 또는 어떤 집단을 뜻하는 것으로 이해하면 된다. 우선 얼굴의 모습일 때는 여기에 입모양을 더해 만족, 무관심, 불만을 나타낼 수 있으며 머리로 해석해 (18ⓖ), (18ⓗ)와 같이 어떠한 생각이나 발상이 들거나 아니면 잊는 행위를 나타내는 모습을 상징화해 사용할 수 있다. 또한 원형을 회의의 탁자로 생각하면 여기에 '말하다'를 표기하는 기호((19ⓖ) 참고)를 더해 (18ⓘ)의 회의라는 의미를 만들어내고 앞에 나가서 이야기하는 모습을 형상화한 (18ⓙ)는 '토론하다 발표하다'의 의미를 지니게 되며 이를 활용하면 단체에 가입 또는 이탈의 표기인 (18ⓛ)과 (18ⓜ)의 기호가 된다. (18ⓝ)은 달걀의 노른자를 뜻하는 것으로 어떤 일의 핵심이나 중앙부위를 뜻한다. 물론 여기에 가운데 점을 검은 색으로 바꾸면([◉]) (17ⓐ)의 문자기호를 합한 것으로 매우 중요한 요지나 아니면 회의의 목적을 나타낼 수 있을 것이다.

(18ⓞ)는 통역사 대부분이 애용하는 기호이다. 어깨글자로 작은 동그라미를 넣어서 사람을 뜻하는 말로 이는 일체의 행위자를 나타낸다. 단독으로 쓰임새는 없지만 다른 기호와 합해 요긴하게 사용된다. 즉 [∀°]는 '모든 사람'을 [ヨ°]는 '어떤 사람'을 그리고 [Ø°]는 '아무도 없음'을 뜻하며 [μ°]는 '시시한 사람'을 그리고 [π^0]는 '나쁜 사람, 마음에 안 드는 사람'을 표기한다. [h°]는 쉽게 '의장(chairman)'을 뜻하는 것임을 그리고 [力^0]은 '노동자([$°](자본가)의 반대 개념)' 또는 '권력자(power man)'를 나타낼 수 있다. 실제로 이 기호는 모든 동작이나 형태를 나타내는 기호와 더불어 쓰이거나 아니면 앞으로 설명할 약어와 함께 사용해 행위자를 표기하는 데 매우 유용하다.

(19) 일반기호의 예

ⓐ └─ future tense, start, since (starting from)
ⓑ ─┘ past tense, until, up to a point
ⓒ 人 insert, intrude
ⓓ ∞ delete, omit, eliminate
ⓔ ⋖ see, witness, expect, anticipate
ⓕ ⋗ retrospect, look back
ⓖ < say, claim, contend
ⓗ <˂ announce, proclaim, declare, publicize
ⓘ 3 hear, listen
ⓙ 𝛾 person, people
ⓚ ♀ female, woman
ⓛ ♀ male
ⓜ ⅄ institute, government, school

ⓝ △ congress
ⓞ → airplane, fly
ⓟ ᴗᴗ train (cf. ᴗᴗ)
ⓠ ᴗᴗ car, truck
ⓡ ▭ ship, transport, move by sea
ⓢ ∩ interpret, interpretation
ⓣ ⅄ diagnose, examine
ⓤ ⍥ majority, many, general, generally
ⓥ ᑕ9 minority, small, minor, partitive

(19ⓐ)와 (19ⓑ)에서 소개한 격자 기호는 활용도가 높은 일반 기호이다. 주로 동사의 시제를 표하거나 기간의 시작과 끝을 나타내는 것으로 거의 모든 기호와 함께 사용할 수 있는 표기이다. 예를 들어 (16ⓕ)의 변화표기와 함께 사용하면 [L△]는 '변화할 것이다' [△」]는 '변화했다'는 의미를 지니게 되며 [L1978]은 '1978년 이후'를 뜻하고, [1978」]은 '1978년까지' 또는 '1978년 이전'을 말하는 것으로 이해할 수 있다. 이를 다음 절에서 배울 약어와 결합하면 [L3d](3일 뒤에) 또는 [1y」](작년에) 같이 시점을 나타낼 때도 사용이 가능하다. (19ⓒ)와 (19ⓓ)의 기호는 각각 편집 시에 삽입 또는 삭제를 나타내는 기호를 이용한 것으로 요긴하게 사용된다.

(19ⓔ)에서 (19ⓘ)의 기호는 눈, 입, 귀를 상징한 것으로 보고, 말하고, 듣는 것을 나타낸다. (19ⓔ)와 (19ⓕ)는 옆에서 본 눈의 모습을 그린 것으로 우측을 향하는 것이 정상적으로 쓰이지만 좌측을 향하는 눈을 사용해 과거에 대한 회상이나 반성을 나타낸다. (19ⓖ)와 (19ⓗ)는 입의 모습을 형상화한 것이다. 혹 수학기호의 (15ⓛ)과 혼동의 여지가 있지 않은가 하는 문제는 기호가 사용된 문맥이 같지 않으므로 문맥에 의존하여 해석하면 무리가 없다.

(19ⓗ)는 (19ⓖ)에 반짝이는 표시를 해서 더욱 강조한 것이다. 따라서 큰 소리로 말하는 것을 나타내며 이러한 반짝이 표시는 눈과 귀에 더해 집중적인 의미나 놀람의 의미를 포함할 수 있다. 물론 여기에도 (18ⓞ)에서 소개한 어깨글자를 더해 말하는 사람([<°]), 듣는 사람([3°]), 보는 사람([◁°])을 표할 수도 있다.

(19ⓙ), (19ⓚ), (19ⓛ), 이 셋은 모두 사람을 뜻한다. (18ⓞ)의 사람은 다른 기호와 함께 어깨 글자를 사용하지만 위의 기호는 단독으로 사람을 뜻한다. 우선 (19ⓙ)는 사람의 머리를 형상화한 것이기도 하지만 사실은 영어의 P자를 나타내며 이를 통해 사람(person), 민족(people)을 뜻한다. (19ⓚ)는 (19ⓙ)에 가로 막대를 첨가한 것으로 여성을 뜻하는 말로 사용하는데 이 기호는 여성을 나타내는 영어단어 'female'의 제일 앞 글자인 'f'를 형상화한 것임과 동시에 생물학에서 사용하는 여성을 나타내는 기호 '♀'의 모습을 닮기도 해 쉽게 익힐 수 있는 기호이다. (19ⓛ)은 남성을 뜻하는데, 이는 사람을 나타내는 기호의 오른쪽에 대각선을 하나 더 더한 것으로 생물학에서 사용하는 남성표기 '♂'를 수평반전해 만든 것이므로 이해하기 어렵지 않을 것이다.

그 다음의 두 기호 (19ⓜ)과 (19ⓝ)은 행정부와 입법부를 표기한 것이다. (19ⓜ)은 깃발을 표기한 것으로 위 (28)의 예에서도 사용된 것이다. 이 깃발은 일차적으로 행정부를 뜻하지만 일체의 관공서나 공공기관, 학교 등 깃발 게양대가 있는 모든 건물을 지칭하는 데 사용할 수 있다. (19ⓝ)은 국회의사당의 지붕모양을 옮겨온 것으로 국회를 상징한다. 이러한 기호가 친숙해 지면 국회의원은 [△°], 국회의장은 [△ʰ] ,상원 [ ], 하원 [ ] 등의 기호를 임의로 만들어 적절하게 사용할 수도 있을 것이며, 만일 정부의 3기관을 다 칭할 때에 사법부의 표기는 법관의 모자 [ ]나 법관의 판결봉 [ ]으로 표기해 창의적인 기호를 사용할 수 있다.

다음의 네 기호는 운송수단을 형상화한 것이다. (19ⓞ)의 비행기, (19ⓟ)의 기차, (19ⓠ)의 자동차 그리고 마지막 (19ⓡ)의 배는 자주 사용하는 기호가 될 수 있다. 다만 기차와 자동차의 차이가 다소 애매하게 보일지 모르지만 필기로 사용하다보면 기차의 표기는 1획으로([ ]), 자동차의 경우는 3획으로([ ]) 사용하므로 그리 혼동되지 않는다. 염려가 될 경우 기차는 [ ]로 표기해도 무방하다. 자동차의 경우는 약간의 획을 그어 필요에 따라 승용차 [ ]와 트럭 [ ]을 구분할 수도 있어 편리하다.

(19ⓢ)와 (19ⓣ)는 기호의 창의적 활용을 보인 예이다. 주어진 통역과제에 '통역'이란 말이 많이 나온다면 이를 위해 간단한 기호를 만들어낼 수 있는 능력이 있어야 한다. 이 경우 (19ⓢ)에서 보듯 통역사의 이어폰 모습을 형상화한 반원을 사용하면 편리할 것이다. 물론 동사개념으로는 통역을 수행하는 것을 말하며 어깨글자로 작은 원

을 첨가하여 [∩°]로 통역사를 지칭한다. (19ⓣ)는 의사의 청진기를 약화시켜 그린 것이다. 이 기호로 의사를 나타낼 수도 있지만 경우에 따라서는 의사의 행위를 형상화해 '진단하다, 검사하다, 조사하다' 등의 동사적 개념으로 사용할 수도 있다.

(19ⓤ)는 큰 원을 나누어 큰 부분을 가리키는 모습을 형상화해 전체 중 다수 또는 일반적으로 통용되는([∀]보다는 예외가 많은 것) 것을 말하며 (19ⓥ)은 큰 원은 열어두고 작은 원은 닫음으로서 작은 부분 일부를 나타낼 때 사용할 수 있다. 이 기호는 또한 '소량,' '적음'을 뜻하는 영어단어 'iota'의 첫 글자 'i'를 대문자 필기체로 쓴 모습을 닮아서 기억하기 편리할 것이다.

이러한 일반기호의 예는 끝이 없다. (19)에서 예를 들고 설명한 부분 중에도 실제로 와 닿지 않는 부분도 있을 수 있으며 또 여기에 덧붙여 추가로 소개할 수 있는 기호도 무궁할 것이다. 통역행위는 사전 준비가 있어야 비로소 성취도를 높일 수 있다. 사전에 회의의 내용을 점검하고 필요에 따라서 기호를 만들어 내는 능력이 또한 중요하다. 예를 들어 투표에 관한 회의라면 투표행위를 표하는 [◡]를 생각해 볼 수 있다. 이에 따라 사람을 뜻하는 작은 원을 그려 [◡°]로 투표자를, 숫자, 통계를 뜻하는 [#]를 첨가해 [◡#]로 투표결과(통계)를 그리고 눈 모양을 첨가하면, [◁◡] 투표감시, 선거관리단 등의 표기를 유동적으로 생성해 낼 수 있어야 하며, 이러한 기호의 활용은 귀에 들어오는 단어에 얽매이지 않고 그 의미를 파악하는 데 중요한 단서를 제공한다.

8.4 노트테이킹의 약어

기호는 단어에 얽매이지 않고 자연스럽게 의미가 연상되어 노트테이킹 시 유익하게 활용되는 도구이다. 그러나 기호의 창안에 너무 골몰하다보면 오히려 통역에 방해가 될 수 있다. 즉, 기호를 억지로 만들어내면 사용하기도 불편하고 시간을 많이 낭비할 수 있다. 그런 이유로 앞 절에서는 많은 통역사들이 공통적으로 활용하며, 의미의 연상이 쉬운 것만을 소개했으며 훈련에 따라 보다 많은 기호를 활용할 수 있을 것이다. 하지만 기호를 창안해내는 데는 한계가 있다. 늘 사용하고 접하는 기호라면 편히 사용할 수 있지만, 듣는 순간 만들어낸 기호라면 오래가지 못하고 또 기억에 도움이 되지 못하는 경우도 많다. 순간적인 필요에 의해 만들 경우에는 기호보다는 약어를 사용하는 것이 좋다. 여기에서 약어라고 하는 것은 기존 영어의 두음문자(acronym)나 축약형(abbreviated form)만을 말하는 것이 아니다. 이와 같은 형태는 이미 굳어진 표현이므로 구태여 이곳에서 논의할 필요가 없을 것이다.

약어를 논의하기에 앞서 반드시 점검해야 할 부분이 있다. 약어는 귀에 들리는 단어를 줄여 쓰는 방법이기 때문에 여기에 매달리면 속기와 동일한 결과를 가져온다. 즉 메시지 파악을 하지 못한 상태에서 받아 적게 된다면, 약어의 사용이 외려 통역 수행에 방해요인으로 작용하게 되는 것이다. 이를 염두에 두고 본 절에서는 약어의 사용을 체계적으로 소개하며 이를 통해 자신에게 필요한 약어를 만들어 내는 방법을 설명하고, 약어의 형태를 기호와 합해 사용하는 방법을 제시한다.

(20) 한 글자로 된 약어

a. Q — question
b. A — answer
c. U — you
d. E — economy, economic, economize
e. M — million
f. W — war
g. d — day
h. w — week
i. m — month
j. y — year
k. c — century

(20)에 소개한 약어는 대부분 통용되는 것으로 이러한 약어는 약어이기도 하지만 동시에 문자기호로 생각해도 좋을 것이다. (20d)의 [E]는 많은 것을 나타내지만, 아무래도 통역현장에서는 경제문제 [E?]가 가장 많은 현안 가운데 하나이므로 편의상 문자에 경제의 의미를 부여한 것으로 이해하면 된다. (20f)의 W는 (17ⓚ)의 [ω]와 혼동

해서는 안 될 것이다. 이 둘은 다 많이 쓰이는 기호이므로 인쇄체와 필기체의 차이를 잘 구별하는 습관을 들여야 한다. 나머지는 모두 기간에 관한 것이다. 이들은 모두 소문자로 되어져 있어 (20a)에서 (20f)까지 소개한 대문자 이용과 구별된다.

(21) 두 글자 약어

a. w/	with
b. w/o	without
c. w/n	within
d. vs	against (versus)
e. re	regarding
f. b/n	between
g. b/c	because

(21)에서 두 글자 약어로 소개한 것 중에는 사실상 세 글자인 경우도 있으나 이 경우 슬래시(/)를 포함하므로 편의상 두 글자로 분류한다. (21a), (21b), (21c), (21f) 같은 경우는 편리하게 사용할 수 있으나 (21d)와 (21e)는 (17ⓗ)에서 소개한 문자기호 [:]를 사용할 수도 있다. 이제 위와 같은 약어를 만들어 내는 배경을 생각해 보고, 보다 긴 약어를 만들어 내는 방법을 생각해 보자.

(22) 약어 만들기

a. 짧은 단어는 문두의 모음을 제외하고 모든 모음을 생략한다.
b. 자음은 소리표기를 원칙으로 한다.
c. 긴 단어는 뒷부분을 줄인다.
d. 긴 단어는 중간을 생략한다. (어깨글자 쉼표(apostrophe)의 사용은 선택)
e. 많이 쓰이는 단어는 더 줄인다.

기본적으로는 모음을 줄여서 표기를 한다는 내용이며 철자를 받아 적는 것이 아니라 발음을 받아 적어야 하며 긴 단어는 뒷부분이나 중간을 생략하여 쓰고 반복되는 표현은 더 줄일 수 있어야 한다.

(23) 모음생략과 자음표기의 예

a. blv believe
b. qt quiet
c. stnt student
d. psbl possible
e. bkgd background
f. egr eager
g. omt omit
h. emt emit
i. ofr offer
j. wt what
k. wn when
l. hw how
m. wr where

위에서 보듯 약어를 사용하는 경우 시간을 현저히 줄일 수 있으므로 평상시에도 이러한 훈련을 하는 것이 중요하다. 물론 위의 약어는 익숙한 기호로 대치할 수 있다면 단어에 구애받지 않는 메시지 통역에 도움이 될 것이다. 예를 들어 (23g)와 같은 경우는 사실상 (19ⓓ)에서 소개한 일반기호 [ ]를 사용할 수 있다.

(24) 뒷부분을 줄인 예

a. mar marketing
b. cus customer
c. cli client
d. tho though
e. thru through
f. lang language
g. max maximum
h. min minimum
i. dem democracy

j. lib liberal
k. Dem Democratic Party
l. Rep Republican Party
m. ind individual
n. ref reference
o. int interest
p. incl including
q. esp especially
r. diff difference
s. info information

뒷부분을 줄이는 경우 대체적으로 첫음절만으로 전체를 대신한다. (24a)에서(24f)까지가 그러한 예이다. 하지만 경우에 따라서는 영어의 애칭명사를 만드는 경우와 마찬가지로 첫음절에 속하지 않은 후속자음을 넣어서 혼동을 줄일 수 있으며, 또한 대·소문자를 겸용해 고유명사를 나타내는 경우도 있다. 그리고 필요에 따라 (24s)의 경우와 같이 두 음절로 표기하기도 한다.

(25) 중간을 생략한 예

a. gov't government
b. tech'gy technology
c. gen'ion generalisation
d. del'y delivery
e. int'l international

(25)의 예는 중간 부분을 생략하여 (24)의 예와 상반되는 것처럼 보이지만 사실은 그렇지 않다. (25)의 예는 (24)를 확장한 것으로 첫 음절로 표기하되 뒷부분을 더해서 해석상의 애매한 문제를 해결하려는 것이다. 즉 (25)는 (24)에 뒷소리를 더한 것으로 생각하면 된다. 물론 실제로 이러한 약어를 사용하다보면 어깨글자 쉼표를 사용하지 않아도 의미적으로는 무방하며 심지어는 [g__ion]으로 사용할 수도 있다.

이러한 약어는 특정상황에서 많이 쓰이는 경우에는 더욱 줄여서 사용해도 무방할 것이다. 다음의 예를 보자.

(26) 약어를 줄여 쓴 예

a. President → Pres → Pr → P

b. astronomy → astr → A

c. between → btwn → b/n

d. Democratic Party → Dem → D

e. student → stnt → st

f. background → bkgd → bg

일반적인 경우 (26a)의 대통령을 Pr로 줄여 쓰는 것은 혼란을 초래할 수 있을 것이다. 하지만 대통령(사장)의 기자회견을 통역하는 자리에서는 수시로 사용되는 단어인 만큼 Pr 또는 심지어는 P로 줄여 써도 오해의 여지는 없다. (26b)도 마찬가지이다. A만 가지고는 천문학이라는 의미와 연결시키지 못하지만 천문학에 관한 회담이나 강연을 할 경우 그 회의만을 목적으로 한 약어를 만들어 사용할 수 있을 것이다.

이상으로 기호와 약어를 노트테이킹에 활용하는 방법을 설명했다. 지금까지의 설명에서는 창의성을 바탕으로 한 기호와 문자적 표현을 바탕으로 한 약어를 소개하여 이를 조화시키는 방안을 중심으로 이야기했다. 기호는 일반적인 의미를 포착할 수 있는 것을 사용할 것을 권한다. 어렵고 복잡한 기호를 만들어 이를 익히고 사용하려고 하는 것은 노트테이킹의 기본정신에서 어긋나는 것이며 또한 노트테이킹의 해독에 치명적인 약점으로 작용할 수도 있기 때문이다.

기호표현에 비해 약어는 비교적 쉽게 받아들여질 수 있고 또 일반성을 지니므로 더 선호하는 방식이 될 수 있을 것이다. 하지만 약어는 귀로 들어오는 단어의 표현에 집착하게 되므로 전체적인 메시지의 흐름을 방해할 수 있다는 약점이 있다. 약어를 사용하여 마구 받아 적다 보면 실지로 속기를 하는 것과 별 차이가 없다. 입력되는 메시지를 분석하려 하지 않고 받아 적는 일에 몰두하게 되면 통역행위에 외려 방해가 되기 쉽다.

기호와 약어는 몇 가지 점에서 차이가 있다. 무엇보다도 기호는 의미영역이 넓으며 메시지를 중심으로 기록하는 방법을 제공하는 반면, 약어는 주어진 단어를 줄여 표현하므로 의미보다는 단어표현에 급급하게 된다. 반면에 기호로 대신할 수 없는 용어나 표현을 입력에 의존해 받아 적기 위해서는 약어가 매우 유용하다. 이를 감안하면, 노트테이킹 연습자는 최대한 기호를 활용하는 방법을 배우고 적어도 여기에서 소개한 내용을 숙지하고 응용해 서로 공유할 수 있는 노트테이킹 기법을 같이 배워나가는 것이 중요하다. 또한 기호의 한계를 극복하고 상황에 맞는 노트테이킹을 위해 적당한 약어를 사용하는 훈련이 필요하다.

때로 기호와 약어를 혼합해 기호적인 표기를 만들어 낼 수도 있다. 예를 들어 보자면 kill이라는 단어를 줄여 쓸 때는 kll이 되겠지만 이를 [kll]로 표기해 생략이나 탈락을 뜻하는 (19ⓓ)의 일반기호의 모습을 본떠 만들면 '죽여 없애다'라는 의미를 부여하여 'exterminate, finish, drop, get rid of, end, terminate, execute, eradicate' 등의 전반적인 의미를 표현하는 기호로 사용할 수 있다. 마찬가지로 [g→](go와 [→]를 합한 것)는 '어느 곳으로 가는 것,' [r→](run의 r과 [→]를 합한 것)은 '어디로 빨리 가는 것' 그리고 [s→](send의 s와 [→]를 합한 것)은 '~로 보내는 것'을 뜻하는 기호로 만들 수 있다. 다만 조심해야 할 점은 너무 황당한 기호를 작위적으로 만들지 말 것이며 혼자서 개발하기보다는 서로의 노트테이킹 기법을 비교하고 기호와 약어를 비교, 논의해 의미 있는 기호를 개발하여 자신의 것으로 만들어 가야 한다.

이렇듯 약어와 기호를 합해 편리하게 사용할 수 있고 또 경우에 따라서는 혼합형태를 만들 수 있다. 노트테이킹을 훈련하고 개발하는 것이 통역사의 개인적인 노력이지만 여러 사람이 즐겨 쓰는 노트테이킹의 공통분모를 찾아서 이를 우선 나의 것으로 만들어 기본을 공유하되 개인적인 필요에 의해 추가되는 노트테이킹 시스템을 보완해 나가야 할 것이다.

이상으로 본 장에서는 순차통역에 대하여 알아보고 통역사의 기억을 보조하기 위한 노트테이킹의 역할을 설명했다. 노트테이킹의 내용이 되는 것은 메시지이며 이를 표현하는 방법으로 사용되는 기호와 약어를 살펴보고, 응용력이 있고 사용하기 편한 기호와 약어를 소개하였다. 이번 장의 논의를 마치면서 다시 강조하고 싶은 것은 노트테이킹의 기호와 약어는 노트를 위한 수단이며, 노트는 연사의 말의 논리와 내용을 기억하는데 도움을 주는 보조수단이라는 점이다. 노트테이킹은 그 자체가 목적이 아니라 다만 통역을 보조하는 것이다. 그러므로 노트테이킹에 집착하기보다는 듣기와 이해하기를 중심으로 훈련하고 이해한 내용을 잊지 않도록 하는 차원에서, 즉 통역을 보조하는 차원에서 노트를 활용해야 한다. 서두에서 말한 바와 같이 노트는 기억의 보조수단이며 노트의 가치는 오직 올바른 통역 수행에 있다는 점을 잊지 말아야 한다. 노트테이킹을 처음 접하는 학생들 중에는 들리는 내용을 받아 적기에 급급해 내용을 제대로 파악하지 못하여 통역을 망치는 경우를 종종 보게 된다. 그러므로 정확한 이해와 듣기 및 메시지 분석이 우선이요 노트는 다만 분석된 내용을 잊지 않도록 표기하는 방법이며 노트가 통역에 방해가 되는 일이 있어서는 안 될 것이다.

제9장

동시통역 이해하기

국제회의에 참석한 통역사 지망생이나 외국 뉴스를 동시통역으로 접한 일반 사람들에게 때로는 동시통역사가 신비로운 존재로 보인다. 외국인의 말을 들으며 동시에 한국어로 메시지를 전달하는 과정이 어떻게 가능한지 의문을 가지기도 한다. 우리말은 동사가 제일 마지막에 나오고 영어는 주어 바로 다음에 나오는데 우리말 동사를 어떻게 영어로 옮길 수 있는지? 끝까지 듣다 보면 앞에 들은 말을 다 잊어 버려서 아무것도 할 수 없는데 . . . 시간적으로 어떻게 동시에 전하는 것이 가능한지? 이러한 질문에 답이 무엇인지 알 수 없기에 동시통역이라는 것이 과연 가능하기는 한지 의문을 품어 본 일도 있을 것이다.

(1) 동시통역과 순차통역의 차이점 (Jones, 1998)
  a. acoustic difficulty
  b. intellectual difficulty

앞서 살펴본 순차통역은 연사의 발화를 일정 시간 동안 듣고 노트테이킹을 통해 청중에게 연사의 메시지를 재현하는 과정이다. 듣는 것과 말하는 것 사이에 휴지(pause)가 있으니 다 듣고 파악해 전달하면 되지만 동시통역을 할 경우는 들으면서 동시에 그 내용을 파악해야 하며 또 이를 동시에 전달(acoustic difficulty)해야 한다. 머리는 청자로서의 역할(듣고 이해하기)과 화자로서의 역할(문장을 만들어 전달하기)을 동시에 수행해야 한다. 이때 헤드폰으로 들리는 연사의 말에 집중하면서도 자신이 발화하는 내용도 잘 모니터링해야 하는 이중 부담이 있다. 이 점이 순차통역과 동시통역의 가장 분명한 차이라 본다. 또한 이러한 기본적인 차이에서 발생하는 다른 차이점도 있다. 두 번째 차이점은 순차통역은 연설의 내용을 일정 부분 듣고 통역을 시작하기 때문에 내용을 파악한 상태에서 논리적으로 재구성할 수 있지만, 동시통역은 거시적으로는 연설의 전체적인 방향을 알 수 없고 미시적으로는 바로 이어지는 다음 문장조차 예측하기 어렵다(intellectual difficulty). 따라서 듣고 이해하고 분석(analysis)하고 재구성(restructuring)하는 과정에서 더 많은 집중력과 순발력이 요구된다.

동시통역에 대한 본격적인 설명에 앞서 먼저 이해해야 할 것은 동시통역이 가장 좋은 통역방법이라고 단정해서는 안 된다는 것이다. 앞 장에서 언급한 순차통역이 모든 통역의 기본이 된다. 언어의 형식에 얽매이지 않고 그 언어에 담긴 의미를 추출하고 그 의미를 다시 도착어로 옮기는 과정은 동시통역에서도 마찬가지다. 다만 순차통역은 통역사가 화자의 말을 듣는 것과 통역사 자신이 발화하는 사이에 시간의 공백이 존재하기에 화자의 언어로부터 비교적 자유롭고 표현 또한 도착어를 중심으로 자연스럽게 구성할 수 있다. 반면에 동시통역은 귀에 들리는 말의 영향을 받아서 출발어의 단어에 메일 수도 있고 간섭현상으로 인해 의미의 전달력과 도착어의 자연성이 떨어질 수 있다.

그러나 순차통역은 연사의 말이 끝나고 통역사가 개입하는 간격이 생겨나는데 회의언어가 소수인 경우 특히 둘인 경우에 매우 효과적이지만 회의 언어가 늘어나게 되어 연사의 말을 A, B, C, D의 언어로 전달해야 한다면 연사의 10분 연설을 전달하는 데 몇 배의 시간이 걸린다. 이로 인해 회의시간이 무한정 길어져 회의 효율성이 떨어진다. 따라서 다국어 회의에서는 순차통역을 도입하기 어렵기에 이에 대한 현실적인 대안으로 동시통역이 등장한다. 동시통역은 연사와 통역사가 동시에 말을 하기 때문에 연사는 중간에 끊김 없이 정보를 전달할 수 있다. 회의 시간이 불필요하게 길어지는 일이 없으므로 회의진행을 원활히 할 수 있다는 장점이 있다.

그렇다면 동시통역 방식은 언제부터 도입되었을까? 보통 1945년의 뉘른베르크 전범 재판을 그 시초로 보는 것이 일반적이다. 시간상 가장 효율적인 통역 방식이니만큼 그 이후 여러 다국어 회의나 행사에서 이 방식이 채택되었다. 그리고 지금은 국제회의의 기본적인 통역 방식으로 자리 잡았다. 동시통역의 장점은 시간적 효율성 외에도 통역사가 연사의 발화를 중도에 끊지 않아 연사가 연속적으로 자신의 메시지를 전할 수 있어 청중이 집중할 수 있다는 점, 통역을 듣고 싶은 사람만 선별적으로 리시버를 통해 통역을 청취할 수 있어 통역이 필요치 않은 사람에게 피해를 주지 않는다는 점 등이 있다.

그러나 동시통역이 이루어지기 위해서는 제반 조건을 갖춰야 한다. 먼저 송수신 설비를 갖춘 통역실 또는 이동식 간이 부스(booth)가 갖춰져야 하고 청중을 위한 리시버가 구비되어야 한다. 이러한 동시통역 시설이 없는 곳에서는 동시통역으로 다국어 회의를 진행할 수 없다. 게다가 고도의 집중력이 요구되는 고된 작업이므로 통상 2명이 1조가 되어 적당시간(15분에서 30분)을 두고 서로 번갈아가며 통역임무를 수행하다보니 1명이 통역하는 순차통역에 비해 인건비가 2배가 된다. 회의 주최측의 입장에서 보면 통역 장비를 대여하는 비용과 아울러 통역용역 인건비가 2배로 늘어난다는 점은 그리 달갑지 않은 부분이기도 하다.

9.1 동시통역의 구성요소

동시통역은 무엇보다 시간적인 압박 속에서 연사의 발화를 처리해야 하고, 말을 하면서 다음 발화에 귀를 기울여야하며, 출발어 내용분석과 도착어로의 발화 재구성이 동시에 이루어지도록 조율해야 한다. 따라서 동시통역사는 연설의 흐름을 예측해가면서 논리와 요지를 파악하고, 단편적인 문장을 일관된 담화로 완성해 내가야 한다. 이 과정에서 원문에 대한 충실성과 발화문의 자연스러움을 최대한 충족시킬 수 있도록 각별한 노력을 기울여야 한다. 이를 도식화 해보자.

(2) 동시통역의 구성

Input	Processing	Output
Understanding (comprehension faculty)	Simultaneity	Delivery (good speaking manners)
Prediction (Language Ability & Knowledge Base)		

(2)은 동시통역을 구성하는 부분을 나누어 전체를 볼 수 있도록 마련한 도표이다. 먼저는 귀로 들어오는 정보를 처리해야 한다. 이러한 처리과정(분석과정)은 귀에 들리는 정보만으로는 부족하다. 그 근저에는 언어적 지식, 배경지식, 발화 맥락이 있으며 이것을 근거로 맥락적 유추를 함으로써 문장의 흐름과 연설의 흐름을 예견해야 한다. 즉 화자의 말이 끝나기도 전에 그 내용이 무엇인지를 어느 정도 파악해야 한다. 그러므로 상향식 정보인 화자의 말에만 의존해서는 안 된다. 화자의 말을 정확하게 이해하고 제대로 전달하기 위해서는 배경지식과 맥락적 정보를 충분히 활용해야 한다.

그러나 청중의 입장에서는 이러한 분석과정이 중요하지 않다. 이 분석과정은 통역사의 머릿속에서 진행되는 것이며 청중은 오직 그러한 분석과정을 거쳐 다시 output으로 만들어진 TT를 들어 이해를 한다. 이렇게 파악된 ST의 의미를 청중의 언어로 옮기는 과정을 재구성이라 한다. 여기에 두 가지 어려움이 더해진다. 하나는 분석(이해)과 재구성(발화)이 동시에 일어난다는 점이며, 또 다른 하나는 도착어가 내용에 맞는 어조와 억양 그리고 정확한 발음으로 청중에게 전달(delivery)되어야 한다는 점이다. 이렇듯 예견(prediction)을 중심으로 한 분석(analysis)과 재구성(restructuring)이 동일 시간대(simultaneity)에 수행되고 효율적인 전달 방법(good speaking manner)이 동원된다. 순차통역에서는 찾아볼 수 없는 동시통역만의 특징을 다음 세 가지로 압축할 수 있다.

(3) 동시통역의 특징

a. Time pressure (시간압박)

b. Prediction (예견)

c. Progressiveness (점진성, forwarding)

9장을 시작하면서 순차통역과 동시통역을 비교해 설명하기는 했으나 이를 보다 체계적으로 정리해 본다. 동시통역이나 순차통역 모두 메시지 중심의 의미전달이 필요하며 전달과정에 있어 도착어의 자연성, 그리고 그에 맞는 전달 양식 등 연사로서의 자질이 필요하다는 공통점이 있다. 반면에 (2)를 중심으로 동시통역의 특징적인 현상을 살펴 보았듯이 순차통역과 근본적인 차이가 있다. 가장 두드러진 특징은 분석과 재구성이 동시에 일어나는 동시성으로 인해 시간적인 압박(time pressure)이 심하다는 것이다. 무엇이라도 두 가지 일을 동시에 하기는 쉽지 않다. 더구나 고도의 정신활동을 요하는 언어행위에 있어 청자와 화자의 역할을 동시에 한다는 것은 막중한 압박감에 눌릴 수 있다. 그렇다고 순차통역에는 시간압박이 없다는 말은 아니다. 순차통역 역시도 들으면서 내용을 이해하고 재구성을 준비해 화자의 말이 끝나면 공백 없이 도착어로 이야기를 하니 시간압박이 있다고 할 수 있다. 하지만 동시통역에서 말하는 시간압박은 분석과 재구성이 동시에 일어나는 동시성(simultaneity)에서 기인하는 것으로 순차통역의 시간압박과는 사뭇 다르다. 시간압박으로 인해 분석 시에 의미에 대한 충실성이나 재구성 시의 형태적 자연성이 손실되기 쉬우며 청자로서 분석하는 역할과 화자로서 재구성하는 역할을 조정하지 못하면 충실한 통역을 할 수 없게 된다.

두 번째 차이점은 예견에 있다. 순차통역은 일정 분량의 내용을 듣고 노트를 한 뒤에 이야기하므로 예견을 할 수 있는 여지가 충분하고 사실상 예견을 하지 않아도 노트테이킹을 잘 활용하여 내용을 파악할 수 있다. 하지만 동시통역은 한 문장이 끝나기도 전에 그 의미를 파악해야 하므로 강도 높은 예견력을 필요로 한다. 그러므로 문장의 단편적인 조각에서 그 문장의 흐름을 파악해 냄은 물론 그 뒤에 어떤 내용이 이어질지도 판단해 나가는 과정을 병행해야 한다. 세 번째로 기억력 부담과 관련이 있는 점진성이다. 순차통역에서는 노트테이킹이 기억력을 보조해 주는 역할을 하지만 동시통역은 그러한 안전장치가 없다. 들은 내용을 머리에 저장해 놓으면 순식간에 사라져 알아듣기는 했지만 그 내용이 무엇인지를 놓치는 때가 많다. 그래서 동시통역은 예견력에 입각해 귀에 들리는 출발어를 즉시 도착어로 전환해야 하는데 이러한 훈련은 예견력만으로는 충분하지 않다. 그래서 기억의 부담을 줄이는 방법으로 언어에 나타난 정보의 순서에 따라 도착어로 옮기는 훈련이 필요하다.

이러한 세 가지 특징을 한꺼번에 훈련하기란 쉽지 않다. 이를 볼링에 비유하면 조금 이해가 쉬울 수 있다. 볼링 선수들이 레인에 올라서서 공을 던지기까지 전체가 유기적인 동작이기는 하지만 이를 나누어 보면 ① 레인에 올라서서 앞으로 나아가는 어드레스 자세에서의 전진(step), ② 공을 바로 잡아 엄지, 중지와 약지로 고정시키는 그립(grip), ③ 어프로치하는 방법(approach), ④ 공을 손가락에서 빼는 릴리즈(release), 그리고 마지막에 ⑤ 릴리즈와 동시에 공에 회전을 넣는 리프트(lift) 등의 다섯 가지 행동이 종합적으로 타이밍이 맞아야 한다. 그래서 초보자들에게는 이 다섯 가지 분야를 각각 따로 훈련해 마지막으로 이를 종합해 훈련을 실시한다. 이와 마찬가지로 동시통역도 많은 요소가 종합적으로 개입되어 이를 나누어 단계적으로 훈련할 수 있다.

(4) 동시통역의 훈련단계

a. Progressive translation (전진 번역)
b. Sight translation (문장구역)
c. Simultaneous interpretation (동시통역)

동시통역의 훈련 첫 단계는 전진번역이다. 전진번역의 입력과 출력은 말이 아니라 글이다. 또한 일종의 번역행위이므로 동시성이 개입되지 않아 시간압박이 없는 훈련이다. 입력과 출력이 말인 경우는 들은 직후 사라져 버려서 돌이킬 수 없게 되지만 글은 눈앞에 안정적으로 남아 있기 때문에 심리적인 안정감을 줄 수 있다. 이러한 입력 안정성(input stability)은 좋기만 한 것은 아니다. 출발어가 눈에 보임으로 인해 시각적 간섭(visual interference)이 나타나 연습자가 출발어의 단어에 메이게 되는 부작용을 낳기도 한다.

전진번역은 점진성과 예견을 훈련한다. 주어진 문장의 내용 흐름에 따라 앞부분에서 나온 내용을 먼저 처리해 뒷부분과 연결시키는 점진성(progressiveness 또는 forwarding) 훈련이 중심을 이룬다. 영어와 한국어는 어순이 다르다. 그러므로 영어에서는 동사가 먼저 나오고 뒤에 목적어가 오지만 우리말은 목적어가 동사 앞에 온다. 영어에서는 종속절이 주절의 뒤에도 나타나지만 우리말에는 종속절이 항상 앞에 있다. 이러한 문장구조의 차이를 극복하는 것(overcoming structural differences)이 점진성 훈련의 중심이 된다. 또한 우리말을 영어로 옮기는 경우 아직 나타나지 않은 동사를 예견해 영어로 옮기는 훈련도 중심내용이 된다.

이러한 전진번역에 도착어를 구어로 바꾸고 약간의 동시성을 가미하면 문장구역(sight translation)이 된다. 문장구역은 "출발어가 글인 동시통역(a simultaneous interpretation with written inputs)"이라고 말할 수 있다. 이를 단계적으로 나누어 보면 다음과 같다.

(5) 문장구역의 단계별 운용

a. Seeing through the written language to get the message
b. Minimizing visual interference of the input language
c. Progressively encoding the message to the natural output language
d. Persuasive delivery of the processed message

출발어를 보며 핵심 단어를 따라 전체의 메시지를 파악하되(5a), 주어진 출발어의 단어에 메이지 않고 그 뜻을 파악해(5b), 순서에 따라 자연스러운 도착어로 전환하고(5c), 이러한 도착어를 설득력 있게 전하는 과정(5d) 전체가 동시성을 가지고 나타나는 것이다. 전진번역을 바탕으로 시간압박이 더해지고 도착어가 구어가 되면 한층 동시통역에 가까이 다가간다.

물론 문장구역 그 자체로 통역의 방법이 되기도 한다. 국제회의에서 연사가 문서를 낭독하는 경우, 법정통역에서 법률문서의 일부를 읽어야 하는 경우 등 문장구역이 실제로 통역의 한 방법으로 쓰인다. 동시통역을 진행할 경우에도 때로는 원고를 사전에 입수할 때가 있다. 하지만 충분한 시간 없이 연설 직전이나 연설이 시작된 후에 원고를 받게 되는 경우도 있는데, 이 경우는 귀로 들어오는 입력과 눈으로 보이는 입력을 동시에 이원적으로 활용할 수 있으므로 단지 동시통역의 훈련과정으로만 생각할 일은 아니다. 문장구역의 입력을 글에서 말로 바꾸면, 그리고 문장구역 시보다 강도가 높은 동시성이 개입되면, 동시통역 훈련이 되는 것이다.

(6) 동시통역 훈련과정

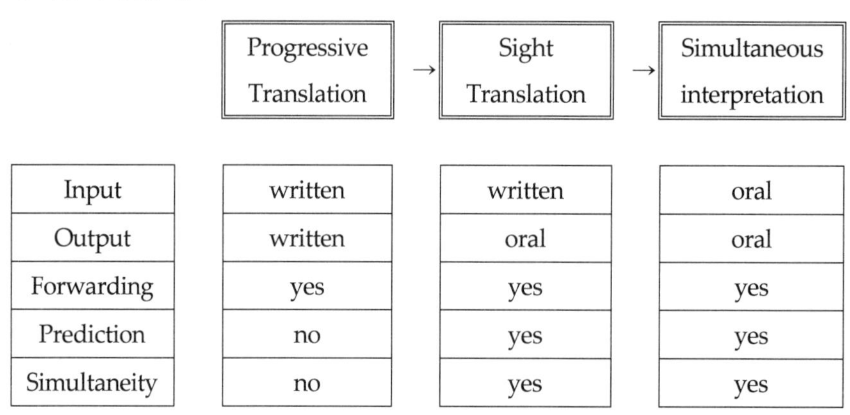

	Progressive Translation	→ Sight Translation	→ Simultaneous interpretation
Input	written	written	oral
Output	written	oral	oral
Forwarding	yes	yes	yes
Prediction	no	yes	yes
Simultaneity	no	yes	yes

(6)은 지금까지 동시통역에 관한 논의를 종합해 표로 나타낸 것이다. 전진번역에서는 오직 점진성 훈련을 하며 문장구역에서는 점진성과 동시성을 훈련하되 출력부만 구어로 바꿔서 익숙하게 하고 최종적으로는 입력부를 구어로 바꿔 점차 강도를 높이는 것이다. 이와 같이 언어는 글에서 말로 전환되고 예견력은 점차 강화하며 동시성도 강도를 높여가면서 단계적인 훈련을 통해 동시통역에 이를 수 있다.

9.2 예견력 (Prediction)

동시통역은 동시성이라는 강력한 제약으로 인해 동시통역사는 예단/예견 능력이 있어야 한다는 사실을 수차에 걸쳐 강조했다. 통역사는 상위정보를 활용해 하위정보를 예측해가며 통역을 진행하되 예측의 정확성을 끊임없이 검증하면서 의미 오류가 발생하지 않도록 주의해야 한다. 다시 말해서 연사의 말을 다 듣고 그 내용을 파악하려고 해서는 안 되며, 하향식 정보(상위정보)를 활용해 연사의 말을 미리 짐작하고 그 예견이 맞는지를 상향식 정보(하위정보)를 이용해 확인해 가는 과정을 반복해야 한다. 이러한 예견력의 정체는 무엇인지 좀 더 자세히 살펴보자.

(7) 예견의 근거
  a. 언어능력 (Language ability)
  b. 배경지식 (Knowledge base)

앞서 2.4에서 분석(analysis, decoding) 과정에 관여하는 두 개의 구성요소(component)로 언어능력과 배경지식을 설정한 바 있다. 이 두 요소가 예견의 근거가 된다. 입력되는 정보를 처리하기 위해서는 이 두 구성요소가 개입을 하게 되며 예견 역시도 이러한 하향식 정보(top-down information)에 바탕을 둔다. 언어적인 예견은 문장의 흐름에 대한 예견력이라 할 수 있으며 이는 접속사와 같이 논리적 전환을 예고하는 단서를 통해 뒤이어 오는 문장의 흐름 및 내용을 파악할 수 있다. 다음의 예를 보자.

(8) Prediction based on the sentence flow.
  a. We have tried to solve the problem, but _____.
  b. We have tried to solve the problem. As a result, ____.
  c. We have tried to solve the problem, because ______.
  d. We have tried to solve the problem. Therefore _____.

(8)에서 보인 간단한 예를 통해 접속사나 접속부사를 통해 문장의 흐름을 예견할 수 있음을 예시했다. 각 문장의 앞부분은 같으며 뒤에 접속사나 접속부사를 넣고 그 뒤에는 빈칸으로 남겨두었지만 뒤의 문장이 어떻게 흘러 갈 것인가를 예측할 수 있다. (8a)의 경우는 문제해결이 잘 안되었다는 내용임을 예견할 수 있고, (8b)는 문제해결 노력의 결과에 대한 것임을 알 수 있으며, (8c)는 문제해결이 필요한 이유에 대한 내용이 나올 것임을 마지막으로 (8d)에서는 문제 해결 노력의 결과를 전해줄 것임을 예견할 수 있다.

물론 이러한 언어적인 예견만으로 모든 내용을 다 파악할 수는 없다. 따라서 통역사는 언어적인 예견력만을 의지해서는 안 된다. 여기서 해결하고자 하는 문제가 경제

문제인지, 환경문제인지, 아니면 사회문제인지를 알아야 하며 사실상은 문제의 정체와 아울러 해결했던 내용 그리고 그 결과까지 알아야 할 것이다. 이렇게 내용을 잘 안다면 심지어 위에 제시한 접속사와 접속부사까지도 예견을 할 수 있을 가능성이 있다. 이와 같이 언어적 예견력보다 더 큰 비중을 차지하는 것이 배경지식을 바탕으로 한 예견이다.

(9) 배경지식의 종류
   a. Encyclopedic knowledge
   b. Topic knowledge
   c. On-site knowledge

앞부분에서 배경지식을 (9)와 같이 셋으로 나누어 설명한 바 있다. 백과사전적인 지식이란 인류보편의 상식을 넘는 지식을 일컫는 말로 통・번역으로 범위를 좁힌다면 연설문의 수사적인 기법이나 담화구조의 이해에 대한 전반적인 지식도 포함한다. 주제지식(topic knowledge)은 통역행위가 일어나는 회의의 주제에 관한 지식이며 연사가 사전에 보내준 자료를 바탕으로 추가 조사를 해서 관련 전문용어와 최신 동향을 파악해야 한다. 현장지식(on-site knowledge)은 회의가 일어나는 상황과 관련된 지식이다. 여기에는 주최 측, 연사, 회의 장소와 시간, 회의 목적, 대상 청중 등 제반 지식이 해당되며, 이러한 현장 정보가 통역을 준비하는 통역사에게 상당한 참고가 된다. 이상으로 언급한 세 종류의 지식은 연사의 발화를 신속하게 이해하고 예견하면서 품질 높은 통역을 수행하는 데 필수적이다. 예견력이 전제가 되지 않으면 동시통역을 원활하게 수행하기 어렵다는 점을 감안할 때 이러한 관련 지식은 실로 언어지식 만큼이나 아니 그보다 더 중요한 것이라 할 수 있다.

먼저 백과사전적인 지식을 살펴보자. 여기에는 연설의 텍스트 구조에 대한 지식도 포함될 것이다. 사회적인 행위에는 일련의 약속된 절차가 있다. 이를 스키마(schema)라는 용어를 빌어 설명하는데 우리의 반복된 행위로 말미암아 머릿속에 저장되어지고 통상적으로 받아들여지는 절차를 말한다.

(10) Speech Architecture (Heller, 2003)

  a. Introduction
    i. thank you's
    ii. connect
  b. Beginning
    i. demolish opposition
    ii. grabber
    iii. main themes
  c. Middle
    i. main themes
    ii. sub themes
  e. End
    i. warning
    ii. recap
    iii. strong finish
    iv. do your job

연설에는 (10)과 같은 일정한 패턴이 있으며, 통역사가 이런 구조를 이해하면 예측이 더 용이할 것이다. Heller가 제시한 모델에서는 연설의 도입부, 시작, 중간, 끝의 4 단계로 구성되어 있으며 대부분의 연설이 이와 비슷한 전개 방식을 가진다고 볼 수 있다. 먼저 도입부에서는 통상적으로 감사의 인사로 시작한다. 연사로 초청해주어 감사하고, 좋은 회의를 개최해주어 감사하고, 주최 측에도 행사 준비를 위해 수고해주어 감사한다는 말을 전한다. 이어서 청중과의 원활한 소통을 위해 '연결 고리'를 찾는다. 이는 청중의 마음을 열게 하고 연설에 집중하게 하기 위한 것인데, 쉽게 말해서 '공통분모'를 찾아 공감대를 형성하기 위한 첫 단계이다. 예를 들어, 회의 장소가 부산이라면 외국인 연사는 5년 전에도 이곳을 방문한 적이 있다고 말할 수도 있겠고, 회의가 해마다 열리는 정기적인 회의라면 이번에 세 번째로 참석하게 되었다는 말을 할 수도 있을 것이다. 뭔가 청중과의 공통점을 찾고 연대를 맺으려는 시도로 보면 되겠다.

연설이 본격적으로 시작되는 '시작 단계'도 매우 중요하다. 특히, 민감한 주제(낙태 반대 등)에 관한 연설이라면 반대 입장에 서 있는 청중을 배려해 그들의 입장을 충분히 인정하고 반감을 완화할 수 있는 조치를 해둠으로써 연설의 효율을 높일 수 있다. 이 외에도 많은 연사들이 본론에 들어가기 전에 농담을 해서 웃음을 선사하거나 최신 이슈가 되는 유관한 뉴스를 언급하며 화두를 열기도 한다. 이런 말은 청중의 주의를 집중(grabber)시키고 마음을 열게 함으로써 연사가 청중과 잘 소통할 수 있는 발판이 된다. 시작 단계의 마지막 순서에서는 본론에서 언급할 주요 현안에 대해 간단히 언급한다.

본론에서는 연사가 주장하거나 설명하고자 하는 바를 대주제와 소주제로 구분하여 전달한다. 이때 통상적으로 대주제 3개, 소주제 각 3개를 넘지 않는다. 영어로 된 연설문을 읽어보면 대체로 3 이라는 숫자가 선호되는 것을 많이 볼 수 있다. 예를 들더라도 보통 3개를 많이 든다. 2개는 아쉽고, 4개는 너무 많은 듯하다. 3이라는 안정적인 숫자를 잘 활용하면 구성이 더 짜임새를 갖출 수 있을 것이다.

본론에서 설득력 있는 어조로 자신의 주장할 바를 명확하게 전달했으면 결론에서 이를 잘 마무리해야 한다. 보통 연설이나 강연이 끝나는 시점에서는 finally, to sum it up 등의 warning이 언급된다. 이제 끝이 다가옴을 알리는 문구인데, 이 말에 청중은 다시 한 번 주의를 집중하게 된다. 연사는 본론에서 설명한 주요한 요지를 다시 한 번 정리하고 강력한 인상을 남길 수 있는 방식으로 연설을 매듭짓는다. 청중은 연사가 마지막으로 했던 말만 기억한다는 말이 있을 정도로 마지막 단계에서 어떤 말을 하느냐가 중요한 비중을 차지한다. 만약 선거 유세라면 자신에게 표를 던지도록 유도해야 할 것이며, 새로운 전자제품을 소개하고 설명하는 상황이라면 그 제품을 구매하고 싶은 심리를 자극해야 할 것이며, 설교와 같은 종교적인 담화라면 청중에게 믿음을 심어주는 것이 관건이라 하겠다. 어떠한 것이든 간에 연설을 한 목적에 부합하는 결과가 나올 수 있도록 효과적인 결론을 도출해야 한다.

이렇듯 연설이 가진 기본골격이나 연설이 흐르는 스키마를 활용하여 예측을 할 수 있다. 축사나 격려사의 경우를 생각해 보자. Aging society(고령화 사회)의 문제를 분석하고 해결하기 위한 모임에서 장관이 나와 다음과 같이 연설을 했다고 가정해 보자.

(11) Prediction based on the speech schema

a. Thank you very much for ________________________________. I am deeply honored ________________________. Today we are going to talk about ________________. The world today ________________________.

b. 바쁘신 중에도 이번 회의를 빛내기 위해 찾아와 주신 참석자 여러분에게 감사를 드립니다. 저는 여러분을 모신 이 자리에서 축사를 하게 됨을 큰 영광으로 생각합니다. 오늘 우리는 "고령화 사회"의 문제를 진단하고 논의할 것입니다. 오늘날 "고령화"는 범세계적으로 중요한 사회 문제로 대두되고 있습니다.

밑줄로 표기한 부분은 예견력을 설명하기 위해 일부러 비워 두었다. 이 빈자리에 어떤 말이 들어가야 할지는 연설문이 어떠한 schema를 따르는 가를 알고 이번 주제가 고령화 사회라는 것을 안다면 (11b)와 같은 통역이 가능하다. (11b)의 통역이 크게 빗나간 것이 아님을 볼 때 처음 몇 마디의 상향식 정보를 이용해 이미 아는 schema와 주제지식을 연결해 하향식 정보를 더하면 밑줄 부분이 지워진 상황 하에서도, 즉 밑줄 부분에 대한 정보가 명시되어 있지 않아도 그 뜻을 대체로 풀 수 있다는 것이며, 이러한 통역이 가능한 것은 우리 머릿속에 있는 표준절차에 대한 지식을 바탕으로 한 예견력이 작동하기 때문이다.

배경지식에는 주제에 대한 지식도 포함된다. 보다 구체적이고 실질적인 예를 들어 설명하면 좋겠지만 한 분야에 대해 깊은 지식을 가지기 전에는 이를 예시하기 어렵다. 다만 간단한 실험적인 예문을 통해 주제지식을 통한 예견력을 살펴보자.

(12) Prediction based on topic knowledge

a. There are four ways to enjoy your weekend in winter.

b. We have to boost up export here in Korea. That will help …

c. Most successful movies have a few qualities in common.

d. A person can look for a job in several different ways.

e. There are many advantages and disadvantages in living in a big city.

겨울 스포츠에 관한 지식이 있는 사람이라면 (12a)를 듣는 순간에 'skiing,' 'skating,'

'snowboard' 등의 내용이 떠오를 것이며, 이에 대한 정보가 없는 사람은 뒤에 나오는 말을 놓칠세라 매우 긴장하게 될 것이다. 경제 상식이 있는 사람은 (12b)의 문장 뒤에는 '부존자원의 부족,' '시장개방'의 개념이 같이 떠오르겠지만 그렇지 못하면 이해할 수 없는 문장이 뒤따라 올 수 있다. 마찬가지로 영화에 대한 지식이 있다면 성공한 영화의 특징으로 '배우,' '관객,' '시나리오'와 아울러 '음악,' '음향,' '감독'의 역할을 생각해 보면서 어떤 말이 나올지를 미리 예측해 볼 수 있을 것이다. 나머지 예도 마찬가지이다.

(13) Seleskovitch(1978, 69)의 관찰

"… the line between comprehension and knowledge is blurred for someone who is knowledgeable about a subject."

위의 글은 배경지식의 중요성에 관한 Seleskovitch의 관찰이다. 특정 주제에 대해 잘 아는 사람은 어떤 내용을 들어서 안 것인지 본디부터 아는 것인지의 경계가 모호하다는 말이다. 이를 확장하면 어떤 주제에 대해 잘 아는 사람은 듣기도 전에 화자의 말을 예측하고 의미를 파악할 수 있다는 말이다. 이런 점에서 볼 때 백과사전적 지식을 넓히고 주제지식을 심화하는 것은 통역행위를 돕는 매우 중요한 바탕이 된다.

9.3 점진성 (Progressiveness)

앞서 언급한 바와 같이 영어와 한국어는 원천적으로 어순의 차이가 있다. 영어는 V-2 language라 하여 동사가 두 번째 요소로 나타나는 경향이 강하며 우리말은 V-final language로 동사가 제일 마지막에 나온다. 개략적으로 설명하면 영어는 동사-목적어의 어순을 우리말은 목적어-동사의 어순을 지킨다. 또 종속절이나 부사구의 경우 영어는 문두에 나오기도 하고 문미에 나오기도 하는데, 우리말에서는 종속절이 문미에 오는 경우가 없다. 그러므로 이러한 구조적 차이(structural difference)를 극복해야 하는 것이 시간압박이라는 변수가 작용하는 동시통역이나 문장구역에서는 간과할 수 없는 요인이다. 물론 통역이 말에 의존하는 것이 아니라 그 말에 담긴 의미를 따라하

는 것이지만 실질적인 동시통역의 운용에 있어서는 문장구조의 차이를 극복하기 위한 훈련도 병행되어야 한다.

(14) Interpreting is a 3D job.
  a. Disregards of lexical meanings of words
  b. Disregards of grammatical structures
  c. Disregards of sentence boundaries

통역이란(번역도 마찬가지지만) (14)에서 언급한 바와 같이 3D 직종이다. 주어진 단어의 사전적인 의미를 따라가다 보면 제대로 된 의미전달을 할 수 없으며(14a), 주어를 주어로 목적어를 목적어로(14b) 하거나 한 문장은 한 문장으로 두 문장은 두 문장으로(14c) 맞추어 전달하려면 자연성을 상실하게 되고 심지어는 충실성마저도 훼손된다. 통・번역 행위 자체가 문장구조를 극복하고 어순에 메이지 않는 것이므로 이를 응용하면 어순이 다른 영어와 한국어 사이의 구조적 차이도 해결할 수 있는 방법이 있을 것이다. 그러나 자세한 논의를 시작하기에 앞서 문장의 구조적 차이를 극복하는 방법은 매우 국부적인 기법으로 그보다 폭넓게 쓰이는 예견력을 바탕으로 해야 하며 사실상 예견이 점진성 훈련보다 더 중요하다. 따라서 여기서 설명하는 것은 그저 기교적인 세부사항 정도로 받아들이길 바란다.

(15) Overcoming structural differences
  a. Conversion (품사전환)
  b. Focus shift (초점전이)
  c. Sentence slicing (문장분할)
  d. Sentence merging (문장병합)
  e. Memory retention (기억유지)

(15a)는 영어의 명사가 우리말의 명사일 필요가 없으며, 이를 우리말의 동사나 형용사 또는 부사로 바꿔 전달해도 무방하다는 것이다. 초점전이란 우리말에는 종속절이 항상 앞에 나오지만 영어에서 종속절이 뒤에 나오는 경우 종속절을 기다리다 보면 앞

서 들은 말을 기억하지 못하는 경우가 대부분이므로 종속절과 주절의 역할을 바꿔 생각해 볼 수 있다는 것으로, 이는 위에서 말한 (14b)의 경우에 해당되지만 여기서의 쟁점은 이를 이용해 문장구조의 차이를 극복하는 것이다. (15c)와 (15d)는 결국 문장이 어디서 끝나는 가와는 무관하게 두 문장을 하나로, 한 문장을 둘로 바꿀 수 있다는 (14c)의 관찰을 바탕으로 점진성을 위해 어떻게 이 방법을 적용할 수 있는 가를 살펴본다.

마지막 (15e)는 문장구조의 차이를 극복하는 방법은 아니다. 출발어와 도착어가 상이한 문법체계를 가지기 때문에 순차적으로 처리하는 것이 항상 가능한 것은 아니다. 특히, 영-한 통역의 경우 영어의 동사, 형식 주어, 주절-종속절의 배치가 걸림돌이 될 수 있다. 때로는 의미단위를 구성하는 요소를 모두 듣고 나서야(holding down the information) 비로소 통역을 진행할 수 있는 경우도 발생한다. 이때는 부득이하게 결정적인 단어가 들릴 때까지 통역을 잠시 보류하고 의미단위가 포착되면 통역을 진행해야 한다. 그러나 이 방법은 동시통역 상황에서 기억력에 큰 부담을 줄 수 있기 때문에 최후의 수단(the last resort)으로 생각하는 것이 옳을 것이다.

품사전환 (Conversion)

품사전환(conversion of the part of speech)은 출발어의 품사를 도착어의 또 다른 품사로 전환해 문장을 순차적으로 처리하는 기법이다. 이는 앞서 통·번역의 자연성을 위해 설명한 방법 중 transposition(치환)과 맥을 같이 하는 것이다. 영어와 한국어는 동사 위치가 다르다. 영-한으로 통역을 하는 경우 주어 다음에 나오는 동사를 기억에 의존해서 붙잡아 두기가 쉽지 않기에 영어의 동사를 한국어의 다른 품사로 대체해서 순차적으로 처리할 수 있다면 기억의 부담을 덜 수 있다. 실제로 영어의 동사를 우리말의 명사, 형용사 또는 부사로 전환할 수 있다.

(16) English verbs to Korean nouns

a. <u>We oppose</u> North Korean military aggression.
<u>우리가 반대하는 것은</u> 북한의 무력도발이다.

b. Civil societies are vital in developing healthy democracy.
   문명사회의 핵심은 건전한 민주주의를 이루는 것이다.

c. The government emphasizes that the school education should be normalized.
   정부 정책의 초점은 학교교육을 정상화하는 것이다.

(17) English verbs to Korea adjectives

a. We like the places where many people gather together.
   우리가 선호하는 장소는 사람들이 많이 모이는 곳이다.

b. He cleaned the room for the directors' meeting.
   그가 청소한 방에서 곧 중역회의가 있을 것이다. (focus shift 참고)

c. We are studying English, which is used as an International Auxiliary Language.
   우리가 공부하는 영어는 그 용도가 국제보조어로 쓰이는 것이다.

(18) English verbs to Korean adverbs

a. The government reported that they are quite prepared to deter the spread of the Swine Influenza.
   정부보고에 따르면 철저한 대비책을 마련해 돼지독감 전염방지를 할 수 있다고 한다.

b. I think the problem lies with lack of conversation between two Koreas.
   제가 보기에 문제는 양국의 대화부족입니다.

c. This requires a durable increase in national savings in the United States.
   그리 하려면 지속적으로 국고를 늘려가야 한다.

품사가 바뀐 부분을 밑줄을 그어 서로 비교해 보도록 했다. 위의 예를 보면 사실상 동사만이 아니라 다른 품사도 앞뒤의 문맥에 따라 품사가 바뀌는 것을 볼 수 있다. 다만 영어를 우리말로 옮기는 경우에 앞에 나오는 동사를 문장의 제일 마지막까지 기억에 담아두게 되면, 분석과 재구성 과정에 부담을 주어 심리적인 압박을 가하기 때문에 원활한 통역수행을 어렵게 하므로, 동사를 다른 품사로 처리해 이에 따른 부담을 줄일 수 있는 것이 중요하다. (16)~(18)에서 보인 것처럼 품사전환은 어떤 특정 방식을 따르는 것이 아니다. 예견에 의해 알 수 있는 전체적인 문장의 흐름을 자연스럽게 만들기 위해 품사에 국한되지 않은 창의적인 도착어 생성이 가능하도록 훈련을 해야 한다.

초점전이 (Focus shift)

영어의 또 다른 특징은 종속절이나 수식구가 주절의 앞이나 뒤에 위치하게 되어 수식구가 항상 앞에 있는 우리말과 큰 차이를 보인다는 것이다. 영어는 주절의 뒤에 수식구나 수식절이 나오는 것이 일반적이므로 이를 확인하려면 문장을 끝까지 들어야 하므로 실질적으로 동시통역 상황에서는 큰 어려움이 있다. 이러한 문제를 해결하는 방법으로는 주절-수식구(절)의 어순을 수식구(절)-주절로 바꾸는 방법이다. 즉 원어의 주절이 종속절이 되고 원어의 수식구, 수식절이 주절이 되도록 수식구를 주절로 처리하거나 종속절을 주절로 처리하는 기법이다. 이때, 의미 왜곡이 일어나는 것은 아니지만 출발어 연설의 초점(focus)이 도착어에서는 새로 구성된 주절로 옮겨갈(shift) 수가 있다. 먼저 구를 주절로 만든 경우를 보자.

(19) Phrase to main clause

a. The government cooperated with the US to deal with some pending issues in the ongoing FTA.
정부는 미국과 협력해 FTA의 현안 문제를 다루었다.

b. The conference was held in Seoul, with representatives in trade all over the world.
서울에서 열린 회의에 여러 나라 무역대표단이 참석했다.

c. We must muster our diplomatic power, for the second round of talks to be successful.
우리의 집결된 외교노력이 있어야 2차 회담이 성공할 수 있을 것이다.

d. Children belonged to all members of the community, and all the adults worked hard to support themselves and shared everything they had.

아이들은 마을전체가 돌보았으며 어른들은 열심히 일해 자립의 터전을 마련하고 가진 것은 무엇이나 함께 나누었다.

e. One must first understand the message in order to interpret.
먼저 메시지를 이해해야 만이 통역을 할 수 있습니다.

f. He brought up the issues for the upcoming conference.
그가 제기한 안건을 놓고 곧 회의가 열릴 것이다.

(19)에서는 영어의 주절동사와 우리말의 주절동사에 밑줄을 그어 그 차이를 눈에 보이게 했다. 만일 (19a)에서 "To deal with some pending issues in the ongoing FTA, the government cooperated with the US"처럼 수식구가 앞에 온다면 "FTA현안 문제해결을 위해 정부는 미국과 협력했다"라는 어순에 따른 아이디어 전개가 가능하겠지만, 수식구가 앞에 오는 경우는 정상적이라기보다 이 수식구를 전치시켜서 일종의 주제화를 한 형태이므로 뒤에 있는 것이 자연스럽다. 이 경우 앞에 있는 주절을 수식절로 바꾸고 뒤에 있는 수식구를 주절로 하는 것이 점진성을 실현하는 방법이 될 수 있으며, 초점이 달라지기는 하지만 아이디어 전달에는 무리가 없는 것으로 본다.

위의 예를 살펴보면 대체로 수식구가 '목적'을 나타낸다. 즉 주절의 내용이 수식구의 내용을 위한 것이라는 의미인데, 이를 초점전이를 시키면 주절의 내용을 하게 되면 수식구의 '결과'를 얻을 수 있다는 형태로 의미가 전달된다.

(20) Subordinate clauses to main clause

a. Korean economy will be better off, if the politicians gather their wisdom on solving economic problems.
한국경제가 나아지려면, 정치인들이 지혜를 모아 경제문제해결에 주력해야 합니다.

b. He came forth to the podium for his presentation, when the audience began to shout their slogans.
그가 연단에 올라 이야기를 시작하려 할 때, 청중들은 슬로건을 외치며 소동을 부렸습니다.

c. We are working together to tip the balance in favor of a world where democracy and free market prevails, terrorism is rare and women's right is protected.
우리가 힘을 합해 이루려는 세상은 민주주의와 자유시장경제가 살아있고, 테러가 사라지며, 여성인권이 신장되는 그런 세상입니다.

d. The employee's medical leave will not be granted, unless he is able to produce a written note from a doctor
피고용자가 병가를 얻으려면, 진단서가 있어야 합니다.

e. Initially, most were based on hunting and gathering, while for about the last 7,000 years many have been based on agriculture.
처음에는 대부분이 사냥과 채취에 의존했지만 그 후 7000년간은 많은 사람들이 주로 농업에 의존했습니다.

위의 예에서도 원어인 영어의 주절과 번역문인 우리말의 주절에 밑줄을 그어 표기했다. 공교롭게도 종속절의 접속사가 조건이나 시간을 나타내는 것이다. 앞서 수식구가 주로 목적의 의미로 나온 경우 자연스럽게 초점전이를 할 수 있음을 보았다. (20)의 경우도 종속절이 앞에 있으면 무리 없이 순서에 따라 옮길 수 있으나, 위와 같이 종속절이 뒤에 나타나는 경우 주절과 종속절이 바뀌는 초점전이가 나타난다. 초점전이는 전진번역, 문장구역 및 동시통역을 위해 필요한 기법이다. 다시 강조하거니와 초점전이는 9.2에서 언급한 예견, 예단의 능력이 있을 때 제대로 활용될 수 있다.

문장분할과 문장병합 (Sentence slicing & merging)

통역을 하다보면 때로는 출발어 문장이 끝없이 어이지기도 하고 때로는 한없이 토막이 나있기도 하다. 이런 경우 통역사는 청중의 이해도를 높이고 논리적인 흐름을 잘 파악할 수 있도록 연사의 발화내용을 재구성하는데, 이때 활용할 수 있는 방법이 문장분할(slicing)와 문장병합(connecting, merging)이다. 특히, 영어의 경우 문미에 부사절이나 부사구로 부가적인 정보를 덧붙이는 일이 흔하고 관계사를 이용해 부연 설명을 하는 경우도 있어, 통역사는 적절한 연결사를 활용해 이러한 일련의 아이디어를 새로운 문장형식으로 재편성할 수 있다. 아래에는 이에 대한 예를 소개한다.

(21) 문장분할(Sentence slicing)

a. With the membership of People's Republic of China and Chinese Taipei, the WTO takes an important step toward becoming a truly global organization.
신규 회원으로 중국과 대만이 가입했습니다. / 이로서 WTO는 새 도약의 발판을 마련해 진정한 국제기구로 거듭나게 되었습니다.

b. Korea wholeheartedly welcomes these two new Members and hopes for their active participation and contribution.
우리는 진심으로 이들 새 회원국을 환영합니다. / 바라건대, 신입회원국들이 적극적으로 참여하고 기여해 주시리라 믿습니다.

c. For the talk to be successful we must muster our diplomatic power and review the past information and based on negotiations with other countries Korea, America and Japan, we must strengthen the collaborative ties.
회담을 성공적으로 이끌어야 합니다. / 이를 위해 결집된 외교력과 분석력을 가지고 과거를 돌아보아야 합니다. / 협상과정을 통해 한국, 미국 그리고 일본의 행보를 파악하고, 한층 강화된 협력체계를 구축해야 할 것입니다.

d. It is a pleasure to be here again at the Heritage, whose prominent voice has played an important role in shaping our national policies.
이곳 헤리티지 클럽에 다시 돌아와 이야기를 할 수 있게 되어 영광입니다. / 여러분의 고견은 매우 중요합니다. / 이는 우리나라 정책 결정에 소중한 자료가 됩니다.

e. Our meeting will be held on the second floor of the library at 2 pm tomorrow.
우리 모임장소는 도서관 이층이며 /시간은 내일 오후 두시입니다.

사실상 문장분할과 문장병합은 점진성만을 위한 것은 아니다. 7장에서 언급한 바와 같이 아동문학에서도 짧은 문장을 선호한다. 여기서는 이러한 짧은 문장을 사용해 기억에 부담을 줄이고, 귀에 들리거나(동시통역), 눈에 보이는(전진번역, 문장구역) 순서에 따라 옮길 수 있는 방법으로 활용한 것이다. (21)을 보면 원문에는 하나의 문장이었으나 이를 옮긴 도착어는 2-3문장으로 나뉘어져 있다. (21e)의 경우 ST에는 본동사가 하나 밖에 없는 단문이지만 TT에는 본동사가 둘이라는 점에서 문장분할에 포함시켜 설명했다. (21e)는 우리말과 영어의 특징적인 차이 중의 하나인 표현양상의 차이, 즉 우리말은 문장표현을 선호하고 영어는 구표현을 선호한다는 점을 반영한다고 볼 수 있다.

(22) 문장병합(Sentence merging)

a. Nobody knows exactly what they are. / That's why they called unidentified flying objects (UFO's).
아무도 그 정체를 알 수 없기에 미확인 비행물체라 부릅니다.

b. I went to see the president. / I talked about my promotion. / It seemed that he was not interested in listening to my story.
사장님을 만나서 승진 건에 대해 이야기했지만, 듣는 둥 마는 둥 하는 것 같았어요.

문장을 분리할 뿐 아니라 통합할 수 있다는 것을 보이기 위해 (22)를 예시했다. 원문에는 둘 또는 세 문장으로 되어져 있지만 번역문은 하나의 문장으로 묶어서 전달했다. 어떤 면에서 보면 동사의 수가 같다는 점에서는 단문을 복문이나 중문으로 바꿨다고 볼 수도 있다. 여하튼 문장의 경계에 구애받지 말아야 한다는 (14c)의 설명과 관련된 것으로 하나의 문장이 두 개의 문장으로 또는 두 개 이상의 문장이 하나의 문장으로 묶일 수 있다는 것을 문장분할과 문장병합에서 설명한 것이다.

기억유지 (Memory retention)

위에서 언급한 점진성을 위한 방법이 오히려 부작용을 낳거나 경우에 따라서는 점진적인 방법이 가능하지 않은 경우도 만나게 된다. 그렇다면 어쩔 수 없이 입력된 정보를 바로 처리하지 못하고 기억 속에 유보시켜 둘 필요도 있다. 그런 일이 없으면 좋겠지만 표현 방식이나 내용전개 방식에 따라 어쩔 수 없이 안고 가야 하는 경우가 있다. 특히 영어의 가주어-진주어 구문을 대할 때 많이 나타나며 또 초점전이(focus shift)가 용이하지 않은 부분은 주절의 내용을 종속절 이후까지 보유하고 있어야 한다.

(23) Formal subject/object structure

a. It is fortunate to find out that he came back from the war safely.
그가 전장에서 무사히 돌아와서 다행입니다.
(다행히도 그는 전장에서 무사히 돌아 왔습니다.)

b. It is detrimental to our economy to keep our markets closed against international competition.
우리의 시장을 폐쇄해 국제 경쟁을 피하려 하면 우리 경제에는 오히려 해가 될 것입니다.
(우리 경제의 유해요인으로는 시장폐쇄를 통해 국제경쟁을 피하려는 것입니다.)

c. You may find it strange to get a letter from somebody you don't know.
편지가 알지도 못하는 발신인으로부터 오게 되면 이상한 기분이 들 것입니다.

(24) Head-subordinate clause

a. I was there at the summit on Jan. 20th when the historic FTA signing ceremony was held.
나는 1월 20일 정상회담에서 역사적인 FTA 서명식이 있던 자리에 함께 있었습니다.
(제가 참관했던 1월 20일의 정상회담에서 역사적인 FTA 서명식이 있었습니다.)

b. We must bear it in mind that these public goods are what cannot be monopolized.
이러한 공공재는 결코 누군가가 독점할 수 있는 것이 아님을 알아야 합니다.
(우리가 기억해야 할 것은 이러한 공공재는 결코 독점될 수 있는 것이 아니라는 점입니다.)

c. The fact that he came all the way to see you tells us that he is ready to accept your offer.
당신을 만나러 자진해서 찾아왔다는 사실로 미루어 볼 때, 그가 제안을 받아들일 것 같습니다.

(23)과 (24)에서 예시한 내용을 보면 가목적어와 가주어가 나오고 진목적어와 진주어가 뒤에 나오는 경우와 주절 뒤에 종속절이나 명사 뒤에 수식절이 나오는 경우에는

때로 앞에서 뒤로 순차적으로 옮기기 힘들 경우도 있다는 것을 보인다. (23)과 (24)의 처음 두 예에서는 괄호 안에 점진성을 준수해 옮긴 예를 보였다. 그러나 점진성을 지키려다 보면 앞과 뒤의 문맥 흐름이 매끄럽지 않아서 말의 내용을 전달하기 어려운 경우도 있다. 특히 각각의 세 번째 예에서 보인 것처럼 점진성을 지키며 해석하기 어려운 경우도 발생한다. 물론 위의 예시 정도의 길이보다 짧은 경우라면 기억을 유지하는 것이 어렵지 않다. 사실 전체 문장을 하나의 의미단위로 보고 적절히 통역할 수 있을 것이다. 그러나 길이가 길어지면서 점진성을 지키지 못하는 경우가 반드시 있다는 점을 감안하여 기억유지를 통해 중요한 정보를 보류했다가 적절한 시점에서 이를 전달하는 훈련도 병행해야 한다.

9.4 한국어-영어 동시통역에서의 유의점

9.3에서는 동시통역에 적용할 수 있는 점진적 처리 기법에 대해 영-한 통역 예문을 위주로 살펴보았다. 한-영 통역의 경우도 위에서 소개한 방법을 적용해 정보를 점진적으로 처리하면서 내용을 논리적으로 전개해나갈 수 있다. 다만 한국어를 영어로 진행하는 경우는 두 가지 유의해야할 점이 있다. 첫째는 동사이다. 영어는 동사가 앞에 나오므로 이를 적의하게 다른 품사로 바꿔 전달하면 되지만, 우리말은 동사가 제일 뒤에 나오기 때문에 한-영 동시통역은 특이한 어려움을 갖게 된다. 결국 우리말을 영어로 옮길 경우는 없는 동사를 만들어내야 한다는 부담이 생긴다. 즉 전체적인 문장의 흐름이나 연설의 구조를 바탕으로 그리고 연설의 주제와 배경지식의 도움을 받아 동사를 예측하는 훈련을 해야 한다.

개회사, 축사, 격려사라면 일반적인 연설문의 schema에 따라서, 주제 강연이면 그 내용과 배경지식을 활용하여, 그리고 질의응답이나 기자회견과 같은 경우는 그 이전에 진행된 토의나 발표의 내용에서 힌트를 얻고 질문내용을 미리 예측해 문장의 흐름을 엮어 갈 수 있다. 이 전체를 묶어 맥락에 의한 예견이라 할 수 있는데, 맥락에 대한 정보가 없이는 동사를 예견해 내기 힘들다.

(25) Predicting verbs based on context

a. 바쁘신 중에도 오늘 이 회의를 위해 …

Thank you very much for your participation …

b. 저는 오늘 이 자리에 …

I am deeply honored for being invited to this meaningful conference to …

c. 사회전반에 걸친 …

Faced with a variety of important issues across the society …

d. 지난 해 상반기부터 ...

The developments have already been noticed early last year that …

(25)는 실제 연설문의 처음 네 단락의 앞부분을 적은 것이며 앞서 (11)과 관련해 예견력에 대한 설명을 한 바 있다. 그러나 (11)의 영-한 통역과 달리, (23)은 우리말을 영어로 바꾸는 과정에서 어떤 동사가 쓰일 것인지를 예측하는 과정을 보인다. 연설문의 schema에 따라 (25a)와 같이 시작하는 첫 문장에서는 참석자와 조직위에 감사를 표하며 시작할 것이 분명하니 "Thank you," "We welcome all of you," 등의 환영과 감사의 인사가 있을 것으로 판단되며 이에 따라 아직 보이지 않는 동사 "thank you"를 유추해 낼 수 있다. 이어서 (25b)에서 "저는 오늘"이라는 말에서 이곳에 와서 축사, 격려사, 개회사를 하게 된 것을 기쁘게 생각한다는 말이니 "I am deeply honored," "It is my pleasure," 또는 "I feel humbled" 등의 표현이 동원될 것이다. (25c)에서는 회의의 주제에 대한 언급이 있을 것으로 보아 "Faced with issues," "We are now living in the world, where ..." "A careful look at the society tells us" 등과 같은 문장이 필요하다는 것을 알 수 있다. 이처럼 스키마와 배경지식 등의 맥락을 통해 아직 나오지 않은 동사를 예측하는 것은 경우에 따라서는 신비에 가까운 듯 보이기도 하지만, 알고 보면 연설문이 마땅히 흘러가야할 그 경로를 통해 적절한 표현을 도입한 것으로 이해할 수 있다.

두 번째 유의사항은 영어는 한국어와 달리 주어를 명시해야 한다는 것이다. 한국어에서는 주어를 생략해도 청자가 맥락과 담화상황을 바탕으로 주어를 유추한다. 반면, 영어에서는 주체가 분명히 밝혀져야 의미전달이 정확하게 이루어질 수 있다. 한-영 동시통역사는 품사전환이나 문장 재구성을 통해 메시지를 전하는 과정에서 도착어에 맞는 적절한 주어를 설정할 수 있어야 한다. ST의 첫 부분에서 힌트를 얻어 주어를 선택하고 메시지를 왜곡하지 않으면서 전체의 의미를 영어로 자연스럽게 바꿔 나가는 연습을 해야 한다. 다음의 예시를 살펴보자.

(26) Choosing a subject

a. 말을 들을 때는 그 말이 내적 일관성을 가지며 실제 상황과 관련이 있음을 알아야 한다.

A hearer must recognize the internal logic of the speech and its relevance to the given situation.

b. 삶의 가치에 대한 확고한 자각만이 이러한 두려움을 몰아낼 수 있습니다.

The value of life and its realistic awareness can free us from such fear.

c. 굳이 설명을 하지 않아도 엥겔계수가 높은 사람들이 저소득층에 속하는 것을 알 수 있을 것입니다.

No further explanation is needed to show that higher Engel's coefficient means the lower standard of living.

(26a)를 보면 ST의 앞부분에서 "말을 들을 때면"을 주어로 잡아서 "A hearer(청자는)"로 옮겼다. 그리고 그 뒤에는 문장의 의미 흐름에 따라서 주어에 맞는 동사 recognize를 써서 일단 주어-동사의 조합을 맞추고 나머지는 보충어나 부가사를 써서 문장을 완성시켜 나간 것이다. (26b)의 경우는 "삶의 가치"를 주어로 잡았으나 실제로 우리말의 흐름에는 "자각"이 주어로 되어 있다. 하지만 "삶의 가치에 대한 자각"을 "삶의 가치와 이에 대한 자각"으로 바꿔서 영역하여 무리 없이 의미를 전달할 수 있다. (26c)의 경우처럼 우리말의 주어가 뒤쪽에 나오거나, 경우에 따라 표현되지 않는 경우 ST의 주어를 기다리다가 자칫 전체의 문장흐름을 놓칠 수가 있다. 하지만 위에서 보듯 주어 "No further explanation is needed"로 시작하여 주어와 동사를 설정하면, 그 뒤에는 보충어나 부가사를 절 또는 구의 형태로 삽입하여 전체의 의미에 손상이 가지 않도록 전달할 수 있다.

(26)의 경우에서 알 수 있듯 원문의 문법구조를 그대로 옮기려고 한다면 필시 말이 꼬이거나 의미전달에 실수가 있을 것이다. 반면에 위와 같이 창의적인 주어와 동

사를 활용하는 경우는 자신이 시작한 말을 놓치게 되면 미완성의 문장으로 끝나게 되거나 듣기에 심히 불편한 비문이 만들어질 수 있다. 이러한 부분은 부단한 연습과 훈련을 통해 조금씩 메워나가야 한다.

정리하자면, 동시통역사는 시간적인 압박과 기억력에 대한 부담 가중과 청취와 발화를 동시에 진행해야 한다는 제약을 극복하기 위해 다양한 통역 기법을 활용한다. 통역사에게는 연사와 청중이 모두 클라이언트(client)이기에 이들이 만족할 수 있는 최상의 서비스를 제공해야 하고, 이 과정에서 충실성과 자연성을 최대한 충족시켜야 한다. 때문에 통역사는 통역현장에서의 경험을 토대로 자신의 통역기술을 계속 연마하고 통역 능력을 향상하기 위한 노력을 쉬지 않는다.

지금까지 설명한 것을 각도를 달리하여 정리하고 필요한 설명을 보충하기 위해 동시통역, 문장구역에 대한 실질적인 조언을 하겠다.

(27) Practical advice for sight translation

a. Get the gist.
b. Predict how the sentence flows.
c. Ignore the linguistic meaning or grammatical structure of the input.
d. Process inputs as they come in.
e. Talk as if you were a speaker.
f. Be careful in your speed. (self-pacing)
g. Trace your output.
h. Minimize repetitions.

(27)의 실질적 조언의 처음 네 개는 이번 장에서 동시통역을 설명하면서 각 부분에서 설명한 것이다. (27a)와 (27b)는 예견력과 이러한 예견력을 뒷받침해 주는 배경지식의 중요성을 이야기한 것이며, (27c)는 영어와 한국어는 문법구조와 표현양상이 다르므로 이를 그대로 옮기는 것이 아니라, 의미를 중심으로 언어를 재구성해야 된다는 것이며 (27d)는 점진성의 원리에 따라 기억부담을 줄여야 한다는 것과 관련이 있다.

그런데 정작 중요한 것은 본 장에서 심도 있게 다루지 않은 (27e)~(27h)에 이르는 전달 방식에 대한 부분이다. 앞서 통역사는 연사로서의 자질(good speaking manner)이 있어야 한다는 것을 강조한 바 있다. 동시통역사는 연사에 대해서는 청자이며 청중에 대해서는 화자의 역할을 동시에 해 나가야 한다는 매우 특이한 역할이 주어진 사람이다. 목소리와 어조에 자신감이 없으면 청중이 전달 내용을 믿고 받아들이기 어려워진다. 따라서 통역사는 전달하는 내용에 맞는 목소리를 사용하는 등 (27e)에서 언급한 연사로서의 자질을 갖추어야 한다.

화자의 말을 따라가기에 급급해 너무 성급한 속도로 달려가거나 또 갑자기 너무 느린 속도로 바꾸면 집중해 듣는데 방해가 되므로 일정한 속도를 유지하며 발화하는 훈련이 필요하다. 화자와 청자의 역할을 동시에 수행하다 보면 자신의 도착어 흐름을 잊어 말을 어떻게 시작했는지 알지 못해 끝을 흐리거나 미완성 문장으로 끝나게 된다. 그렇게 되면 청중의 이해도를 떨어뜨리게 되므로 각별한 주의가 필요하다. (27g)에서 언급한 바와 같이 자신이 시작한 도착어의 흐름을 잊지 말고 계속 모니터링해 일관성을 유지하여 완결된 형태의 메시지 전달을 훈련하는 것이 중요하다. 게다가 머릿속으로 출발 텍스트를 분석하려 애를 쓰다보면 자신도 모르게 같은 말을 반복(repetition)하거나 앞으로 되돌아가 문장을 새로 시작하려는 시도(backtracking)를 하게 되는데, 이 같이 조각난 문장이 몇 번 반복이 되면 청중은 통역의 품질에 대한 의문을 품게 된다. 그러므로 (27h)는 습관이 되기 전 즉 동시통역이나 순차통역을 처음 훈련하는 단계에서부터 반복을 피하는 훈련을 통해 전달력을 높일 수 있어야 한다.

제10장

지역사회통역 이해하기

앞서 8장과 9장에서는 국제회의통역의 기본적인 형태인 순차통역과 동시통역에 대해 학습했다. 통역은 언제나 회의나 세미나 형식을 가지는 것은 아니다. 국가 간에 교류가 활발해지고 이주민이 증가하면서 점차 다문화 사회를 형성하는 지금, 지역사회 내에 거주하는 외국인을 위해 지역사회통역이라는 서비스의 수요가 증가하고 있다. 이러한 통역은 다양한 영역에서 이루어지는데, 이지은 외(2014)는 행정기관 이용이나 사회복지제도 접근 등과 관련된 공공 부문의 통역, 병원 등 의료 기관에서의 의사소통과 관련된 의료통역, 경찰서와 법원 등 사법기관과 관련된 사법통역으로 구분했다.

호주와 미국에서는 이민자 수가 많아지면서 이들을 배려하는 통역 서비스도 일찍이 갖추어졌다. 강지혜(2009)에 따르면 호주 정부는 1970년대부터 이민 정책의 일환으로 공공기관에서 이민자들을 위해 통・번역 서비스를 제공하기 시작했고, 국립 통・번역사 인증기관(NAATI, National Accreditation Authority for Translators and Interpreters)을 설립하고 통・번역 자격인증시험제도를 수립하는 등 일정 수준 이상의 지역사회통역 서비스를 제공했다(Chesher 1997). 미국에서는 1978년 '법정통역사법(The Court Interpreters Act)'이 제정되면서 민사사건이나 형사사건에서 판사가 필요하다고 판단할 경우 공인통역사(certified interpreter)나 상당한 자격을 갖춘 통역사가 재판에서 통역을 수행하도록 되어 있다(Berk-Seligson 1990, de Jongh 2008). 우리나라도 점차 다문화 사회로 변해가면서 이주민을 위한 지역사회통역의 중요성이 커져 간다. 이 장에서는 국제회의통역과 구별되는 지역사회통역의 유형과 특징에 대해 알아본다.

(1) 지역사회통역의 다양한 명칭
- a. Community interpreting
- b. Public service interpreting
- c. Ad hoc interpreting
- d. Liaison interpreting

지역사회통역은 다양한 명칭이 있다. 장애리(2014, 215)에 의하면 지역사회통역(community interpreting)은 해당 지역 사회의 공식 언어에 서툴고, 주류 문화에 대한 이해가 부족한 이주민들이 공공 서비스를 언어장벽 없이 이용할 수 있도록 돕는 통역 서비스이다. 세계 2차 대전 이후 사회적, 경제적 성장이 이루어지면서 지역사회통역 에 대한 필요성이 증가했는데(Gentile 외, 1996), 특히 이민의 증가와 시민 권리 신장 및 차별 금지 법안이 통과되면서 더욱 활성화됐다(Hertog, 2010).

Baker(1998)는 경찰서, 이민국, 사회복지센터, 의료기관, 학교 등의 기관에서 통역 서비스가 이루어지기 때문에 공공 서비스 통역(public service interpreting)이라는 명칭을 소개했다. 이외에 임시 통역사에 의해 이루어진다고 하여 임시 통역(ad hoc interpreting)이라는 용어가 있다. 곽중철(2009, 10)은 공식적인 교육을 수료한 전문 통역사가 아닌, 현장에서 임시로 조달되는 인력을 '임시 통역사'라고 지칭했으며, 이들은 가족이나 친지가 될 수도 있다. 그는 임시 통역사는 통역 능력이 검증되지 않았을 뿐만 아니라 전문 통역사의 입지나 대우와 상충되어 통역시장에 혼란을 야기할 수 있다고 관찰했다.

마지막으로 중개 통역(liaison interpreting)은 한 사람의 발화를 다른 사람에게 '전달'하는 측면에서 통역사가 커뮤니케이션의 중개 역할을 하므로 사용하는 명칭이다. 이상에서 살펴본 바와 같이 다양한 용어가 사용되지만, 이 책에서는 지역사회 거주민을 위해 행해지는 통역 서비스라는 점에 초점을 두어 지역사회통역(community interpreting)이라는 명칭을 쓰기로 한다.

10.1 지역사회통역

이번 절에서는 국제회의통역과 다른 모습을 보이는 지역사회 통역의 특징과 유형에 대해 알아본다. Hertog(2010)와 Hale(2007)의 논의를 살펴보면 지역사회통역은 (2)에서 제시한 특징이 있다. 아래에서 설명할 내용은 국제회의통역과 구분되는 지역사회 통역의 특징이다.

(2) 지역사회통역의 특징
- a. 사적인 공간에서의 담화
- b. 담화 참여자 간의 근접성
- c. 담화 참여자 간의 격차
- d. 통역의 양방향성
- e. 다양한 어역
- f. 대화통역 방식

첫째, 통역사가 업무를 수행하는 제도적 환경(institutional setting)이 다르다. 지역사회통역은 국제회의통역보다 더 사적인(private) 공간에서 담화가 이루어지며 때때로 매우 민감한 주제를 다루기도 한다. 예를 들어 병원에서 의사와 환자 간의 대화를 통역할 때 통역사는 환자의 질병이나 가정 문제를 듣게 될 수도 있다. 이때 기밀을 유지하는 것은 통역사의 의무이다. 장애리(2014)는 이러한 사적인 상황에서 이루어지는 통역 내용은 임의적이고 예측 불가능하며 일상생활과 관련된 광범위한 것으로 미리 준비된 원고나 자료를 참조할 수 있는 국제회의통역과 차이가 크다고 설명한다. 그와 동시에 의료통역이나 사법통역의 경우 해당 분야의 전문적인 내용이 다루어지기도 하지만 반복적인 속성이 있어 국제회의통역의 전문적인 내용과는 차이가 있다고 언급했다.

둘째, 담화 참여자 간의 근접성(proxemics)에서 차이가 난다. 국제회의통역의 경우 통역사는 연단에 서거나 부스에 들어가기 때문에 청중과 물리적으로 떨어진 곳에 위치한다. 반면, 지역사회통역의 경우 담화 참여자들이 마주 보고 대화할 때 통역사가 중간에서 통역을 하므로 참여자와의 물리적 거리가 상대적으로 적어 당사자 간의 상호작용에 더 적극적으로 참여하게 된다. 이러한 면대면(face-to-face) 상황에서는 서로가 같은 시간, 같은 공간 안에서 마주보고 대화를 하기 때문에 언어 외에도 준언어적 자원(말투, 속도, 강도, 높낮이 등), 비언어적 자원(표정, 제스처, 자세 등), 물리적 자원(문서, 그림 등)을 활용한 커뮤니케이션이 이루어진다(강지혜, 2004; 장애리, 2014).

그 외에도 통역사의 위치에 따라 대화의 흐름이 달라질 수 있는데, 통역사가 대화 참여자의 가운데 앉거나 서서 통역을 하게 되면 양 당사자 간에 주고받는 대화에 방해가 될 수 있고, 양측이 서로 마주보고 대화하는 대신 각자 통역사와 대화하는 형태로 바뀔 수 있어 유의가 필요하다. 그렇다고 통역사가 너무 멀리 있어도 원활한 통역이 이루어지기 힘들다. 그 밖에 통역이 순차통역 방식으로 이루어지기 때문에 통역사는 담화 참여자의 발화 순서를 조정해야 할 때가 있고 한 사람의 발화가 길어지면 적당히 끼어들어 내용이 누락 없이 전달 될 수 있도록 중재해야 한다.

셋째, 담화 참여자의 특징에도 차이가 나는데, 국제회의의 경우 참여자들이 대체로 같은 분야의 전문가로서 동일한 지위를 누리는 경우가 많지만, 지역사회통역의 대상자들은 판사와 증인 또는 의사와 환자 등과 같이 사회적 지위가 다르고 정보 격차와 권력 차이가 있는 경우가 많다. 장애리(2014)에 따르면, 지역사회통역사는 단순히 언어를 통역하는 것이 아니라 문화적 차이를 조율하고 계층과 권력의 간극을 메우는 문화적, 사회적 중재자로서의 역할도 같이 담당해야 한다.

넷째, 통역 방향(directionality)에 있어서는 국제회의통역의 경우 연사의 발화를 도착어로 전달하는 단방향 통역이 이루어지며, 지역사회통역의 경우 양측의 대화를 통역하기 때문에 양방향으로 이루어진다. 단일 방향의 독화(monologue)를 통역하는 회의통역과는 달리, 질문과 대답의 형식을 통해 의사소통 당사자 간에 의미의 협상이 이루어지는 지역사회통역은 말 순서의 교대(turn-taking)가 활발하게 이루어지고 상대적으로 통역사의 발화빈도가 높으며 상호작용의 촉진을 위해 의사소통 과정에 통역사가 직접적으로 개입할 가능성이 높다(장애리, 2014, 216-217; 강지혜, 2004).

다섯째, 통역 어역(register)의 경우, 국제회의통역에서는 대체로 공식적인 어투를 구사하고 농담이나 관용어구와 같은 비공식적인 어역이 일부 존재한다. 반면, 지역사회통역의 경우에는 공식적인 어역과 비공식적인 어역이 혼재하는데, 가령 공공기관의 사무원이 구사하는 어역과 이민자가 구사하는 어역에는 차이가 있을 수 있다. 곽중철(2010, 12)은 이에 대해 회의통역에서 사용되는 어역은 공식적(formal)이거나 준공식적(semi-formal)이지만 지역사회통역에서는 극도로 공식적인 경우(법정에서의 혐의 낭독)에서부터 매우 비공식적인 어역(욕설이 섞인 피고인의 증언)에 이르기까지 화자와 텍스트의 종류에 따라 매우 다르게 나타난다고 설명했다.

여섯째, 통역 모드(mode)의 경우, 국제회의통역에서는 동시통역이 선호되는 반면, 지역사회통역에서는 상황에 따라 순차통역, 동시통역, 위스퍼링, 대화통역 등 다양한 모드가 적용된다. 가장 대표적으로 대화통역 방식(dialogue interpreting)이 있는데 많은 경우에 문장 단위로 통역이 이루어지기 때문에 이를 짧은 순차 방식(short consecutive)이라고도 한다.

(3) 대화통역의 특징
  a. 문장 단위 통역
  b. 즉석 발화

Mason(2009)에 따르면 대화통역은 몇 가지 특징이 있다. 먼저, 두 세 사람 간의 대화를 통역하기 때문에 대화통역이라고 부르는데, 보통 한 문장 단위로 이루어진다. 이

때 통역사는 중립적인 입장에서 쌍방 간의 대화가 원활하게 이루어지도록 통역한다. 대화의 내용을 충실하게 전달하되 내용을 더하거나 빼서는 안 된다. 대화통역의 또 다른 특징으로 즉석 발화가 있는데, 이는 사전 준비 없이 즉석에서 이루어지는 대화를 통역해야 된다는 뜻이다. 그런데, 법정 통역의 경우 사건의 내막을 잘 모르면 통역에 어려움이 있을 수 있기 때문에 사전에 관련 자료를 검토하는 것이 도움이 되는데, 경우에 따라 이렇게 사전에 확인한 내용이 오히려 통역사에게 선입견을 심어주어 통역자의 중립성을 훼손하기도 한다. 의료통역의 경우에도 진찰 전에 환자와 사적인 대화를 나누어 증상을 미리 파악할 수 있는데, 이때 환자가 자신의 신상에 관한 비밀을 털어놓고 의사에게 전달하지 않도록 요구할 수도 있다.

지역사회통역은 대화통역 방식 외에 긴 순차 방식(long consecutive)으로도 통역이 이루어지는데, 발화자가 일정 시간 발화를 하고 통역사는 노트테이킹을 하여 메시지를 전달한다. 이는 국제회의통역에서 사용하는 방식과 같다. 동시통역 방식도 활용되는데, 이 경우 통역사는 바로 옆에 앉아서 위스퍼링을 하게 된다. 또한 문서나 서류를 보면서 시역(sight translation, 문장구역)을 해야 되는 경우도 있는데, 문어체로 이루어진 자료를 즉석에서 구어로 통역하는 것이 어렵기 때문에 사전에 내용을 미리 파악해두면 좀 더 정확한 통역을 할 수 있다.

(4) 지역사회통역사의 지위
- a. 통역 대상자에 따른 지위
- b. 지역사회통역 업계의 비체계화
- c. 지역사회통역사의 전문적인 교육 부재
- d. 전문가로서의 정체성 약화
- e. 외부인의 인식 부족

이제 지역사회통역사의 지위에 대해 살펴보자. Hale(2007)에 따르면 국제회의통역사의 경우에는 국제적으로 저명한 인사를 위해 통역하는 경우가 많다 보니 통역사의 지위도 높게 인식되는 반면, 지역사회통역사의 경우에는 이민자나 피난민과 같이 힘이 없는 대상을 위해 통역하는 경우가 많다 보니 그들의 지위도 낮게 인식되어지는 경향이 있다. 그 밖에 지역사회통역사의 지위가 낮은 이유로 지역사회통역 업계가 체계화되어 있지 않은 점, 지역사회통역사를 위한 대학의 의무 교육이 없다는 점, 전문가로서의 정체성이 약하다는 점, 그리고 지역사회통역의 복잡한 특성에 대한 인식이 낮다는 점 등이 있다. 국제회의통역사에 비해 지역사회통역사가 가지는 역할 비중이 크고 많은 부담과 책임을 안고 있는 현실에도 불구하고 아직까지 보수도 더 낮고 전문가로 인식되지 못하는 경향이 있다.

이러한 현실을 극복하기 위해 전문교육 과정을 개설하고 전문성을 위한 제도화가 정착되어야 한다(Hertog 2010). 이미 몇몇 대학의 학부 및 대학원 과정에서 지역사회통역사를 양성하기 위한 전문적인 교육을 실시하고 있다. 이런 과정은 지역사회통역사가 갖추어야 할 지식, 기능, 태도를 함양하는 것을 목표로 하며 구체적으로 다음과 같은 내용을 학습한다. 언어 능력 향상(정확한 어역, 전문 용어, 공공 서비스의 담화 및 장르 이해), 통역이 이루어지는 제도 및 제도적 서비스에 대한 이해, 전문적인 통역 기술 습득, 통역사의 행동강령 체득, 문화적 인지도 제고 등이다(Hertog 2010). 교육 내용은 수업의 강의 외에 현장 답사, 사례 연구, 역할 놀이(role play) 등을 통해 학습하게 된다.

전문성을 위한 제도화에는 인증 제도와 전문인의 협회 결성을 들 수 있다. 지역사회통역이 무료 봉사자나 가족 및 친척의 도움으로 수행되는 통역에서 벗어나 전문성을 갖춘 통역사가 수행하는 통역 영역으로 거듭나려면 전문인으로 인증 받을 수 있는 제도가 필요하다. 대표적으로 호주의 National Accreditation Authority for Translators and Interpreters(NAATI)가 있다. 제도적으로 인증 받은 통역사는 전문인 협회를 결성할 수 있는데, 예를 들어 미국의 National Association of Judiciary Interpreters and Translators, 영국의 Chartered Institute of Linguists, 호주의 Australian Institute of Interpreters and Translators 등이 있다. 이런 협회를 통해 지역사회통역사에 대한 인지도를 제고하고 지위를 향상하며, 회원에게 지속적인 전문 훈련 기회를 제공하고 필요한 도움을 줌으로써 전반적으로 지역사회통역의 품질 향상을 위해 노력할 수 있다.

이상으로 살펴본 국제회의통역과 지역사회통역의 차이점을 (5)와 같이 정리할 수 있다.

(5) 국제회의통역과 지역사회통역의 차이점

구분	국제회의통역	지역사회통역
a. 제도적 환경	공적	사적
b. 참여자 간 근접성	물리적 거리 큼	물리적 거리 작음
c. 참여자 특징	동일한 지위의 전문가	차등한 사회적 지위
d. 통역 방향	단방향	양방향
e. 통역 어역	대체로 공식적	공식적 또는 비공식적
f. 통역 모드	대체로 동시통역	짧은 순차(대화), 긴 순차, 동시통역(위스퍼링), 시역
g. 통역사 지위	대체로 높음	대체로 낮음

이러한 논의를 종합해 보면 어쩐지 지역사회통역은 국제회의통역에 비해 낮은 차원의 통역이라는 인상을 가질 수도 있지만, 두 분야 모두 전문성을 갖춘 소통 중재자가 필요하다는 점에서는 다를 바가 없다. 지금까지 살펴본 지역사회통역의 특징과 통역사의 역할에서 알 수 있듯이 지역사회통역은 사람과 사람이 만나는 모든 공적 사적인 공간에서 이루어진다. 이제 지역사회통역의 대표적인 유형인 사법통역, 의료통역, 비즈니스 통역에 대해 각각 알아보자.

(6) 지역사회통역의 유형
- a. 사법통역
  - i. 경찰 조사 통역
  - ii. 변호사 및 의뢰인의 통역
  - iii. 법정 통역
- b. 의료통역
  - i. 거주민 대상 의료통역
  - ii. 방문객 대상 의료관광
- c. 비즈니스 통역

강지혜(2009)는 지역사회통역이 언어 소통의 문제를 해결하고, 이주민의 인권을 보호하며, 공공기관에 대한 이주민의 접근성을 향상시키는 역할을 한다고 설명했다. 이러한 지역사회통역 유형 중에서 사법통역과 의료통역이 대표적이다. 사법통역은 법정에서 이루어지는 법정 통역과 법정 밖에서 이루어지는 경찰 조사 통역, 변호사 및 의뢰인의 통역 등으로 구분할 수 있다. 의료통역은 국내에 거주하는 외국인을 대상으로 지역사회통역 차원에서 이루어지는 의료통역과 의료관광을 위해 입국한 외국인 환자들을 대상으로 영리를 목적으로 수행되는 상업적인 의료통역 두 분야로 나눌 수 있다(장애리 2014). 비즈니스 통역은 학자에 따라 지역사회통역의 범주로 보지 않는 경우도 있으나 이 장에서는 기본적인 통역의 특징을 살펴보겠다. 그 외에 공공기관에서 이루어지는 행정 서비스, 교육 기관에서 이루어지는 교육 서비스, 기타 사회복지 서비스와 관련된 다양한 통역도 있으나 여기서는 위 세 분야의 통역에 국한해 설명한다.

10.2 사법통역

사법통역은 (6)에서 살펴본 바와 같이 경찰조사에서부터 법정에 이르는 일련의 과정에서 수시로 이루어진다. 이 장에서는 Hale(2007)이 제시한 사법통역의 특징을 살펴보고 사법통역사의 역할에 대해 알아본다. 먼저, 사법통역을 맡은 사람은 다음의 덕목을 준수해야 한다.

(7) 사법통역사의 덕목
 a. Fidelity (충직성)
 b. Impartiality (공평성)
 c. Confidentiality (기밀 유지)

사법통역은 한 사람의 삶과 자유를 다룬다. 그만큼 신중해야 하고 전문성이 필요한 영역이다. Brownlie(2009)에 따르면 사법통역사는 통역에 임할 때 충직성(fidelity), 공정성(impartiality), 기밀 유지(confidentiality)의 덕목을 지켜야 한다. 즉 임의로 내용을 전달하거나 편향성을 보이거나 통역 과정에서 알게 된 사실을 외부인에게 알려서는 안 된다. 국내 법정통역사를 위해 법원행정처에서 발간한 '법정 통역인 편람'에도 이와 유사한 주의 사항이 있다. 양심에 따라서 성실하게 통역을 할 것, 공정함을 유지할 것, 직무상 알게 된 비밀을 누설하지 말 것, 사건관계인이나 가족에게 재판절차 이외의 장소에서 통역 이상의 상담을 하지 말 것 등이다. 특히, 통역사가 재판에서 사람들의 귀와 입을 대신하는 역할을 하므로 '고의로 거짓'으로 통역할 경우 처벌의 대상이 된다는 점이 언급되어 있다. 그 외에도 통역사가 법관, 검사, 당사자의 대변인이 아니기 때문에 그 누구도 훈계하거나 판단해서는 안 된다는 점이 명시화되어 있으며 화자가 동문서답을 하거나 심지어 법정 모욕적 언사를 하더라도 이를 그대로 통역하라는 지침을 준다. 이때 잘못의 지적이나 정정은 판사나 당사자의 몫이지 통역사의 역할이 아닌 것이다.

여기서 한 가지 첨언해야 할 것은 (7)이 비단 사법통역에서만 요구되는 덕목이 아니라는 점이다. 실제로 지역사회통역뿐 아니라 국제회의통역을 맡은 모든 통역자들은 자신의 업무 수행에 있어 충직성, 공정성, 기밀유지의 원칙을 지켜야 한다. 경우에 따라 회의의 내용이 회의 당사자 이외의 다른 집단에 영향을 미치는 경우라도 회의 내용의 기밀유지와 회의 통역의 공정성이 훼손되어서는 안 된다.

사법통역을 다시 세부 영역으로 나눌 수 있는데, 여기에는 경찰 조사에서의 인터뷰를 위한 통역, 변호사와 의뢰인 간의 대화통역, 재판소 심리(tribunal hearings) 통역, 법정 심리 및 재판 통역 등이 있다. 각 영역은 법적 제도, 개념, 담화를 공유하지만 다른 점도 있다. 즉 담화 참여자 간의 관계, 담화 참여자의 역할, 상호작용의 목적, 프라이버시 정도, 담화의 격식성, 언어의 역할, 그리고 통역사의 직무 수행에 있어서 차이가 나타난다. 아래에서는 경찰 조사 통역, 변호사와 의뢰인 간의 통역, 그리고 법정 통역에 대해 하나씩 검토하며 논의하기로 한다.

법적 절차의 시작점이라고 할 수 있는 경찰서의 진술에 대한 통역은 이후 법정에서의 재판 자료로 활용될 수 있으므로 신중을 기해야 한다. Berk-Seligson(2000)에 따르면 종종 경찰관이 직접 통역을 하는 경우가 있는데, 이때 중립적인 입장을 유지하기가 어렵고 본인이 소속한 기관의 대리인으로서 통역에 임할 가능성이 커 가급적 전문 통역사가 이 일을 수행하는 것이 바람직하다고 한다. 경찰서에서의 담화는 주로 적대적인 관계에 있는 사람들 즉, 범죄 행위에 대한 용의자의 혐의를 제기해 자백을 받으려는 경찰관과 이를 부인하는 용의자 사이에 이루어진다. 이때 통역사는 언제까지나 중립을 지키며 중재자 역할을 충실히 수행한다.

통역을 하다 보면 질문에 다분히 의도가 숨어 있을 수도 있고 대답에도 화자가 의도적으로 회피하려는 시도가 있을 수 있는데, 통역사는 들은 내용을 그대로 전달하되 발화의 내용을 임의로 요약하거나 누락하거나 더해서도 안 되며, 비격식 및 격식성 어역을 임의로 바꾸지 않도록 주의해야 한다. 만약 대화 당사자들이 통역사에게 통역할 기회를 주지 않고 일방적으로 말을 쏟아낸다면, 통역사는 이를 중재하고 필요하다면 수신호로 대화의 흐름을 조정해야 한다.

Maley 외(1995)에 따르면 변호사와 의뢰인 간의 대화에는 두 유형의 담화가 혼재한 양상을 보인다. 즉 법적인 세계의 일원으로서 법적 담화의 규범을 따르는 변호사와 일상적인 생활 속에서 사회적 담화 규범을 따르는 의뢰인이 대화하는 상황인 것이다. 예를 들어 '이혼'이라는 사안을 두고 변호사는 법적인 문제에 대해 관심을 가진다면 의뢰인은 감정적인 문제로 바라볼 수 있을 것이다. 통역사는 양측의 담화 특성을 잘 이해하고 중재자 역할을 수행해야 한다.

이러한 대화가 끝나면 마지막으로 법정에서 통역이 이루어진다. Gentile 외(1996)에 따르면 법정통역사는 크게 두 원칙을 염두에 두어야 한다. 먼저 클라이언트 사이의 커뮤니케이션이 이루어질 수 있도록 중재자 역할을 충실히 하는 것과 또 하나는 법 제도의 요구에 부합하는 서비스를 제공하는 것이다. 법정에서 이루어지는 통역에서는 통역사의 개인적인 해석이나 개입이 철저히 금지되고 각 발언에 대한 '충실한 통역'이 무엇보다 요구된다. 이는 통역사의 통역내용이 판결의 근거가 되어 실형을 선고하는 데 막대한 영향을 미치기 때문이다.

Gentile 외(1996)는 법정에서 이루어지는 담화를 크게 두 가지 형태로 구분한다. 하나는 정보 획득이나 설명 또는 설득을 목적으로 발언을 하는 경우이고, 또 하나는 자신에게 유리한 방향으로 논쟁을 이끌어가기 위해 '연출'을 하는 경우이다. 전자는 변호사와 클라이언트 사이에 이루어지는 대화나 판사의 지시사항을 전달하는 경우에 해당하겠고, 후자는 판사나 배심원의 최종 판결에 영향을 줄 목적으로 반대심문을 하는 상황에 해당된다. 특히 후자의 경우 증인의 대답을 도중에 끊기도 하고 자신이 원하는 결론을 도출하기 위해 압박하는 질문을 연속적으로 던지는 경우가 있을 수 있다. 법정통역사는 이 두 담화 형태의 차이를 이해하고 각각의 담화 목적을 잘 파악해 적절한 통역이 이루어질 수 있도록 해야 한다.

Gentile 외(1996)는 법정 통역사가 유의해야 할 점을 다음과 같이 지적했다. 먼저, 법정에서 통역이 이루어지기 전에 사전 미팅에서 클라이언트를 통해 취합한 정보가 실제 법정통역에서 영향을 주지 않도록 해야 한다. 법정통역은 법정에서 실제로 오간 내용에 대한 통역을 충실히 할 뿐, 사전에 획득한 지식이 전제가 되어서도 안 되고 언급되어서도 안 된다. 이 점은 통역사와 클라이언트가 모두 이해해야 될 조건이다. 또한, 특정 발언이 너무 길어져 통역사가 중간에서 끼어들 때, 발언이 일단락된 것으로 간주하고 발언권이 상대방에게 넘어갈 수 있다. 이때 말을 마치지 못한 이전 발언자는 자신에게 불리하게 상황이 전개될 수 있으므로 통역사의 각별한 배려가 필요하다. 부득이하게 끼어들 경우에는 통역이 끝난 후 발언자가 하고 싶은 말을 마칠 수 있도록 눈짓을 해서 발언을 이어나갈 수 있도록 하거나, 통역할 마지막 문장의 문미에서 억양을 올려 아직 통역해야 할 내용이 남아 있음을 암시한다. 법정에서는 노트 테이킹이 항상 허용되는 것은 아니기 때문에 통역사의 유연한 대처가 필요하다.

10.3 의료통역

의료통역은 앞서 설명한 바와 같이 지역사회통역의 차원에서 이루어지는 의료통역과 상업적 목적의 의료관광으로 나누어진다. 먼저 의료통역에 대해 알아보자. 의료통역은 병원에서 일어나는 대화를 바탕으로 이루어지는 통역이며 주로 의사와 환자 간의 대화를 주 내용으로 한다. 황지연(2015, 108)은 의사와 환자 간의 대화는 일반적인 대인 커뮤니케이션을 기본으로 하면서 환자의 질병에 대한 진단과 치료를 목적으로 한다고 설명한다. 즉, 의사는 환자의 의료적 결정을 돕고 질병에 관련된 정보를 주며 건강을 유지하거나 개선하기 위한 상담을 한다.

(8) 의료대화의 구조

a. Opening

b. Problem presentation

c. History taking

d. Examination
e. Diagnosis
f. Treatment
g. Closing

일반적으로 의료 대화는 (8)과 같은 흐름도를 따라서 이루어진다. 즉 환자와 의사가 만나서 대화를 시작하면서 먼저 환자가 자신의 증상을 설명하고 의사는 환자의 말을 바탕으로 필요한 정보를 수집하고 병력 정보를 확인한다. 이어 환자에 대한 진찰과 진단이 이루어지고 처방이 내려짐으로써 대화는 종료된다. 통역사는 이때 중간에서 환자와 의사의 대화를 교대로 통역하게 되는 것이다.

Hale(2007)이 제시한 내용을 바탕으로 의료통역에 좀 더 알아보자. 법정 통역이 공적인 장소에서 엄격한 규정에 따라 행해지는 통역이라면, 의료통역은 좀 더 사적인 공간에서 비격식적으로 진행되어 중립성이 엄격히 요구되지 않는 통역이라 할 수 있다. 의료통역은 크게 발화자의 말을 가감 없이 그대로 전달하는 직접적인 통역 방식(direct approach)과, 의사나 환자의 얘기를 다 듣고 요약해 상대방에게 전달하는 중재적인 통역 방식(mediated approach)이 있다. 만약 통역사가 임의로 내용을 요약하거나 선별적으로 통역한다면 의사의 정확한 진단에 방해가 될 수 있다. 즉 통역사의 자의적인 판단으로 환자의 발화 내용을 바꾸거나 잘못 요약하게 되는 경우에는 질병을 진단하거나 치료책을 찾는 데 중요한 근거가 되는 정보를 얻을 수 없게 된다. 그러므로 통역사는 가급적 당사자의 말을 있는 그대로 충실하게 전달해 의료 행위에 도움이 되도록 해야 한다. 정확한 통역을 위해 통역사는 환자나 의사의 입장을 지나치게 옹호하는 발언은 삼가고, 의학 용어의 개념을 정확하게 이해하고 적용해야 하며, 개인적인 의견을 개진하지 말고, 의료통역 절차와 상황에 대한 지식을 갖추어야 한다.

다음은 황지연(2015)이 제시한 내용을 바탕으로 의료관광에 대해 알아보자. 의료관광은 의료서비스와 관광활동이 결합된 새로운 관광 유형으로 최근 21세기 전략 산업으로 주목받는다. 의료관광에 대한 수요가 발생하는 이유는 국가 간 의료서비스 수준 차이, 비용의 격차, 선진국에 일반화되어 있는 장기 대기 시간 등 때문이다. 한국은 선진국에 비해 진료비용이 상대적으로 저렴하면서도 의료기술이 높고 진료대기 시간이 짧아 외국인 환자들의 방문이 늘어나고 있다. 의료관광을 유형별로 세분화하면, 개인의 건강 증진과 질병의 발견 및 예방 차원에서 이루어지는 의료관광(medical tourism)과 개인의 건강상태를 최적화하기 위해 건강관리 서비스를 받으면서 신체적 및 정신적 웰빙을 추구하는 웰니스관광(wellness tourism)이 있다.

(9) 의료관광 인력 유형
  a. 외국인 환자 유치
  b. 의료 서비스 제공
  c. 관광 서비스 제공

의료관광 업무는 외국인 환자 유치를 위한 홍보와 제반 준비 작업에서부터 실제로 의료 및 관광 서비스를 제공하는 것을 거쳐 출국과 사후관리를 하는 후속 조치까지 아우른다. 그러다보니 단지 외국인의 의사소통을 돕는 의료 통역사 외에도 다양한 인력을 필요로 한다. 유지윤(2012, 16)은 의료관광에 종사하는 전문 인력을 직무에 따라 (9)와 같이 세 가지로 구분했다. 이 중에서 의료통역이 이루어지는 영역은 '의료 서비스 제공'으로, 진료 통역뿐만 아니라 환자예약, 보험 처리, 진료비 납부, 진단서 발급, 의료사고 및 환자의 불만 처리 등 의료 프로세스 전반에 걸친 서비스를 아우른다.

황지연(2015)은 의료 프로세스를 ① 의료관광객 유치, ② 입국준비, ③ 병원진료, ④ 숙박 및 관광, ⑤ 출국 및 사후관리의 다섯 단계로 구분하는데, 이 중에서 의료통역사가 집중적으로 활동하는 단계는 병원진료단계이고 나머지 단계는 주로 의료관광 코디네이터가 담당한다. 의료관광 코디네이터란 국내병원에서 진료 및 치료를 목적으로 입국하는 외국인 환자를 위해 다양한 서비스와 관광쇼핑을 연계한 프로그램을 운영하는 인력을 말한다. 그런데 현실적으로는 입국에서부터 치료를 마치고 출국하기까지 의료통역사와 의료관광 코디네이터의 업무가 중복되기도 해 직무가 혼재된 양상을 보이기도 한다.

10.4 비즈니스통역

마지막으로 Gentile 외(1996)가 제시한 내용을 바탕으로 비즈니스통역에 대해 알아보자. 비즈니스 회담의 목적은 협상(negotiation)이다. 즉 출발점이 다른 양 당사자가 협상을 통해 거리를 좁혀 각자 원하는 것을 얻을 수 있도록 합의를 도출하는 과정이다. 협상이 이루어지는 통역 상황은 다양한데, 가령 공식적인 회의석상이 될 수도 있고 소규모 회담, 일대일 회담, 기술회의, 계약 협상, 현장 시찰, 환영회, 각종 연회, 레크리에이션 활동 등이 있다.

비즈니스 통역을 원활하게 하려면 전문성과 경험이 뒷받침되어야 한다. 비즈니스 통역을 준비하는 단계에서 회의의 주요 안건을 미리 파악해두고 해당 직종과 관련된 전문용어를 정리하는 것도 필요하다. 이전 협상과의 연장선상에 있는 것이라면 이전 회담의 내용도 검토해야 할 것이다. 그 밖에 비즈니스 협상에 참석하는 당사자의 성향을 잘 이해해야 하며, 표현상의 명시화 정도나 격식 준수 정도, 선호하는 협상 순서를 파악해야 한다. 협상 상황에서 제공되는 준언어적, 비언어적 정보를 잘 해석하고 이를 충분히 전달하는 것도 필요하다.

(10) 비즈니스통역의 어려움
- a. 기술적인 용어 및 난해한 개념
- b. 중립 유지
- c. 협상이 교착 상태일 때

비즈니스 통역을 수행하다 보면 여러 가지 어려움에 직면하기도 한다. 가령, 기술적인 용어와 난해한 개념을 접할 때이다. 이럴 때 그 분야의 비전문가로서 담화에 참여하는 통역사는 자신의 한계를 넘는 부분에 대해 임의로 해석하기보다는 전문가에게 물어보거나, 적어달라고 요청할 수 있을 것이다. 그러나 사전에 입수할 수 있는 자료나 정보가 있다면, 이를 바탕으로 철저한 사전 준비를 해서 '준전문가'의 수준으로 통역에 임할 수 있도록 해야 한다.

협상이 언제나 순조롭게 진행되는 것은 아니기 때문에 때로는 중립을 지키기 힘든 상황도 발생한다. 통역사를 고용한 측에서는 상대측에 대한 정보를 요구하거나 상대측 제의의 진정성에 대해 의견을 물을 수도 있다. 즉 비즈니스를 위해 통역사를 고용한 측에서는 통역사가 자신의 의사결정에 일정 부분 공헌해주기를 기대할 수도 있다. 이럴 때라도 통역사는 중립을 최대한 지키고 양측 모두에게 공정한 서비스를 제공해야 한다.

심지어 논쟁이 가열되어 감정적으로 격한 상황으로 치달을 수도 있는데, 이 경우에도 비즈니스통역사는 중재자 역할을 묵묵히 수행해야 한다. 협상이 교착상태에 빠질 만큼 심한 욕설과 감정적인 발언이 오갈 때 통역사는 완화된 표현을 쓰고 분위기를 진정시키는 방향으로 통역을 이끌어나갈 수 있다. 물론 이 경우 '충실성'의 원칙에 위배된다고 할 수도 있을 것이다. 그러나 협상이 성공적으로 타결된 후에는 양 당사자가 노련한 통역사의 공헌을 인정하게 될 것이다. 이렇게 성공적으로 비즈니스 협상을 이끌어 간다면 통역사는 커뮤니케이션 중재자 역할을 '충실히' 수행한 셈이 된다.

이상으로 다양한 지역사회통역 유형과 특징을 살펴보았다. 지역사회통역은 같은 지역에 거주하는 외국인이 지역 사회의 일원으로서 생활하는 데 불편함이 없고 필요한 사회제도적 혜택을 충분히 받을 수 있도록 배려하는 서비스라는 점을 잊지 말자. 언어와 문화의 장벽을 극복할 수 있도록 돕는 통역사들이 있기에 지역사회의 불필요한 대립이나 갈등이 해소될 수 있고 서로가 조화를 이루며 다채로운 문화를 공유하는 건강한 다문화 사회로 발전할 수 있다. 여기에 사명감을 가지고 전문성을 갖춘 지역사회통역사들이 많이 배출되기를 기대한다.

참고문헌

강지혜. 2004.『통역의 이해』. 한국문화사.

강지혜. 2009.「이주민을 위한 지역사회통역에 대한 연구」.『번역학연구』 10.4, 9-39.

곽중철. 2010.「2009년 한국 제1기 의료통역사 교육 사례 연구」.『번역학연구』 11.1, 7-43.

남기심, 고영근. 1985.『표준 국어 문법론』. 탑출판사.

문용. 1999.『한국어의 발상・영어의 발상』. 서울대학교출판문화원.

신지선. 2005.『아동문학 영한번역의 규범 연구』. 세종대학교 대학원 박사학위논문.

유지윤. 2012.『의료관광 전문인력 운영실태 및 수요전망 연구』. 한국문화관광연구원.

이근희. 2005.『이근희의 번역산책 −번역투에서 번역의 전략까지』. 한국문화사.

이동근 이강현 유순대. 1977.『동방식 속기학』. 학우사.

이용성. 2002.「영한통역을 위한 노트테이킹 소고」.『외대논총』 25.2, 부산외국어대학교, 29-67.

이용성. 2004.「통번역을 위한 영한대조분석」.『외대논총』 28, 9-38. 부산외국어대학교.

이용성. 2005.「통역의 메카니즘과 통역사의 자질」.『언어과학』 12.3, 59-79. 한국언어과학회.

이주은. 2014a.「영상 텍스트의 대사 외 자막 번역」.『통역과 번역』 16.2, 157-177.

이주은. 2014b.「확대 전략을 중심으로 본 더빙 번역」.『통번역교육연구』 12.3, 129-153.

이지은, 장애리, 최문선, 허지운. 2014.「결혼이민자 통번역서비스 사업을 통해 본 지역사회통역 사례연구」.『번역학연구』 15.3, 177-210.

이혜진. 2009.「아동문학 영한 번역의 가화성 연구: 간결한 문장, 리듬감 살리는 표현과 문장 형태 변환 중심으로」. 석사학위논문. 부산외국어대학교.

장애리. 2014.「다문화사회와 지역사회통역 −지역사회통역사로서의 결혼이민여성: 잠재력과 한계를 중심으로」.『번역학연구』 10.2, 181-206.

정인희. 2006.「영한 영상번역 전략 연구」.『번역학연구』 7.2, 207-233.

정혜경. 2007.『한영 통번역을 위한 종합합성어 연구』. 부산외국어대학교 통역대학원 석사학위논문.

정호영. 1981.『고등영문법』. 신아사.

정호정. 2007.『제대로 된 통역・번역의 이해』. 한국문화사.

최수연. 2011.「더빙 번역에 영향을 주는 연출가의 역할」. 석사학위논문. 숙명여자대학교.

최정화. 1998. 『통역번역입문』. 신론사.
최정화. 2002. 『노트테이킹』. 한국문화사.
황지연. 2015. 「한국형 의료통역에 관한 소고」. 『통번역학연구』 19.1, 105-126.
Anderson, J. M. 1977. *On Case Grammar: Prolegomena to a Theory of Grammatical Relations*. Humanities Press, Atlantic Highlands, NJ.
Baker, M. 1992. *In Other Words*. Routledge, London & New York.
Bauer, L. 1983. *English Word-Formation*. Cambridge University Press, Cambridge.
Berk-Seligson, S. 1990. *The Bilingual Courtroom: Court Interpreters in the Judicial Process*. The University of Chicago Press, Chicago.
Brownlie, Siobhan. 2009. Court Interpreting. In Baker, M. & G. Saldanha (eds), *Routledge Encyclopedia of Translation Studies*, 63-81. Routledge, London & New York.
Chaume, F. 2004. Film studies and translation studies: Two disciplines at stake in audiovisual translation. *Meta* 49.1, 12-24.
Chaume, F. 2012. *Audiovisual Translation: Dubbing*. St. Jerome, Manchester & New York.
Chesher, T. 1997. Rhetoric and reality: Two decades of community interpreting and translating in Australia. in Carr, S. E. R. P. Roberts, A. Dufour and D. Steyn (eds), *The Critical Link: Interpreters in Community*, 277-292. John Benjamins Publishing, Amsterdam & Philadelphia.
de Jongh, E. 2008. Court interpreting: Linguistic presence v. linguistic absence. *Florida Bar Journal* 82.7, 20-34.
Degueldre, C. 1980. Introduction to Interpretation. Ms., Hankuk University of Foreign Studies.
Dynel, M. 2010. First things first: Problems and strategies in the translation of film titles. in Perspectives on Audiovisual Translation. In Bogucki, Ł. & K. Kredens (eds.), Perspectives on Audiovisual Translation, 189-206. Peter Lang, Frankfurt am Main.
Frazier, L. 1978. *On Comprehending Sentences: Syntactic Parsing Strategies*. PhD. Diss., University of Connecticut.
Gentile, A., Ozolins, U. & M. Vasilakakos. 1996. *Liaison Interpreting*. Melbourne University Press, Victoria.
Grice, H. P. 1975. Logic and Conversation. In Cole, L.& J. L. Morgan (eds). *Syntax and Semantics, 3: Speech Acts*. Academic Press, New York.
Hale, S. B. 2007. *Community Interpreting*. Palgrave Macmillan, Hampshire & New York.
Heller, R. 2003. *High Impact Speeches: How to Create and Deliver Words that Move Minds*. Prentice Hall, London.
Hendry, J. F. 1969. *Your Future in Translation and Interpretation*. Richard Rosen Press Inc., New York.

Heritage, J. & S. Clayman, 2010. *Talk in Action: Interactions, Identities, and Institutions*. Wiley-Blackwell, London.

Hertog, E. 2010. Community Interpreting. In Gambier, Y & L. van Doorslaer (eds), *Handbook of Translation Studies*, Vol. 1, 49-53. John Benjamins, Amsterdam & Philadelphia.

House, J. 1997. *Translation Quality Assessment: A Model Revisited*. Narr, Tübingen.

Jewitt, C. 2009/2011. An introduction to multimodality. In Jewitt, C. (ed.) *The Routledge Handbook of Multimodal Analysis*. Routledge, London & New York.

Jones, R. 1998. *Conference Interpreting Explained*. St. Jerome, Manchester & New York.

Katamba, F. 1994. *English Words*. Routledge, London & New York.

Kress, G. 2009/2011. What is mode? In Jewitt, C. (ed.) *The Routledge Handbook of Multimodal Analysis*. Routledge, London & New York.

Lakoff, G. & M. Johnson. 1980. *Metaphors We Live By*. University of Chicago Press, Chicago.

Lambert, S. 1988. Information processing among conference interpreters. *Méta*, 33.3, 377-387.

Lee, Y. 1982. A Practical Analysis of Interpretation: Focused on English-Korean Simultaneous Interpretation. Ms., Hankuk University of Foreign Studies.

Lee, Y. 2000. *Introduction to the Sound Study of English*. BUFS Press, Busan.

Longley, P. 1977. An Integrated Programme for Training Interpreters. In Gerver, D. & H. Sinaiko (eds.) *Language Interpretation and Communication*. Plenum, New York.

Lung, R. 1999. Note-taking skills and comprehension in consecutive interpretation. *Babel* 45.4, 311-317, Federation Internationale des Traducteurs.

Maley, Y., Candlin, C., Crichton, J. & Koster, P. 1995. Presenting the evidence: Constructions of reality in court. *International Journal for the Semiotics of Law* 5.10, 3-17.

Mason, I. 2009. Dialogue Interpreting. In Baker, M & G. Saldanha (eds), *Routledge Encyclopedia of Translation Studies*, 81-84. Routledge, London & New York.

Newman, A. 1994. Translation equivalence: Nature. In Asher, R. & J. M. Y. Simpson (eds.), *The Encyclopedia of Language and Linguistics*, 4694-4700. Pergamon Press, Oxford & New York.

Newmark, P. 1988. *A Textbook of Translation*. Prentice Hall, New York.

Nida, E. 1964. *Toward a Science of Translating*. Brill Pub. Co., Leiden.

Nida, E., & C. Taber. 1969. *The Theory and Practice of Translation*. Brill, Leiden.

Nord, C. 1997. *Translating as Purposeful Activity: Functionalist Appraches Explained*. St. Jerome, Manchester.

PACTE. (2005). Investigating translation competence: Conceptual and methodological issues. *Meta*, 50.2, 609-619.

Palmer, F. R. 1974. *The English Verb*. Longman Group Ltd., London.

Pöchhacker, F. 1995. Simultaneous interpreting: A functionalist perspective. *Hermes Journal of Linguistics* 14. 31-53.

Pym, A. 1992. *Translation and Text Transfer*. Peter Lang, Frankfurt.

Pym, A. 2010. *Exploring Translation Theories*. Routledge, London & New York.

Quirk, R. & S. Greenbaum. 1973. *A Concise Grammar of Comtemporary English*. Harcourt Brace Jovanovich, Inc., New York.

Reiss, K. 1976. *Texttyp und Übersetzungsmethode: Der Operative Text*, Scriptor Verlag, Kronberg.

Schäffner, C. 2000. Running before walking? Designing a translation programme at Undergraduate level. In Schäffner, C. & B. Adab (eds.) *Developing Translation Competence*, 143-156. John Benjamins, Amsterdam & Philadelphia.

Schleiermacher, F. 1813/1963. Ueber die verschiedenen Methoden des Uebersezens in Störig, H. J. (ed.) *Das Problem des Übersetzens*, 38-70. Wissenschaftliche Buchgesellschaft, Darmstadt.

Seleskovitch, D. 1978. *Interpreting for International Conferences: Problems of Language and Communication*. Pen and Booth Co., Washington. (Translation and adaptation of *L'interprète dans les Conférebces Internationales: Problèmes de langage et de Communication*. Published by Minard, Paris (1968.))

Snell-Hornby. M. 1988/1995. *Translation Studies: An Integrated Approach*. John Benjamins, Amsterdam & Philadelphia.

Toury, G. 1995. *Descriptive Translation Studies and Beyond*. Benjamins, Amsterdam & Philadelphia.

Venuti, L. 1995. The Translator's Invisibility: A History of Translation. Routledge, London & New York.

Vinay, J-P. & J. Darbelnet. 1958/1972. *Stylistique Comparée du Français et de L'anglais: Méthode de Traduction*. Didier, Paris.

Warren, R. M. & R. P. Warren. 1970. Auditory illusions and confusions. *Scientific American* 223, 30-36.

Whitford, H. C. & R. Dixon. 1983. *Handbook of American Idioms and Idiomatic Usage*. Regents Publishing Co., Inc., New York.

Yom, H. I. 1999. Characteristics of consecutive and simultaneous interpretation between Korean and English. *Studies in Language* 15.2, 405-418.

이용성
한국외국어대학교 영어교육학 학사
한국외국어대학교 통번역대학원 한영전공 석사
인디애나대학교 언어학 박사
(전) 부산외국어대학교 통번역대학원 원장
(전) 부산외국어대학교 대학원장
(현) 부산외국어대학교 교수

이주은
한국외국어대학교 통번역대학원 통번역학 박사
(전) 부산외국어대학교 통역번역대학원 강사
(현) 부산대학교 영어영문학과 BK21 플러스 연구교수

영한 한영 통·번역 이야기

초판2쇄 발행일 2019년 1월 25일
지은이 이용성 · 이주은
발행인 이성모
발행처 도서출판 동인•서울시 종로구 혜화로3길 5, 118호
등 록 제1-1599호
전 화 02-765-7145
팩 스 02-765-7165
이메일 dongin60@chol.com

ISBN 978-89-5506-701-9
정 가 15,000원